桂林电子科技大学学术著作出版基金资助出版

Practice and Rationality

A Study of Environmental Issues in International Investment Arbitration

实践与理性

国际投资仲裁中的环境问题研究

赵玉意 著

法律出版社 | LAW PRESS

序　言

一、问题的提出

国际投资仲裁对于国际争端解决具有开创性。投资者得以自己的名义向主权国家提起仲裁，而非受制于国际政治或政府意愿。然而，在《华盛顿公约》生效之后投资者诉东道国投资争端解决机制被启用的初期，到国际投资争端解决中心（The International Center for Settlement of Inverstment Disputes，ICSID）提请仲裁的投资争端仅约每年1个。到了2000年前后增长至每月1～2个。[①] 随着国际投资流量，以及包含国际投资仲裁的投资条约数量的增长，国际投资仲裁案件持续增加，[②]且该种状态在未来还会继续。然而，国际投资仲裁数量的增多，本身并不代表投资仲裁裁决的质量得到国际社会的普遍认同。鉴于多边投资条约的缺失，国际投资条约处于高度碎片化的状态，投资仲裁机构呈现多元化的态势。而法律规则及其实施的一致性和明确性缺失，对由这些规则主导的主体及其遵照这些规则行事的意愿和能力都将产生实质影响，进而可能会引发一场合法性危机。[③] 与此同时，国际投资仲裁脱胎于一般国际商事仲裁，具有保护私有财产的天然倾向。

---

① See Susan D. Frank, *The Legitimacy Crisis in Investment Treaty Arbitration*: *Privatizing Public International Law through Inconsistent Decisions*, Fordham Law Review, Vol. 73, p. 1538 (2005).

② 根据联合国贸易和发展会议的官方统计，2011年提起的投资争端54起，2012年55起，2013年69起，2014年59起，2015年达86起，2016年77起，2017年80起，2018年85起，2019年58起，2020年31起。Investment Dispute Settlement Navigator, https://investmentpolicy.unctad.org/investment-dispute-settlement，2020年12月29日最后访问。

③ See Susan D. Frank, *The Legitimacy Crisis in Investment Treaty Arbitration*: *Privatizing Public International Law through Inconsistent Decisions*, Fordham Law Review, Vol. 73, p. 1584 (2005).

国际投资仲裁在诸多案件中过分倾向于保护投资者的私利,对东道国的公共利益照顾不周。这引发了包括发达国家在内的东道国的强烈不满。此次危机直接导致玻利维亚、厄瓜多尔、委内瑞拉等国相继退出《华盛顿公约》,同时还终止了一些双边投资协定(Bilateral Investment Treaty,BIT)以彻底放弃投资者诉国家机制。发达国家的澳大利亚也声明在未来缔结的国际投资条约中排除投资者诉国家条款。① 学者以此次危机为契机,对国际投资仲裁机制提出了各种主张,有声明全面摒弃者,②指出国际投资仲裁机制存在根本瑕疵,主张只有公法法庭才能解释约束主权权力的法律;也有全面支持者,认为国际投资仲裁已经朝着可归责性、公开性、一致性和独立性方向发展。③ 还有折中的改良派,力图通过立法改革和保障建构等模式寻求国际投资仲裁的良性发展。④ 客观地说,国际投资仲裁是富于生命力的机制。首先,根据联合国贸易和发展会议(以下简称联合国贸发会,UNCTAD)公布的数据,自第一起投资争端至2020年年底,国际投资仲裁案件合计1061起,每年提起的案件数量基本呈现递增的趋势。在案件受理数量上,国际投资仲裁机制相较于WTO争端解决机制有过之而无不及。⑤ 其次,截至2015年仲裁机构已经作出实体裁决的裁决结果,约60%支持投资者,40%支持东道

① UNCTAD, World Investment Report: Towards a New Generation of Investment Policies, 2012, p. 87.

② See Andrew Newcombe, The Modern Law Review, Vol. 71:1, p. 147 – 149(2008).

③ Daniel S. Meyers, In Defense of the International Treaty Arbitration System, available at: http://www.hjil.org/articles/hjil-31-1-meyers.pdf, 2021年3月19日最后访问。

④ See Susan D. Franck, *The Nature and Enforcement of Investor Rights under Investment Treaties: Do Investment Treaties Have a Bright Future*, University of California, Davis Journal of international law & Policy, Vol. 12(2005).

⑤ WTO争端解决机构迄今受理的案件为598起。而从年份、案件数量来看,WTO争端解决机制总体上在走下坡路。近些年诉至争端解决机构(DSB)的案件数量分别为2012年27个、2013年20个、2014年14个、2015年13个、2016年12个、2017年17个、2018年39个、2019年19个、2020年2个。以上数据根据WTO官网整理,2020年12月29日最后访问。有学者对DSB受理的案件数量下降这一现象及成因进行了分析,参见赵骏:《"皇冠上明珠"的黯然失色:WTO争端解决机制利用率减少的原因探究》,载《中外法学》2013年第6期。当然,与WTO近两年受案数量受上诉机构专家成员遴选受到美国阻挠有很大关系。

国。[①] 由此可见，国际投资仲裁并非投资者的“护身符”，也并非投资者据以漫天叫价的砝码，国际投资仲裁的天平并不总是偏向投资者。最后，如果全面摒弃国际投资仲裁，则投资者将回到前国际投资仲裁时期的状态，只能寻求东道国国内机构或外交解决两种救济，历史证明这两种方式都不令人满意。[②] 因而，国际投资仲裁应当得到更好的发展而非受到更多限制，这应该成为评论这一机制的逻辑起点。事实上，继玻利维亚、委内瑞拉、厄瓜多尔等毅然采取退出《华盛顿公约》的举措之后，鲜有国家或地区效仿。基于国际投资仲裁的此次合法性危机，国际社会对包括国际投资仲裁在内的国际投资法体制进行改革已经达成共识，问题的关键在于如何、怎样以及多大程度上改革。自 2015 年以来，各国掀起的国际投资法改革浪潮以修订投资条约范本和改革国际投资仲裁机制为主要表现形式。投资条约范本的修订以明确、强化政府规制权为核心，并谋求将可持续发展与政府规制权合二为一，寻求协同发展。以美国、欧盟、德国、加拿大等发达国家或地区为代表，致力于推行常设的国际投资仲裁法院或投资仲裁上诉机制。无论如何，在国际投资法院或投资仲裁上诉机构尚未成为现实的情况下，国际投资法体制正在进行的集可持续发展与扩张政府规制权于一体的深刻变革，必然会对现行的国际投资仲裁产生深远的影响。

自 20 世纪以来爆发的严重环境事件，如 1952 年伦敦烟雾事件、1984 年印度博帕尔事件、1986 年苏联切尔诺贝利核泄漏事件等，迫使人类从对环境问题的置之不理、听之任之到密切关切。伴随各国投资活动的频繁，投资与环境的相互影响不可避免。其中，发展中的经济体为发展本国经济，不惜以降低本国环境门槛甚或牺牲本国环境利益为代价引进外资，一度使得投资与环境之间的关系紧张。而随着投资流向的混合化，投资与环境的冲突更多体现为私人利益与公共利益，以及经济与非经济利益之间的抗争。投资与环境之间的矛盾不断转型升级，而专门的国际环境争端解决机构比较匮

---

① See UNCTAD, *World Investment Report*, 2016: *Investor Nationality: Policy Challenges*, p. 107.

② Daniel S Meyers, *In Defense of the International Treaty Arbitration System*, p. 12. Available at: http://www.hjil.org/articles/hjil-31-1-meyers.pdf, 2021 年 3 月 19 日最后访问。

乏，这类争议因与投资或投资者相关而频频被诉至国际投资仲裁机构。因而，涉环境的投资争端已然成为特定的投资争端类型。自20世纪80年代可查的第一起涉环境投资争端以来，该类案件已达100多起，且有过半数是在2012年以后提起。[①] 伴随投资流动的增长，以及各国对环境问题的日渐重视，涉环境的投资争端数量还会攀升。国际投资仲裁中的环境问题已经并将持续成为亟须解决的实践问题。鉴于环境问题与可持续发展，以及东道国环境规制权密切相关，国际投资仲裁中环境问题的凸显与国际投资法改革的取向高度契合。国际投资仲裁对环境问题考量的范围与程度，已远非解决一个具体的投资争端那么简单。国际投资仲裁在环境问题上的立场，可以成为国际投资法改革的有效组成部分。

在具体的涉环境投资争端中，东道国往往宣称所采措施是为了保护环境，是在行使环境规制权。投资者则声称自身在投资条约项下的权利受到侵害，要求投资仲裁机构依据投资条约对其进行补救。因此，就涉环境国际投资仲裁进行裁决的具体过程而言，环境问题将被置于事实认定与法律适用两个阶段分别进行考量。国际投资仲裁中的环境问题因此转化为两大关键问题：其一，争议措施是否属于环境措施；其二，该种环境措施对投资仲裁机构法律适用的影响。在事实认定上，投资仲裁机构如何依据仲裁规则选取肯定或否定所采措施为环境措施的证据，进而为环境措施的证明确立一定的标准，对其适用法律有实质性的影响。投资仲裁机构对环境问题在事实认定中的结果不仅决定适用的投资规则的具体类型，而且影响投资规则解释的具体方式。只有投资仲裁机构在事实认定中将争议措施界定为环境措施，此类环境因素才有可能影响投资仲裁机构的法律适用和法律解释。国际投资条约是国际投资仲裁的主要实体法渊源。在涉环境的投资争端中，投资仲裁机构面临的主要法律适用问题是选择适用投资条约中的投资条款还是环境条款，以及如何适用它们。鉴于传统的投资条约少有规定环境条款的情形，因而涉环境的投资仲裁机构较多的是将环境问题融入投资

① 根据联合国贸发会、ICSID和NAFTA官方网站的资料整理。

条款中进行解释。随着现代投资条约中涌现出形式更为多元、内容更为充实的环境条款，诸如Spence投资公司等诉哥斯达黎加案开始出现，该类案件对于环境条款应当作何解释提出了全新的挑战。为此，有必要从国际投资仲裁的视角，即法律适用和法律解释的角度，对环境条款及其与投资条款的关系进行剖析，从而为国际投资仲裁裁决涉环境投资争端提供指引。国际投资仲裁中的环境问题及其解决，对于有着特殊且重要身份的中国而言，极富启示意义。中国已经成为资本输入与资本输出大国；中国与世界主要发达经济体、发展中经济体签署了投资条约，且有相当投资条约届期有待重签；中国境内环境形势严峻，境外投资地出现了不同程度的环境问题。这些现实背景迫使中国不得不进行深刻反思：中国在投资条约中进行环境规制应当选取怎样的整体路径以及具体模式。

在整体思路上，本书着眼现实指向未来，期许通过国际投资仲裁对于环境问题实践的即时总结与深刻反思，为投资仲裁机构提供更为周延的理论基奠，探寻涉环境国际投资仲裁应有的理性样态。鉴于投资条约中有些重要的实质性环境条款尚未有既成案例，本书对这样的环境条款的适用分析建立在国际规则关系、条约解释理论基础之上，以及国际投资法体制改革的整体语境之中。有规范并不能自动解决实践问题，但是必须承认，就大部分情形而言，规范的存在是决定性的。关于规范的三个维度，有效、实践以及由特定个人或机构规定，有效性无疑是其首要维度，[①]其决定规范是否以及如何被实践。为此，本书将实践与规范紧密结合在一起，聚合实然与应然层面。换言之，本书穿梭在实践与理性之中，在实践中回转、积淀、批判，在理性中凝练、升华、预判。

在范围界定上，本书的国际投资仲裁，仅指投资者基于东道国与投资者所属国签署的双边或多边投资条约中的仲裁条款，或者根据投资者与东道国的合意对东道国提起的仲裁。在概念表述上，环境措施是事实认定中对

---

① 参见［英］约瑟夫·拉茨：《实践理性与规范》，朱学平译，中国法制出版社2011年版，第83、85、90页。

环境问题的一种界定。环境因素是法律适用中环境问题作用于投资条约，进而影响仲裁机构解释的因素。环境条款是法律适用中环境问题据以适用的载体。环境措施、环境因素、环境条款是国际投资仲裁不同阶段环境问题的具体化，统摄于环境问题这一上位概念之下。在本书中，投资条约中的环境条款与投资条款分别具有特定的含义。所谓投资条约中的环境条款，指的是BIT中冠以环境或环境具体方面（如保护人类，动植物生命、健康；保护可用竭的生命或非生命的自然资源等）的条款，自由贸易协定（FTA）投资章中的上述条款以及FTA其他章（如环境章）中涉及投资的环境规则。本书未明确提及环境或环境具体方面，而仅以公共目标、公共福利等指称的条款排除在环境条款之外。以此类推，投资条约中还存在劳工条款、竞争中立条款、金融条款等。据此，投资条约中的投资条款采狭义主义，即环境条款、劳工条款等特殊条款之外，规制投资或投资者的条款，最主要地体现为国民待遇、最惠国待遇、公平公正待遇、履行要求、征收等核心条款。所谓投资条约中投资条款与环境条款的适用关系，也主要指这类核心条款与环境条款之间的关系。从理论和实践两个层面来看，尽管投资条约条款被类型化为投资条款和环境条款，但这种划分并非意味着二者完全分离，二者也绝不是非此即彼的关系。因同属于同一投资条约的有效组成部分，这些条款相辅相成，有着千丝万缕、无法割裂的内在联系。

二、研究价值

本书有以下几个方面的研究价值：

第一，以国际投资仲裁中的环境问题作为命题进行研究，在研究的问题上富有价值：其一，为投资仲裁机构应当如何应对与化解国际投资中的环境问题提供指引。不论是从国际投资与国际环境的应然相互影响角度，还是从已经涌现出的涉环境投资争端的实然状态来看，二者的交互作用无法回避。投资仲裁机构已经并将持续应对环境问题。其二，多重视角考量国际投资仲裁中的环境问题并揭示其本质。国际投资仲裁中的环境问题是国际投资与国际环境冲突的表面化,[①]在特定时期体现了发达国家与发展中国家之间的矛盾,发展到现代则更多为经济与非经济利益、私人利益与公共利益的博弈。而以国际法碎片化的整体语境观之,则是国际投资法与国际环境法两大体制冲突的具象化。其三,将国际投资仲裁中的环境问题与国际投资法改革相对接。国际投资仲裁中的环境问题体现了东道国对环境目标与环境规制权的重视,而这与近几年世界投资报告所倡导的可持续发展方向以及加强政府规制权的改革动向一脉相承。国际投资仲裁在经历了一场合法性危机之后,总体上更加注重对东道国权力与公共利益的维护。应当说,国际投资仲裁中的环境问题因站在国际投资法体制的最前沿而能引人关注,以此为命题的研究具有很强的时代意义。

第二,研究思路上将国际投资仲裁中的环境问题分为事实认定中的环境问题与法律适用中的环境问题。依据国际投资仲裁裁决的客观过程,东道国声称的环境问题在事实认定阶段和法律适用阶段依次转化为环境措施的界定、环境因素对解释投资条款的影响和环境条款的解释。仲裁机构对环境措施的界定实质上是回答何为环境措施的问题,须探寻东道国所采措施背后的真正意图。目前国际投资仲裁规则在证据方面的规则还比较原则,国际裁决机构在证据的采纳、证明标准等诸多方面尚未有达成共识的做法,这对投资仲裁机构通过客观证据追寻东道国的主观意图构成一定挑战。但该种对环境措施的事实界定是涉环境投资仲裁无法跨越的阶段,投资仲裁机构必须对投资者、东道国提交的证据进行审查与筛选,从而作出有理有据的认定。事实认定中的环境问题是法律适用中环境问题的基础与前提,事实认定阶段争议措施未被界定为环境措施,则仲裁机构不可能在法律适用阶段考虑环境问题。当争议措施被界定为环境措施之后,仲裁机构也可能不将环境因素并入投资条款而进行解释。但此时仲裁机构必须对纯粹效果主义的做法作出解释,事实证明该种立场已不足取。法律适用中的环境

① 国际投资与国际环境之间还有相互促进的关系。国际投资仲裁中的环境问题,则体现了二者的冲突关系。因而,本书欲论述的问题不代表国际投资与国际环境之间关系的全貌,只是二者相互冲突这一层面。

问题，实为环境因素对投资仲裁机构规则选择与规则解释将产生何种影响。综观现有的研究投资保护与环境保护冲突的文献，大多限于探究法律适用阶段仲裁机构如何平衡投资与环境的价值目标，未将事实认定阶段环境问题纳入研究视野。因此，本书依循一般的国际、国内裁决程序，将事实认定与法律适用中的环境问题作有区别但有联系的界定，既体现了法律适用的客观过程，也彰显了本研究的完整性和严谨性。

第三，以条约解释为视角对投资条约中的环境条款进行类型化并进行理论上的阐释。国际投资法的发展无法脱离投资条约，但其生命源于国际投资仲裁。从这个意义上说，任何纯粹文本的条约分析，其价值必然是有限的。因此，本书欲以“仲裁机构将如何解释”为标准对环境条款进行形式与内容的界分。环境条款的存在形式会影响其在投资条约中的地位以及被解释的方式。环境条款的内容、性质、功能等会影响政府规制权的张力、环境条约的适用边界进而决定投资仲裁的结果。《维也纳条约法公约》（VCLT）作为条约解释的习惯国际法，应当对环境条款作何解释发挥主导作用。鉴于目前国际投资条约中环境条款的数量与类型都在增多，而涉环境的投资仲裁机构就相当的环境条款还未进行解释，此时对其进行前瞻性的分析富有价值。理论上对环境条款所作的解释能为将来围绕环境条款的争议如何裁决提供参考，从而使环境条款更好地与国际投资仲裁相衔接。此外，以条约解释视角分析环境条款，还可以预估环境条款在适用中可能遭遇的问题，从而为环境条款的进一步完善提出建设性建议。

第四，为中国通过缔结国际投资条约进行环境规制指明路径，本书的研究对中国而言具有现实意义。无论是吸引外资还是对外投资，中国可谓世界级的资本大国，且已经实现了资本输出与资本输入金额的基本持平。无论是作为东道国还是投资者母国，环境问题对中国而言都非常严峻。而作为世界 BIT 签署量的第二大国，中国诸多投资条约面临到期重新签署的问题，中国如何在投资条约中重新架构环境条款，并为环境规制确立基准极为引人注目。结合中国国际投资条约环境条款的现实状况，未来中国在投资条约中加大环境规范的分量，这是确定无疑的。在建构的实体路径上，是以实质性环境条款为主，还是仍以非实质性环境条款为主，这会直接影响环境规制的效果。而在具体模式的选择上，区分发达国家、发展中国家而预备两套不同的环境规制模式，以体现“防御性”或“进攻性”的不同立场是否必要，这确实是中国在投资身份转型时期已经面临的问题。中国在投资条约中加强环境规制，对国内的环境立法、执法、司法都提出了相应的要求。中国在国际投资法体制的地位日渐接近发达国家，本书为今后中国应如何架构投资条约中的环境条款提供参考性建议。

三、研究思路及框架

本书欲将研究的核心命题界定为：国际投资仲裁如何对环境问题进行考量，并按照为什么—是什么—怎么样的进路展开。具体的思路为：为何要在国际投资仲裁中研究环境问题—国际投资仲裁中有哪些环境问题—应当如何在国际投资仲裁中解决环境问题以及中国应当如何作为。据此，本书分为以下七章：

第一章，从国际投资仲裁中环境问题的缘起入手，考察在国际投资仲裁中解决环境问题的必然性。当国际投资仲裁裁决环境问题时，必须考量环境问题的特有属性。在对为何要在国际投资仲裁中解决环境问题，以及应当如何解决环境问题这两个应然层面的问题进行剖析之后，转而考察实然层面的涉环境投资争端的概况。对已裁决的涉环境投资争端而言，有必要以主要的投资仲裁庭，以及这些投资争端争议的条款为标准将争端类型化。争端各方、仲裁庭、学界和实务界对涉环境的投资仲裁裁决看法各异，表明国际投资仲裁中的环境问题远未得到妥善解决。以仲裁庭裁决案件的一般进路，可将国际投资仲裁中的环境问题归结为事实认定中和法律适用中的环境问题。事实认定中的环境问题，核心是解决争议措施是否为环境措施的问题。仲裁庭须依据相应的证据规则对东道国与投资者提交的证据进行审查，以确定东道国是否具有真正的环境意图。法律适用中的环境问题，核心是如何选择和解释投资规则的问题。投资仲裁庭应当依据国际法中国际规则关系的理论和实践，以及国际条约解释的原则与规则，来解决法律适用中的环境问题。同时应当充分顾及国际投资条约的个性而恰当地进行环境并入和环境分别解释。

第二章，围绕国际投资仲裁事实认定中的环境问题展开。事实认定中的环境问题，源于投资仲裁庭对东道国所采措施目的的审查，而非仅限于就东道国所采措施对投资或投资者的效果进行分析。鉴于各投资仲裁庭有相对固定的仲裁规则，仲裁庭首要的是遵守自身仲裁规则中的证据规则对环境问题进行事实认定，在仲裁规则并无明确规定的情况下可求助于程序法中的一般法律原则。无论两类证据规则的具体规定如何，投资仲裁庭无法回避对待证事项环境措施的举证责任、证据的证明力和证明标准确立相应的标准。通过考察 ICSID 和 NAFTA 仲裁庭对涉环境投资争端的裁决，并结合环境问题的科学属性等特有属性，本部分试图对 ICSID 与 NAFTA 仲裁庭在环境问题事实认定中的过程和结果进行评价。鉴于仲裁规则和一般法律原则在证明标准等方面并没有明确一致的规定，投资仲裁庭实际上掌握着较大的自由裁量权。如何确立所采措施与合法性依据、环境目的之间的关联性标准，将成为事实认定中环境问题最为核心的关注点，也决定着仲裁庭对环境问题在事实认定上的客观程度和公正程度。

第三章至第五章欲讨论国际投资仲裁法律适用中的环境问题，第三章着眼于规则的选择，第四章至第五章着眼于规则的解释。根据国际投资仲裁规则和国际投资条约，国际投资仲裁可以适用一定范围的实体法，国际投资条约是仲裁庭最主要的实体法渊源。也就是说，仲裁庭在绝大多数投资争端中面临的主要的规则选择问题是适用投资条约的何种条款。当仲裁庭将争议措施界定为环境措施时，仲裁庭面临着对环境措施适用投资条约中投资条款或者环境条款的选择。第三章试图从国际规则之间互为冲突或渐进关系这一理论着手，并立足投资条款与环境条款从属于同一国际投资条约这一现实，来厘定投资条款与环境条款的适用关系。在互为冲突关系的投资条款与环境条款之间，运用冲突条款、特别法优于一般法等规则或原则解决；对于并非冲突关系的投资条款与环境条款的适用关系，则须恪守条约解释规则有效地解释两类条款。以此为前提，仲裁庭对传统的投资条款如最惠国待遇、国民待遇等的适用，原则上并不构成适用环境条款的阻却条件。仲裁庭对主要以例外条款形式出现的实质性环境条款的适用，也不意味着对投资条款的解释无须考虑环境因素。在此，国际规则关系与国际条约解释理论构成投资仲裁庭进行规则选择的基础，而只有仲裁庭选定投资条款或环境条款之后，才能对其进行解释。因而本部分是第四章、第五章的前提和铺垫。

第四章，围绕国际投资仲裁对投资条款的解释展开。当仲裁机构确定对环境措施适用投资条款时，仲裁机构即面临着是否以及如何将环境因素并入投资条款解释的问题。仲裁机构原则上没有必须进行环境并入解释的义务，但仲裁机构纯粹在投资条款项下考察所采措施对投资者的效果，而拒不对所采措施的环境目的保留必要空间，该种裁决理念与模式在越来越推崇可持续发展与政府规制权的国际投资法体制中注定不受欢迎。而东道国主张的环境并入解释，实质上谋求的是对环境问题进行单独的、特殊的考虑，其希冀对考量了环境因素的投资条款作出不同的解释，实质上是将环境因素作为投资条款的例外来对待。本部分立足已有的涉环境投资争端中仲裁庭已经面临的环境并入解释问题，探寻环境因素构成投资条款例外的可能性及其障碍。对于环境因素对国民待遇、最惠国待遇中“相似情形”解释标准的影响，环境因素在治安权行使与间接征收进行界分方面的作用，以及环境因素对公平、公正待遇界定的影响拟作重点分析。

第五章，围绕国际投资仲裁中环境条款的解释展开。涉环境投资争端的仲裁机构适用投资条约中环境条款的条件为：投资条约中有环境条款；争议围绕环境条款展开。在如何适用环境条款的命题上，需解决投资条约中的环境条款是什么以及如何解释环境条款两个问题。为此首先须考察环境条款的发展历程和发展现状，本部分试图以环境条款的形式或内容为标准对环境条款进行类型化，进而界定其特殊的适用条件。环境条款因授予缔约方环境规制权，而与投资者享有的投资权利形成对比，环境条款因此主要为东道国所援引。目前，投资条约中实质性的环境条款主要以例外等形式出现，因此其适用条件总体较为严格。如何解释投资条约中的环境条款，最为关键的是界定这类环境例外条款的解释基准。由于已有的涉环境投资争端中围绕环境条款的争议不多,这些仲裁庭对环境条款应作何解释仅能提供有限的经验,因而目前对环境条款的解释应更多借助于理论上关于条约解释的规则与原则,以及其他裁决机构如 WTO 争端解决机构的有效做法。

第六章围绕气候变化诉讼与碳排放权引起的争议对国际投资仲裁的挑战展开。气候变化诉讼与碳排放权争议均有可能被诉至国际投资仲裁庭。气候变化与碳排放权投资争端对国际投资仲裁的挑战在于:一是将使得本来"超负荷"运转的仲裁机构可能面临数量不少的新型投资争端;二是现行投资条约中鲜有专门的气候变化或碳排放权规制条款。从国际投资仲裁长远发展以及气候变化治理趋势着眼,国际投资仲裁庭应当秉持怎样的立场非常重要,这可以成为更好地推进国际投资仲裁体制改革的契机,并有利于缓解国际投资仲裁的合法性危机。

第七章将阐述国际投资仲裁中的环境问题及其解决对中国的启示。国际投资仲裁事实认定和法律适用中的环境问题,值得中国就国际投资的环境规制进行深刻反思。中国签署的投资条约对环境问题规制的分量与中国面临的环境形势远不相称,中国作为东道国与投资者母国均应从国际投资仲裁的环境问题及其解决中获取有益的启示。基于正在进行的各国投资条约范本修订与国际投资仲裁机制改革的整体背景,以及中国资本输入国和输出国的双重身份,中国在投资条约环境条款建构的宏观路径上必须明确:其一,是否要区分发达国家与发展中国家而预备两个版本?其二,以实质性的环境条款为主还是非实质性的环境条款为主?以此为前提,中国须在如何谋划实质性环境条款的类型,是否加大实质性环境条款的普及面,企业社会责任条款的地位和性质,以及序言中是否需要更为明晰地界定环境保护价值目标与政府规制权等方面确定具体的模式,以满足即将来临的新一轮重新签署的投资条约环境规制的需求。

前　　言

当前,国际投资仲裁机制改革正在如火如荼地进行。联合国国际贸易法委员会对此召开数届会议,各国提交了改革方案,有些国家在投资条约中已付诸实施。其中,欧盟主张设立常设国际投资法院,美国主张采用一种上诉机制,有的国家则主张设立单独的上诉机构。而巴西、南非、澳大利亚等国则对国际投资仲裁持抛弃立场。在新近投资条约中,USMCA(美墨加协定)在美国与墨西哥之间保留有限的投资者—国家间争端解决机制,美国与加拿大则没有该机制。RCEP 在第十八条仅将投资者与国家间投资争端解决机制作为该协定生效后的讨论事项。一时之间,国际投资仲裁的存废与走向问题变得扑朔迷离。

即便如此,国际投资仲裁在投资者与国家间投资争端解决方面发挥着不可抹杀的作用,其对涉环境投资争端的解决即为明证。鉴于国际投资对东道国环境的整体介入,国际投资行为或活动极易引发环境问题。投资者权利与东道国环境规制权力之间如何平衡,是国际投资法体制永恒的命题。二者发生冲突甚至激烈碰撞时,投资仲裁庭如何考量投资者传统的国民待遇、最惠国待遇、公平公正待遇、征收诉请与东道国合法的环境保护目标?国际投资条约中是否对此有特殊安排?带着这样的疑惑,我开始查阅涉环境投资仲裁案件裁决文书。其中,Spence 投资公司等诉哥斯达黎加案堪称典型,虽然该案由于各种原因而终止,投资者诸多诉请因投资条约的特殊规定而不在投资仲裁庭管辖范围之列,但是该案投资者、东道国、第三方对多米尼加—中美洲—美国 FTA 投资章、环境章系列条款的法律适用提出了值得探讨的问题。按图索骥,我继续对涉环境投资仲裁典型案件进行搜索,并试图去整理这类案件的共性与每个案件的个性,从而描绘涉环境投资仲裁案件及其裁决的演化轨迹。法律问题的两个面向是实践与规则,国际法概莫能外。对环境法律问题在国际投资仲裁这一实践面向进行审视,绝不能脱离投资条约这一规则面向,唯有正确适用并解释投资条约条款,投资仲裁庭才能作出充满正义的理性裁决。在确立这样的思路之后,我对投资条约中的环境规则进行梳理、分类,将其置于投资仲裁庭适用与解释的框架之内,并以已有投资仲裁案件为指引,去探寻将来的涉环境投资仲裁应有的理性样态。

国际法的研究从来就应当有中国立场,这是中国国际法学者的应有情怀与素养。中国在国际投资法与国际环境法体制中都具有极其特殊的地位。在中国投资者毅然走出国门并打算在海外大展拳脚之时,“中国环境威胁论”不绝于耳;而中国本土的环境治理亦不容乐观。在此种双重的环境压力作用之下,中国应当如何做好应对和预案,在“留权于手”和海外维权之间保持确当的度,值得深思。对于中国学者与实务工作者而言,必须深刻研习涉环境投资仲裁的实践与理性。

本书是我对国际投资仲裁中环境问题的一些思考与展望。概言之,以已有的投资仲裁实践为基础,运用国际规则关系、条约适用及其解释理论,研判投资仲裁中环境问题的未来走向。本书在写作过程中得到导师、同门师友的指导与帮助,在此一并致谢。书中不免有错漏、不足之处,对此概由本人负责。

赵玉意
2020 年 12 月 31 日

目　　录

第一章

国际投资仲裁中环境问题的缘起与概况

国际投资仲裁中涉环境案件不断增多。鉴于环境问题的特殊性，涉环境案件已然成为特定的国际投资争端类型。该种类型的争端使得国际投资仲裁中的环境问题凸显出来，当事方、仲裁机构及学界对于环境问题看法各异，立场不一。归结各方争议的本旨，并对这类涉环境投资争端的类型进行界分，进而为国际投资仲裁机构裁决此类案件确立一定的范式，具有实践价值。与此同时，鉴于国际投资法确立的可持续发展改革目标，[①]仲裁机构应对环境问题的意义已远非解决一个具体的投资争端那么简单，某种程度上可视为国际投资法改革向纵深发展的重要标志。

第一节 国际投资仲裁中环境问题的缘起及其特殊影响

国际投资仲裁中的环境问题，通过涉环境的投资争端而表面化和具体化。实质上，国际投资仲裁中的环境问题有着更深层次的根源，而这都可归结于投资与环境之间的相互关系。同时，在国际投资仲裁中考量环境问题，必定要充分认识环境问题的特殊性。环境问题有着丰富和不断发展的内涵和外延，目前还难以对其作出一个统一而全面的定义。环境问题涵盖复杂的自然现象和社会现象，然而环境问题有着公认的自然属性和社会属性。

---

① See UNCTAD, World Investment Report, 2016, p. 108.

环境问题的特有属性对国际投资仲裁有着特殊的影响。

一、国际投资仲裁中环境问题的缘起

国际投资在其设立、运行的各个阶段,直接影响东道国本国的生产、分配、交换、消费等环节。投资收益最大化是投资者的天然偏好。因此,国际投资往往在不顾及对其他领域负面影响的情况下运行。其中,投资行为对东道国本土自然环境有可能产生破坏作用。[①] 在应然层面,东道国有权对外资准入、外资活动进行规制,此种"安全阀"的掌控属于国家主权的范畴。但是,在实然层面,东道国的此种环境主权在发达国家为资本输出方,发展中国家为资本输入方的发展阶段并不具有当然的优势地位。此阶段的国际投资具有侵入性和主动性,环境保护反而带有防御性和被动性。此阶段的投资为发达国家流向发展中国家,发展中国家对外资有着迫切的需求,并以各种优惠政策吸引外资,甚至不惜以牺牲本国的环境主权为代价。为此,发展中东道国的环境立法往往受制于外资甚至屈居于外资之下,并不会通过环境规制措施变相限制外资或对外资设置壁垒。[②] 因此,在很长一段时期内,发展中国家作为东道国习惯于让渡自身的环境主权以换取投资者的认同。作为投资者的跨国公司或外国公司在投资关系中居于优势地位。外资对于东道国的环境规制持漠视甚至抵制立场,这一时期投资与环境的矛盾实质为发达国家与发展中国家的矛盾。

随着国际投资流向的混合化,尤其是市民社会及其环保意识的兴盛,以及全球公共治理理论的提出,投资与环境的冲突不再仅是发达国家与发展中国家矛盾的代名词,更主要的体现为私人利益与公共利益、经济的与非经

---

① 这是投资的天然趋利性使然。当然,随着东道国经济发展到一定程度,其必然逐步提高投资的环境门槛,只准许"环境友好型"或对环境提高有益处的投资进入,且就投资行为对本土的环境影响进行全程监管。而这也正好印证了经济发展与环境质量关系的库兹涅茨曲线理论,即经济发展初期会导致环境恶化,当经济发展到一定阶段后则会促使环境质量提高。See Salvatore Bimonte, *Model of Growth and Environmental Quality*, A New Evidence of the Environmental Kuznets Curve(April 2001), www. ssrn. com.

② See Cai Congyan, *China – US BIT Negotiations and the Future of Investment Treaty Regime*, Journal of International Economic Law 12(2), p. 505(2009).

济利益之间的博弈，其顺应了国际投资法体制从南北矛盾向公私矛盾转型的整体走势。①

而在国际法上，投资与环境的冲突，则可以归结为体制冲突。国际法上，由于缺乏一个总的立法机构，出现了各种专门的和（相对）自治的规则或规则复合体、法律机构以及法律实践领域，这种专门法律的制定和机构建设往往是在比较忽视邻近领域的立法和机构活动的情况下进行的。各规则体系的冲突不可避免，随着专门规则体系的兴盛，国际法的碎片化或不成体系还在加剧。② 国际法的碎片化主要体现为机构问题和实质性问题。机构问题涉及适用国际法律规则的各种机构的管辖权及其彼此之间的等级关系问题。实质性问题则关注被高度专业化、彼此之间以及与一般法之间相对自治的"盒子"。③ 机构问题和实质性问题共同构建国际法上的不同体制。在共同国际关系理论中，所谓"体制"，就是聚焦于特定问题或领域的原则、规则和决定作出程序的总和。④ 以投资为核心的权利、义务规则以及对其进行管理的规则等，自成国际投资法体制；以环境为核心的权利、义务规则以及对其进行管理的规则等，则另成国际环境法体制。在开放的状态之下，国际投资法体制的规则可能会调整环境问题；国际环境法体制的规则可能会调整投资问题。而两个国际法体制又相对自洽，彼此的规则没有严格的位阶，一体制并无遵守或承认另一体制规则或程序的义务。从这个角度而言，投资与环境的矛盾源于国际投资法与国际环境法体制间的冲突，两大体制的冲突使得国际投资仲裁中的环境问题更为错综复杂。

---

① See Wenhua Shan, *From "North – South Divide" to "Private – Public Debate": Revival of the Calvo Doctrine and the Changing Landscape in International Investment Law*, Northwestern Journal of International Law and Business Spring 2007, Symposium on International Energy Law, p. 12.

② 国际法委员会：《国际法不成体系问题：国际法多样化和扩展引起的困难》，A /CN. 4/L. 682, 2006, p. 9。

③ 国际法委员会：《国际法不成体系问题：国际法多样化和扩展引起的困难》，A /CN. 4/L. 682, 2006, p. 10。

④ See Andreas Fischer – Lescano & Gunther Teubner, *Regime – collisions: The vain search for legal unity in the fragmentation of global law*, Michigan Journal of International Law, Vol. 25 (2004), p. 1011, 1013.

国际投资仲裁中的环境问题，是投资者对东道国声称的环境目标在国际投资法体制内提出的挑战。国际投资仲裁中的环境问题，根源在于南北矛盾、公私矛盾或者体制冲突。随着国际投资流向的多元化，以及国际投资法、国际环境法调整事项的不断扩张，国际投资仲裁中的环境问题还会进一步凸显。

二、环境问题的属性及其对国际投资仲裁的特殊影响

公众参与、环境科学、环境法律等与环境问题密切相关。环境问题的无可回避，往往因其与公共利益相关。环境问题的复杂性，很大程度上源于其科学性和技术性。在国际投资仲裁这一框架下考量环境问题，同样不能忽视对环境问题进行规制的国际环境法的个性。概言之，国际投资仲裁应当将环境问题的特有属性适当地融于裁决的整个过程。

（一）环境问题的公共属性及其对国际投资仲裁透明度的要求

公共利益是独立于个人利益之外的一种特殊利益，社会公共利益具有整体性和普遍性。[①] 在国内法层面，环境问题体现了为满足社会全体成员需求的社会公共利益，这是很多国家允许公众提起环境公益诉讼的原因所在。规制环境问题的国际环境法，是为了人类共同利益，而共同利益首先是人类的生存，也是组成生物圈的个人和民族可以在尊严和自由中过一种物质上满足的生活。[②] 国际环境法规则是为人类共同利益而制定的规则，1972 年联合国人类环境会议宣布，保护和改善人类环境是关系到全世界各国人民的幸福和经济发展的重要问题，也是全世界各国人民的迫切希望和各国政府的责任。[③] 1972 年《保护世界文化和自然遗产公约》声明，任何文化和自然遗产的损坏或消失都造成使世界各民族遗产枯竭的有害影响。1992 年《生

---

① 参见孙笑侠：《法的现象与观念》，山东人民出版社 2001 年版，第 46 页。

② 参见［法］亚历山大·基斯：《国际环境法》，张若思编译，法律出版社 2000 年版，第 11 页。

③ 参见中国环境报社编译：《迈向 21 世纪——联合国环境与发展大会文献汇编》，中国环境科学出版社 1992 年版，第 156、159 页。

物多样性公约》指出，生物多样性的保护是全人类的共同关切事项。1992 年《联合国气候变化框架公约》规定，各国根据共同但有区别的责任和它们各自的能力，为今世后代的利益保护气候系统。① 这些重要国际环境文件均明确规定环境问题关系到人类共同利益。环境问题的这种公共属性要求环境事务的决策、实施应当为公众参与预留足够的空间。正是从这个意义上说，真正的涉环境争议，实质为公共利益与私人利益之争。

环境问题的公共属性，对涉环境国际投资仲裁程序的透明度提出了更高的要求，如公开听证，公众获取信息等。其中，准许第三方以“法庭之友”身份参与仲裁程序，可以说是涉环境投资争端对国际投资仲裁透明度的一大贡献。

1. “涉环境因素”的公共属性将使“法庭之友”参与投资仲裁成为常态

国际投资仲裁机构对“涉环境因素”的公共利益属性，在程序上通过公平、公正、公开来体现。一般国际商事仲裁要求保密、封闭式程序以及商业考虑，这些要求显然无法适用于国际投资仲裁，尤其是“涉环境因素”的案件。程序上的公开在投资仲裁中的体现为：举行公开听证并允许公众获取信息，以及第三方以“法庭之友”身份参与仲裁程序。2004 年美国 BIT 范本第 25 条、2008 年澳大利亚—智利 FTA 第 10.22 条、2004 年多米尼加—中美洲—美国 FTA 第 10.21 条等，明确规定了仲裁程序应向公众公开，并冠以“透明度”的名称。2009 年加拿大—约旦 FTA 第 39 条、2004 年美国 BIT 范本第 28 条等明确规定第三方可以“法庭之友”身份参与仲裁程序，并享有一定的权利。② 2012 年美国 BIT 范本第 12 条“投资与环境”中，特别规定缔约方应当就该环境条所引发的任何问题，给予公众参与的机会。③ 在 Methanex 诉美国、Glamis 诉美国、Biwater Gauff 诉坦桑尼亚、AES Summit 诉匈牙利、Electrabel 诉匈牙利等案中，仲裁机构在仲裁过程中举行听证或允许“法庭之

① 参见［法］亚历山大·基斯：《国际环境法》，张若思编译，法律出版社 2000 年版，第 13～14 页。

② See UNCTAD, *UNCTAD Series on Issues in International Investment Agreements* Ⅱ, 2012, p. 37－42.

③ See Article 12(7), investment and environment, 2012 U. S. Model Bilateral Investment Treaty.

友”介入，[①]这些案件均与环境保护有关。“法庭之友”对于“涉环境因素”投资争端具有特别重要的地位。

“法庭之友”制度源于罗马法，在英国、美国国内以判例的形式予以确立。欧洲人权法院、WTO争端解决机构均在一定程度上允许非争端第三方以“法庭之友”的身份参与争端解决程序。

国际投资法体制对于“法庭之友”经历了一个从拒绝到接受的过程。早期的包括NAFTA在内的投资协定中并没有关于“法庭之友”的特别规定，这使得仲裁机构在对待是否接受“法庭之友”的书面意见上做法不一。在ICSID受理的Aguas del Tunari S. A.诉玻利维亚案中，仲裁机构以未经当事人同意，任何第三方不得被允许参与仲裁程序为由，拒绝了“法庭之友”的参与请求。[②] NAFTA仲裁中的Methanex诉美国案，投资仲裁机构首次接受了非政府组织（NGO）提交的两份“法庭之友”书面意见。此后，NAFTA成立的自由贸易委员会（Free Trade Commission，FTC）在2004年发布的《关于非争议方参与仲裁程序的声明》，明确仲裁庭可以接受第三方提交的书面意见。2006年修订的ICSID规则第37（2）条规定：

仲裁庭可以允许非当事人的私人或实体就争议范围内的事项向仲裁庭提交一份书面意见。

以美国所签署的BIT和FTA为代表，有相当投资协定中规定了“法庭之友”，如美国—卢旺达BIT，明确规定投资仲裁文件应向公众提供。美国与新加坡、智利、摩洛哥、哥伦比亚、巴拿马、韩国、多米尼加和中美洲等FTA，都明确仲裁机构可以接受“法庭之友”的书面意见。值得一提的是，美国—韩国FTA中的该条款尤其详尽，该FTA第11.20（5）项规定：

在与争议方进行协商之后，仲裁机构可以允许并非争端当事方的一方或实体，就争端范围的事项向仲裁机构提交书面的“法庭之友”意见，仲裁机

① See UNCTAD, *UNCTAD Series on Issues in International Investment Agreements* Ⅱ, 2012, p. 47 – 50.

② See Aguas del Tunari, S. A. v. Republic of Bolivia, ICSID Case No. ARB/02 /3, Decision on Respondent's Objections to Jurisdiction.

构在决定是否准许时,可以考虑以下因素:

(a)通过提出一种观点,尤其是不同于争端当事方的知识、见解,"法庭之友"的意见应有助于仲裁机构认定一个事实或法律问题;

(b)"法庭之友"书面意见应解决争端范围内的一个事项;

(c)"法庭之友"在程序中有一个明显的利益。仲裁机构应保证"法庭之友"书面意见不会中断仲裁程序,或者对任何争端当事方造成过分的负担或不公正的偏见。争端当事方应当被给予对"法庭之友"书面意见进行评价的机会。

《跨太平洋伙伴关系协定》(TPP)第9.22(3)项则进一步要求"法庭之友"应将其与争端方的直接或间接附属关系进行披露,并确认在准备"法庭之友"书面意见时,任何个人、政府或其他实体已经或将提供的任何财政或其他方面的资助。该项还要求"法庭之友"应以仲裁的语言提交,并要遵守仲裁机构所限定的页码限制和时间限制。仲裁机构还应给争端方提供对"法庭之友"进行回应的机会。

可见,投资协定中"法庭之友"的规制主要课以义务,体现在"法庭之友"书面意见的内容上,强调观点的独特性和相关性;在语言、提交时间、页码等形式方面都予以限定,并赋予仲裁机构决定权。此外,"法庭之友"不应对正常的仲裁程序和争端当事方的利益产生不利影响。而在"法庭之友"的权利方面,无论是仲裁规则还是投资协定都语焉不详。依据这些文本,仲裁机构事实上掌握是否接受"法庭之友"书面文件的决定权,"法庭之友"也无法获得与争端当事方相当的权利。Methanex 案仲裁机构就明确指出,接受非争端方的意见,不等于就将其作为当事方。仲裁庭并不因此给予非争端方以争端方的实质性权利。① 至于"法庭之友"书面意见对最终的仲裁裁决会否产生影响,更加不得而知。

① See Methanex v. United States, Decision of the Tribunal on Petitions from Third Persons to Intervene as "Amici Curiae", para. 30.

2. "涉环境因素"国际投资仲裁中"法庭之友"的特殊价值

关于"法庭之友"是否应当参与投资仲裁程序,向来有支持派和反对派之分,从目前投资协定和投资仲裁两方面来看,在是否准许"法庭之友"参与仲裁程序这个问题上,支持派居于上风。支持派认为,应当准许NGO等介入仲裁程序的一个重要依据在于维护公共利益。涉环境的投资争端,东道国通常宣称所采措施是为了保护环境。因此,"法庭之友"作为环保主义的"代言者",很容易对该类案件提出参与要求。

第一,"法庭之友"参与国际投资仲裁第一案——Methanex案的"先例"价值。准许"法庭之友"参与投资仲裁程序,可谓Methanex案仲裁机构在NAFTA并无明文规定情况下的"越权"之举。该案1999年提起,国际可持续发展机构(IISD)于2000年8月,"更好环境社团""地球岛机构蓝水网络"与国际环境法中心作为"法庭之友"于2000年9—10月联合提交请求。[①] 该案仲裁机构于2001年1月作出决定,称根据联合国国际贸易法委员会(UNCITRAL)仲裁规则第15(1)条,仲裁机构有权接受"法庭之友"的书面文件,但仲裁机构无权决定接受"法庭之友"关于获取仲裁程序资料或参加口头听证的请求。仲裁机构作出接受"法庭之友"书面文件的决定,主要基于以下考虑:其一,该仲裁案件涉及环境保护这一公共利益;其二,NAFTA第11章的仲裁程序应当从被视为更加公开或透明中受益,而非因被视为过度封闭而受到损害。关于申诉方提出的接受"法庭之友"书面意见可能存在的问题,仲裁机构进行回应,关于增加仲裁成本风险,以及"法庭之友"通常与申诉者立场相对而支持东道国的因素,仲裁机构称会充分考虑。关于申诉方提出的,该案是否会成为先例的风险,仲裁机构认为其自身没有决定如何解释UNCITRAL仲裁规则第15(1)条的权利,该案仲裁机构也无意确立该项先例。[②] 自由贸易委员会(FTC)在2004年10月发布了《关于非争议方

---

① See Methanex v. sogou. comUnited States, Decision of the Tribunal on Petitions from Third Persons to Intervene as "Amici Curiae", para. 1.

② See Methanex v. United States, Decision of the Tribunal on Petitions from Third Persons to Intervene as "Amici Curiae", paras. 47 –51.

参与仲裁程序的声明》,在该声明中自由贸易委员会明文规定仲裁机构有权接受非争端方提交书面意见,并就该类准许非争端方参与仲裁程序的书面申请以及非争端方提交的书面意见在形式、内容、时限等方面有非常明确的规定。因此,Methanex 案这一涉环境的国际投资争端,开创了投资仲裁程序准许"法庭之友"提交书面意见的先例,并促使自由贸易委员会(FTC)就非争议方参与仲裁程序发表具有可操作性的声明。

继 Methanex 案之后的 Glamis 案也涉及保护环境,奎尚印第安民族组织(the Quechan Indian Nation)、塞拉俱乐部(Sierra Club)、大地艺术组织(Earthworks)、地球之友(Friends of the Earth)、国家开采协会(the National Mining Association)先后向仲裁机构提出提交书面意见的申请。2007 年 1 月,争端方及时对这些"法庭之友"提交书面意见的申请发表评论,被诉方要求仲裁机构接受每一个申请,申诉方则反对地球之友参与,因为其提交的报告中提出 Glamis 国籍这一不在本案争议之列的事项。2007 年 2 月,仲裁机构对每一个非争端方的独立信件作出决定,称根据自由贸易委员会(FTC)声明,仲裁机构接受每一个非争端方的请求。[①] 与 Methanex 案仲裁机构通过对 UNCITRAL 仲裁规则第 15(1)条进行解释和对现有案件公共利益性质进行论证,以表明接受"法庭之友"书面意见的正当性相比,Glamis 案仲裁机构直接根据 FTC 声明而作出接受"法庭之友"申请的决定。同时,对于"法庭之友"是否可在提交书面意见之前获取仲裁程序的资料,本案也有涉及。在确定"法庭之友"提交书面意见的时限上,该案经历了几次修改。非争端方提出,如要求非争端方在争端方提交备忘录或反备忘录之前提交书面意见,其将无法提出有意义的意见。仲裁机构对此予以认可,进而将非争端方提交书面意见的时间延后。[②]

两个涉环境的投资争端表明,仲裁机构对是否准许"法庭之友"提交书面意见有相当的决定权,争端方的意见往往只作为参考,不能左右仲裁机构

---

① See Glamis v. United States, Award, paras. 285 – 286.

② See Glamis v. United States, Award, para. 278.

的审查权。同时，仲裁机构对非争端方参与仲裁程序，呈现开放的姿态。在自由贸易委员会（FTC）声明以及美国 FTA 投资章关于"法庭之友"参与程序的规则明确化之后，"法庭之友"要求提交书面意见的请求将更容易得到满足。Methanex 案仲裁机构称其无意于作出准许"法庭之友"参与仲裁程序的"先例"，但该案事实上成为"先例"，且通过自由贸易委员会（FTC）声明得以制度化和固定化。可以预见，未来的涉环境投资争端，将涌现更多 NGO 等非争端方以提交"法庭之友"书面意见的形式参与到仲裁程序中来。诚然，对于"法庭之友"制度，国际社会对其评价可谓喜忧参半，如著名的国际投资法学者威尔里斯（Viuales）教授所指出的，第三方参与是一把"双刃剑"。"法庭之友"的介入有利于国际投资仲裁整体上更加合理合法，但是也会削弱仲裁程序的传统优势。① 在投资协定和投资仲裁的双重推进之下，增强投资仲裁程序的透明度是大势所趋，而涉环境案件在准许"法庭之友"参与仲裁程序方面的尝试无疑起到了推波助澜的作用。

第二，"涉环境因素"案件中"法庭之友"的书面意见对投资仲裁裁决的影响。Methanex 案的最终裁决在实体内容只有两处提到了"法庭之友"：一是不对"法庭之友"的观点进行总结，因其细化和涵盖了争端方所发展的重要法律问题；②二是在提到美国反驳 Methanex 关于其受到歧视待遇而援引 GATT 条款的相关性时，仲裁裁决提到国际可持续发展机构（IISD）在其"法庭之友"书面意见中也不同意 Methanex 将贸易法方法简单移植到投资法的做法。③ 而在对NAFTA第 1102 条"相似情形"应作何种解释这个问题上，仲裁裁决体现了依据《维也纳条约法公约》第 31 条文本主义为起点的思路，将 NAFTA 第 3 章、第 7 章、第 9 章中出现的"相似产品""相似的，直接竞争或替代产品"等措辞进行比较，认为第 1102 条没有使用以上用语是深思熟虑的结果，因而不认同 Methanex 将第 11 章中"相似情形"作相当于 GATT"相

① See Katia Fach Gómez, *Rethinking the Role of Amicus Curiae in International Investment Arbitration: How to Draw the Line Favorably for the Public Interest*, Fordham International Law Journal, 2012, (35) p. 510.

② See Methanex v. United States, Final Award, para. 29.

③ See Methanex v. United States, Final Award, para. 27.

似产品”解释的观点。这样的分析思路同样出现在“更好环境社团”“地球岛机构蓝水网络”与国际环境法中心联合提交的书面意见中。该“法庭之友”书面意见更进一步指出，仲裁机构应当将甲基叔丁基醚（MTBE）对加利福尼亚州饮用水供应的威胁作为 Methanex 与其他投资者是否处于“相似情形”的因素进行考虑。① 美国在该问题上也主张应将 MTBE 对健康和环境的影响作为甲醇是否与乙醇处于“相似情形”的考量因素，但仲裁机构在裁决中未表明立场。此外，“法庭之友”还对预防原则的国际法地位、一国对环境的规制权等问题有鲜明的观点，但在仲裁裁决中均未被提及。可见，仲裁机构对于“法庭之友”书面意见的态度还是比较保守的，在实体问题上该案“法庭之友”书面意见所起作用极其有限。

在 Glamis 案的仲裁裁决的实体内容上，没有提到“法庭之友”的具体观点。仲裁机构在认定美国对 Glamis 公司进行环境评估、回填的行为不构成征收、不违反公平公正待遇的事实和法律依据时，也没有以“法庭之友”的书面意见为佐证。其中，“地球之友”对本案的主要观点，是认为 Glamis 公司本身与加拿大联系松散，其总部位于美国，因此认为 Glamis 公司事实上的双重国籍使得其不应在 NAFTA 之下寻求救济。② 对于“地球之友”提出的申诉方国籍导致 NAFTA 对此无管辖权的问题，仲裁机构在裁决中根本没有涉及。本案“法庭之友”的一个特殊之点还在于，与 Methanex 案所认为的“法庭之友”一般支持东道国而反对申诉者的预设不同，本案的国家开采协会提交的“法庭之友”书面意见支持申诉者，认为美国所采措施构成征收并违反公平公正待遇，进而会阻却其他欲在美国开展的投资活动。

无论如何，两个涉环境的国际投资仲裁裁决对国际投资仲裁体制中的“法庭之友”制度还是颇具意义的。Methanex 案仲裁机构在没有明确制度指引的情况下依据“法无明文禁止即许可”原则，以自身的自由裁量权准许“法

① See Methanex v. United States, Submission of Non - Disputing Parties Bluewater Network, Communities for A Better Environment and Center For International Environmental Law, 2004, para. 32.

② See Glamis v. United States, Amicus Curiae Submissions of Friends of the Earth Canada and Friends of the Earth United States, 2005.

庭之友”介入,进而催生了自由贸易委员会(FTC)关于非争议方参与仲裁程序的声明。就这一点而言,涉环境的 Methanex 案功不可没。鉴于有自由贸易委员会(FTC)声明这一法律依据,Glamis 案仲裁机构接受了所有“法庭之友”提交书面意见的申请,而该案阵容庞大的“法庭之友”开始出现分化,有“法庭之友”发出支持申诉者的声音。在程序正义上,仲裁机构准许不同类型的“法庭之友”提交书面申请,应当是其更加开明、透明的体现。而在实体问题上,应该说这两个涉环境的国际投资仲裁还没有体现“法庭之友”的实质影响。通常来说,由于“法庭之友”代表特定群体的利益,会特别关注影响该群体利益的问题,因此所持观点会更为“激进”。而随着国际投资法制从南北矛盾向公私矛盾的转型,国际投资仲裁机构进行裁决的过程,实质上就是对各种利益进行平衡的过程。因此,将来的投资仲裁裁决必然会在平衡包括“法庭之友”所代表的利益方面有所发展。而鉴于涉环境案件的公共利益属性,以及涉环境案件的爆炸式增长,涉环境案件的投资仲裁裁决有望在实体裁决考量“法庭之友”意见方面有所突破。

(二)环境问题的科学属性及其对国际投资仲裁事实认定的影响

环境问题由自然原因和人类活动所引起,前者被称为生态环境问题,后者被称为次生环境问题。① 无论环境问题由于何种原因而产生,很多环境问题同属科学问题。在社会科学层面研究环境问题,不能脱离环境问题的科学属性,即其与科学技术的密切关联性。环境问题的科学属性与国际环境法或环境规则的关系体现为:国际环境法的很多目标和规定以对它们所针对的环境问题的科学了解为依据,②环境规则的制定和实施在相当程度上依赖环境科学技术的发展;环境规则本身应包含技术性规范,以契合自然规律和科学原理。

原则上,环境问题的科学属性对于环境争端的影响体现在事实认定上。

---

① 参见金瑞林主编:《环境法学》(第 3 版),北京大学出版社 2013 年版,第 10 页。

② 参见王曦编著:《国际环境法》,法律出版社 1998 年版,第 60 页。

具体而言，一项措施或行为是否造成环境损害以及如何造成损害并非显而易见，需通过广泛的科学论证甚至科学实验进行证明或者验证。由于科学技术发展的阶段性以及科学技术手段的局限性，在涉环境的国际争端中，受损害方往往很难证明所受损害基于何种事由。这使得很多情况下产生环境损害的原因没有定论，环境追责难以找到确凿的证据。因此，为应对环境问题的科学属性，并体现涉环境争端裁决的合理性，该类争端解决程序往往准许专家对环境科学问题提交专家报告，以此增强环境问题证据的证明力。

迄今的涉环境投资争端，仲裁机构指定专家出具报告尚属少见，却有当事方相继以专家报告证明自己的观点。Methanex 诉美国案中，关于汽油添加剂 MTBE 是否对人类和环境有巨大及潜在的危害的认定，美国当局动用了 60 名研究人员做成 UC 报告（加利福尼亚州大学报告），通过大量的科学证据证明 MTBE 对加利福尼亚州的水资源以及人体健康有巨大危害。[①] Methanex 专家则认为，UC 报告没有使用所有可用的科学信息，因此所得出的结论可能是唐突甚至错误的，其认为 Methanex 生产的甲醇既非普遍也非危险的地下水污染物，对环境没有迫近的威胁。[②] NAFTA 仲裁庭则认为，UC 报告采用了一种严肃、客观和科学的方法来对待加利福尼亚州的复杂问题，UC 报告经公开听证、公开辩论，具有充分的科学性，且基于善意，并非出于保护国内的乙醇行业或某个公司。[③] 当事方聘请专家就环境问题出具专家报告，可以对非专业的当事方的证据能力进行补足。但是，由仲裁机构指定专家将更具优势：其一，更具权威性，这是相对于争端方所请专家而言。由中立的裁决机构指定专家，可以避免争端方所请专家系该争端方“代言人”的嫌疑。其二，费用的考虑。由仲裁机构指定专家的费用，原则上应该在争端双方之间进行分摊，这样可以减少由其中一方指定专家并由其单独

---

① See Methanex v. United States of America, Final Award, 3 August 2005, Part Ⅲ, Chapter A, paras. 10 – 11.

② See Methanex v. United States of America, Final Award, 3 August 2005, Part Ⅲ, Chapter A, para. 66.

③ See Methanex v. United States of America, Final Award, 3 August 2005, Part Ⅲ, Chapter A, para. 101.

负担的支出。随着新型环境问题的出现,专家报告在投资仲裁程序中的重要地位还将进一步显现。

环境问题的科学属性,还可能对国际投资仲裁传统的举证责任模式提出挑战,即由“谁主张,谁举证”转化为举证责任倒置,由嫌疑致害主体就其行为对环境没有损害进行举证。在少数环境条约中已有明确规定的情况下,Adel A Hamadi Al Tamimi 诉阿曼案(以下简称 Al Tamimi 诉阿曼案)仲裁庭已经进行了有益的尝试。未来此种革新式的举证模式是否会主导涉环境投资争端,还有待考证。

(三)规制环境问题的国际环境法的专有属性及其对国际投资仲裁法律适用与事实认定的影响

国际环境法是国际法整体的一部分,但还不是独立的、自足的学科。[①]根据《国际法院规约》第 38 条,国际环境法的渊源主要有:国际环境条约、习惯国际环境法以及环境法的一般原则。目前,世界上有超过 1300 个生效的多边环境条约,超过 2200 个双边环境条约,以及 250 多个其他环境条约。[②]应该说,环境条约的数量不菲,遍布环境保护的诸多方面,并形成了一定的体系性。但是,作为国际环境法主体部分的环境条约本身,并没有形成一个自足、完备的体系。数量众多的环境条约在模糊的一般原则和习惯海洋中仅提供了规则的孤岛,即便是这些规则,其通常也被认为相当模糊且没有约束力。[③] 国际环境法中得到公认的习惯国际法少之又少。

1. 国际环境法总体上的软法属性

不得不承认,现行的国际环境法并没有得到各国的充分重视和切实履行。究其实质,是因为国际环境法还属于软法范畴,国际环境法要“升级”为

---

① 参见[英]帕特莎·波尼、[英]埃伦·波义尔:《国际法与环境》(第 2 版),那力、王彦志、王小刚译,高等教育出版社 2007 年版,第 1 页。

② See IEA Database Home, http://iea.uoregon.edu/, 2020 年 12 月 29 日最后访问。

③ See Catherine A. Cooper, *The Management of International Environmental Disputes in the Context of Canada – United States Relations: A Survey and Evaluation of Techniques and Mechanisms*, the Canadian Yearbook of International Law, 24(1986), p. 252.

硬法，还有很长的一段距离。

软法（soft law）的概念最先由国际法学者提出，《布莱克法律词典》有两个解释：第一，总体上指那些既不具有严格的约束力，也不完全缺乏法律意义的规则；第二，在国际上，指那些指南、政策宣言或规定行为标准但又不能直接强制执行的行为守则。[①] 国际法学者对于软法有不同的定义，[②]但是对于软法不具有法律约束力或法律约束力弱，以及无强制执行力的特点，各学者基本达成共识。对于软法是不是法，有软法亦法和软法非法两种界说。软法非法的代表性观点认为，软法既然不具有法律约束力，则根本不是法。法律约束力只有“有无”，并无“多少”之分。[③] 与对“国际法是不是法”的讨论相类似，[④]持软法非法观点的学者主要从软法无强制力保障这个角度进行立论。如果认可该种观点，则会作出“国际法不是法”这样的结论。事实上，早期很多学者已经将是否有组织性制裁排除在国际法成其为法的实质要件之外。从这个角度而言，软法也属于法的范畴，但其与传统的法有区别。亚力山大·基斯（Alexander Kiss）就认为，软法是创造国际法规则的新方法。[⑤] 因此，本书赞同软法亦法，并且认为以“不具备传统的法律约束力但具有一定法律效果的国际文件”[⑥]来界定国际软法符合其现状和未来趋势。国际软法的具体形式包括宣言、号召、纲要、建议、指南、倡议、规程、章程、公约、标准、规范、规定、决定等。[⑦] 软法与硬法相对应，二者界分的标准是有无强制的法律约束力，着眼于法的内容。国际法的渊源则着眼于法的形式，其与

① See Bryan A. Garner, *Black's Law Dictionary*, 7th ed., St. Paul, Minn.: West Press, 1999, p. 1397.

② 参见尚杰：《国际软法问题研究》，吉林大学 2015 年博士学位论文。

③ See Prosper Weil, *Towards Relative Normativity in International Law*, The American Journal of International Law, Vol. 77(1983), p. 414; Jan Klabbers, *Redundancy of Soft Law*, 65 Nordic Journal of International Law(1996), p. 167 – 182.

④ 约翰·奥斯丁、汉斯·凯尔森、埃德加·博登海默、杰塞普、穆尔、哈特等法学家对国际法是否为法律都有经典的论述。

⑤ 参见［法］亚历山大·基斯：《国际环境法》，张若思编译，法律出版社 2000 年版，第 65 页。

⑥ 参见王铁崖主编：《国际法》，法律出版社 1995 年版，第 456 页。

⑦ 参见何志鹏、孙璐：《国际软法何以可能：一个以环境为视角的展开》，载《当代法学》2012 年第 1 期。

软法、硬法系交叉关系。换言之，国际法的渊源未必均为硬法，硬法的性质并不当然使其成为国际法的渊源，软法也可以国际法的渊源而存在。当然，国际裁决机构在适用软法时有更大的裁量空间，法律后果趋于不确定。

通常认为，1972 年的《斯德哥尔摩人类环境宣言》标志着国际环境法的产生，该宣言与 20 世纪六七十年代联合国大会等通过的《关于自然资源永久主权的决议》《国际人权宪章》《建立新的国际经济秩序宣言》等国际文件一脉相承，均对国家等主体具有的国际法上的权利进行宣示，但并未对国家等苛以国际法上的义务。换言之，斯德哥尔摩会议开启了国际环境软法发展的历程，[①]在很长一段时期国际环境法以软法为主要表现形式。在有关环境事项上，软法的形式有其合理性，可能是因为科学证据不是结论性的，是不完全的，然而还是需要采取风险预防的态度；也可能是因为其经济成本不确定或过高。[②] 同时软法也有自身的优势，即在情况需要时，能使国家承担那些在硬法下它们不能接受的义务。国际软法在国际环境领域作用显著，在应对新的环境问题时更有用武之地。[③] 随着全球环境问题的突出，1992 年召开的联合国环境与发展大会及在该会议上通过的《里约环境与发展宣言》（以下简称《里约宣言》）标志着国际环境法进入一个新的阶段，此阶段出现了大量的多边国际环境条约，包括具有硬法性质的《生物多样性公约》、《防止沙漠化公约》、《控制危险废物跨境转移及其处置巴塞尔公约》（以下简称《巴塞尔公约》）、《关于持久性有机污染物的斯德哥尔摩公约》等国际实体法。气候变化方面的国际环境法的硬法化尤其引人关注，《联合国气候变化框架公约》《京都议定书》等均为发达国家、碳排放大国设置了强制减排的义务。可见，国际环境法正经历着软法向硬法的转型，但是占主导地位的仍然是软法。环境软法是相当重要的，它设定了当事方在实施其义务时所应达

---

① See Pierre - Marie Dupuy, *Soft Law and the International Law of the Environment*, Michigan Journal of International Law, 1991 winter, Vol. 12, p. 422.

② 参见［英］帕特莎·波尼、［英］埃伦·波义尔：《国际法与环境》（第 2 版），那力、王彦志、王小刚译，高等教育出版社 2007 年版，第 22 ~ 23 页。

③ 参见王曦：《国际环境法与比较环境法评论》（第 1 卷），法律出版社 2002 年版，第 118 ~ 120 页。

到的最佳做法或适当注意的标准。框架性环境条约过于泛泛，术语不够严密，而软法的“生态标准”给予其硬实的内容，这非常关键。[①] 属于软法性质的国际标准、规范等，可以弥补国际环境条约框架性的不足，进而增强其可操作性。而根据软法的发展进路，这正是尚不属于国际条约、习惯国际法的软法向国际条约、习惯国际法转化的增长点。

但是，国际环境法总体上软法的属性，对其在国际社会中的地位有一定影响。诚然，由于环境软法并未赋予国家硬性的义务，其对国家主权的“侵蚀”远低于硬法，各国更愿意接受软法的形式，因而更容易达成协议。环境软法规定的详细规则和技术性标准也是硬法难以企及的。有些环境软法的宣示性质使得裁决机构对其解释可灵活掌握，软法还可以克服硬法滞后性的先天不足。然而，对于包括环境条约中仅具有义务形式，但无实质性内容的软性规定而言，其对国家的义务指向不够确定和具体。国际裁决机构对国际环境法中敦促、宣示性软法的解释不会居于主导地位，软法将仅作为其他核心硬法的上下文而发挥辅助功能。国际环境法在与其他体制的规则发生冲突时容易“受挫”。为此，国际环境法要在国际法中获得更有分量的地位，走硬法的道路是必然的选择。

国际环境软法的属性，对国际投资仲裁法律适用将产生一定影响。根据投资条约与国际投资仲裁规则，投资仲裁机构适用最为频繁的是投资条约，但也包括其他国际法和东道国法等国内法。传统投资条约具有框架性、原则性的特点，且有些投资条约明确规定仲裁庭可以适用其他国际法规范，这使得国际环境法等也有被适用的可能。但是，鉴于国际环境法总体上软法的属性，当其与投资条款发生冲突时，包括环境条约在内的环境法未必能得到适用。[②] 尽管在理论上，投资条约与环境条约都属于国际条约，二者理应“平起平坐”，但由于环境法软法的属性使其没长“牙齿”而不具备“杀伤力”。在 Marion Unglaube 与 Reinhard Unglaube 诉哥斯达黎加案中，申诉方

---

① 参见［英］帕特莎·波尼、［英］埃伦·波义尔：《国际法与环境》（第 2 版），那力、王彦志、王小刚译，高等教育出版社 2007 年版，第 23 页。

② 除非投资条约中有明确的冲突条款，指明特定环境条约的优先适用效力。

在哥斯达黎加太平洋海岸格兰德(Playa Grande)附近有重要投资,该海滩也是雌革龟产卵的重要场所。这些大型海龟处于濒危状态,哥斯达黎加宣布建设国家海滨公园保护自然环境和严重濒危的革龟,并称该义务已被载入哥斯达黎加宪法以及《美洲间保护海龟公约》当中。[①] 2004 年哥方中止了申诉方第二阶段财产的市政建设许可,2005 年环境与能源部指示停止部分位于公园的土地项目的环境许可,申诉方所有的第二阶段土地的建设程序被中止。申诉方因而主张哥方的行为构成征收。[②] ICSID 仲裁庭一方面认可哥方保护革龟的义务,另一方面指出此种环境征收措施与其他征收措施没有差别,最终裁定哥方对申诉方进行征收补偿。[③] 本案中 ICSID 仲裁庭认定哥方行为构成征收固然有纯粹效果主义的影响,但本案仲裁庭在面对环境条约与投资条约义务相冲突的问题时,优先适用了具有硬法性质的投资条约。诚然,环境软法在与投资硬法发生冲突时,并非绝对受挫,因环境利益属于公共利益甚至整体、普遍利益的范畴,而投资者权利属于私主体利益以及互惠性的利益。然而,环境利益作为整体利益,是否必然优于投资利益,这在国际上还没有确定、一致的做法。因此,环境软法的整体属性,极有可能弱化国际投资仲裁对环境问题的考量力度,环境问题因此有可能被淹没在投资问题的大潮当中,这将构成国际投资仲裁法律适用中环境问题的一大软肋。

2. 风险预防原则尚未成为习惯国际法

在国际环境法领域得到公认的习惯国际法凤毛麟角。以风险预防原则为例,其是否是一项习惯国际法,就存在很大的争议。持肯定说者认为,风险预防原则被国际环境条约频繁引用,加上足够国家的实践,因而其已经成为一项习惯国际法。在欧共体荷尔蒙牛肉案中,欧共体辩称风险预防原则

---

① See Marion Unglaube & Reinhard Unglaube v. Costa Rica, ARB/08/1, ABR/09/20, Award, para. 103.

② See Marion Unglaube & Reinhard Unglaube v. Costa Rica, ARB/08/1, ABR/09/20, Award, para. 73.

③ See Marion Unglaube & Reinhard Unglaube v. Costa Rica, ARB/08/1, ABR/09/20, Award, para. 217.

是一项习惯法原则,至少是一项法律的一般原则。[①] 有学者充分肯定风险预防原则的应用与效果,认为当遭遇科学的不确定性时,风险预防原则提供了一种有用的框架。[②] 否定风险预防原则是习惯国际法的学者,认为预防原则具有模糊性和内在的武断性,[③]指出风险预防原则是反科学的,认为要求生产者证明其产品是零风险或绝对安全,这是不可能的。[④] 鲍威林在对欧共体荷尔蒙牛肉案进行评论时,也对预防原则是否构成一项习惯国际法表示怀疑。[⑤]

从习惯国际法的国家实践和法律确信两个要素来看,应当说风险预防原则还没有达到习惯国际法的层次,正处在成为习惯国际法的发展过程中。[⑥] 尽管风险预防原则体现在德国、法国的立法与司法实践中,[⑦]也体现在澳大利亚、英国、美国、欧盟以及其他一些国家和地区的环境政策与法律之中,[⑧]但是,国际条约层面直接使用风险预防原则的环境条约并不多见,如1992 年的《跨界水道和国际湖泊保护与利用公约》、1991 年的《禁止向非洲进口且在非洲控制危险废物越境转移的巴马科公约》、1992 年的《东北大西

---

① WT/DS48/R, para. 4. 212. 但加拿大既否认预防原则是法律的一般原则,也不承认其习惯国际法地位。

② See Noah M. Sachs, *Rescuing the Strong Precautionary Principle from Its Critics*, University of Illinois Law Review, Vol. 2011, No. 4(2011), p. 1338.

③ See Gary E. Marchant & Kenneth L. Mossman, *Arbitrary and Capricious: the Precautionary Principle in the European Union Courts*, First published in Great Britain in 2005 by International Policy Press, p. 1.

④ See Lawrence A. Kogan, *The Extra – WTO Precautionary Principle: One European "Fashion" Export the United States Can Do Without*, Temple Political & Civil Rights Law Review, Vol. 17(2008), p. 495.

⑤ 参见[比]约斯特・鲍威林:《国际公法规则之冲突——WTO 法与其他国际法规则如何联系》,周忠海等译,法律出版社 2005 年版,第 166 页。

⑥ 参见朱建庚:《风险预防原则与海洋环境保护》,人民法院出版社 2006 年版,第 255 页。

⑦ 参见[法]亚历山大・基斯:《论国际环境法的发展》,载王曦主编:《国际环境法与比较环境法评论》,上海交通大学出版社 2008 年版,第 3 页。

⑧ 参见[英]帕特莎・波尼、[英]埃伦・波义尔:《国际法与环境》(第 2 版),那力、王彦志、王小刚译,高等教育出版社 2007 年版,第 111 页。

洋海洋环境保护公约》等。[①] 就推定法律确信存在的国际裁决机构的实践而言，[②]裁决机构对风险预防原则的态度远非明朗。在乌拉圭纸浆厂案中，国际法院指出，根据《乌拉圭河规约》的宗旨和具体规定，事先通知义务是基于风险预防的考虑。[③] 关于举证责任，国际法院认为，尽管预防方法在解释和适用《乌拉圭河规约》中是相关的，但并不意味着本案要实行举证责任倒置。[④] 在欧共体荷尔蒙牛肉案中，WTO 上诉机构认为，不论风险预防原则在国际环境法上的地位如何，该原则在本案中是无须适用的，因为《实施卫生与植物卫生措施协定》（SPS）第 5.1 条和第 5.2 条已经规定了风险评估。[⑤]

风险预防原则还没有发展成为习惯国际法，对国际投资仲裁事实认定阶段能否适用风险预防原则，对事实认定的结果都将产生实质性影响。尽管有个别国际条约明确规定，环境风险预防原则导致举证责任转换或倒置，但国际条约还没有类似普遍的做法。适用环境风险预防原则的举证责任转换或倒置是指使带来潜在风险的行为人来承担不会发生环境损害或不良影响的举证义务。[⑥] 鉴于风险预防原则目前的国际法地位，举证责任倒置原则在国际投资仲裁中还不能得到当然的适用。然而在事实认定中，涉环境的投资争端面临着由投资者或东道国证明投资与环境损害因果关系的问题。由于环境问题本身包含不确定的科学问题，依传统的“谁主张，谁举证”原则，坚持由东道国负担该项举证责任加大了东道国在事实认定阶段证明所采措施为环境措施的难度，在某种程度上弱化了此类案件的环境特质。尽管已有涉环境的投资争端在投资与环境损害因果关系的证明上采取举证责

---

① 参见高晓露、周振新：《论风险预防原则的国际法律地位》，载《江西社会科学》2012 年第 4 期。

② 参见［英］伊恩·布朗利：《国际公法原理》，曾令良、余敏友等译，法律出版社 2007 年版，第 6 页。

③ See Case Concerning Pulp Mills on the River Uruguay (Argentina v. Uruguay), Judgment of 20 April 2010, para. 115.

④ See Case Concerning Pulp Mills on the River Uruguay (Argentina v. Uruguay), Judgment of 20 April 2010, para. 164.

⑤ See WT/DS26/AB/R, WT/DS48/AB/R (1998), para. 124 – 125.

⑥ 参见孟根巴根：《探析环境风险预防原则在我国的适用》，载《求是学刊》2012 年第 2 期。

任倒置,但是理论上,这并非环境法的风险预防原则已发展成习惯国际法使然。在某种程度上,风险预防原则未发展为习惯国际法是举证责任倒置原则在涉环境投资争端得以适用的障碍。

第二节 国际投资仲裁中的涉环境争端

国际投资仲裁中的涉环境争端,指的是投资者诉称东道国的投资措施损害其利益,东道国辩称所采措施是为了保护环境,双方以环境问题为主要争点的案件。通过对联合国贸发会、ICSID 和 NAFTA 官方网站公布的投资仲裁案件进行统计,截至 2020 年 4 月 30 日,与环境有关的投资争端达 100 多起,其中有过半数案件在 2012 年及以后年份提起,这些案件绝大多数尚未裁决。鉴于 ICSID 和 NAFTA 仲裁庭在国际投资仲裁中的重要地位,以及国际投资仲裁裁决文书作为评价依据的重要性,本书将研究范围限定于 ICSID 和 NAFTA 仲裁庭已经作出仲裁裁决,且争端双方以环境问题为主要争点的典型涉环境争端。[①] 对于尚未裁决或终止的程序,但对国际投资仲裁中环境问题解决可能产生重要影响的个别案件,本书也予以关注。

一、国际投资仲裁中涉环境争端概览

基于前述的界定,可查的涉环境争端自 20 世纪 80 年代就开始出现,表明国际投资仲裁中的环境问题由来已久。2000 年以后的涉环境争端明显增多,达 10 起之多,表明随着各国国际投资活动的频繁,国际投资仲裁中的环境问题更加突出。在合计 16 起已裁决的案件中,发达经济体投资者诉发展中经济体达 10 起,明显高于发展中经济体投资者诉发达经济体(2 起)的案件数量。这表明基于投资流向的影响,国际投资仲裁中的环境问题长期以来体现为南北矛盾。但由于 NAFTA 下加拿大、美国互有投资,涉及两国间的涉环境投资争端达 3 起,表明发达经济体在涉环境投资争端中的地位并非

---

① 对于未公开、无管辖权、撤诉、和解等案件,本书均未将其纳入研究范围。

一成不变。

（一）已裁决争端概况

已经有确定仲裁裁决的争端，争端各方以及仲裁机构的观点在仲裁文书中有直观的体现，以此为据对国际投资仲裁进行评价有更为坚实的基础。表1－1、表1－2分别显示了迄今为止ICSID和NAFTA仲裁庭已经裁决的涉环境争端的基本情况。

表1－1　ICSID仲裁庭裁决的涉环境争端之概况

序号	案件名称/案号	起诉时间/年	裁决时间/年	环境问题
1	Southern Pacific Properties（Middle East）Limited 诉埃及（以下简称SPP诉埃及）/ARB/84/3	1984	1992	旅游项目所在地被指定为《保护世界文化和自然遗产公约》第11条下的文化遗产
2	CDSE 诉哥斯达黎加/ARB/96/1	1996	2000	为扩大生态国家公园而征收讼争土地
3	Metalclad Corporation 诉墨西哥（以下简称 Metalclad 诉墨西哥）/ARB（AF）/97/1	1997	2000	有毒废物掩埋场因环境影响未得到市政许可，其所在地随后被墨西哥宣布为生态区
4	Emilio Agustín Maffezini 诉西班牙（以下简称 Maffezini 诉西班牙）/ARB/97/7	1997	2000	对投资者化工厂建立之前进行环境影响评价
5	Tecnicas Medioambientales Tecmed S. A. 诉墨西哥（以下简称 Tecmed 诉墨西哥）/ARB/（AF）00/2	2000	2003	墨西哥声称基于环境与健康考虑对垃圾掩埋场的经营不予续期
6	MTD Equity Sdn. Bhd. and MTD Chile S. A. 诉智利（以下简称 MTD 诉智利）/ARB/01/7	2001	2004	投资项目因没有通过环境影响研究而未被许可

续表

序号	案件名称/案号	起诉时间/年	裁决时间/年	环境问题
7	Plarna Consortium Limited 诉保加利亚（以下简称 PCL 诉保加利亚）/ARB/03/24	2003	2008	保加利亚环境法的修改明确投资者对私有化以前的环境损害承担责任
8	Parkerings – Compagniet AS 诉立陶宛（以下简称 Parkerings 诉立陶宛）/ARB/05/8	2005	2007	投资者提出的多层停车场计划因延伸至联合国教科文组织保护的维尔纽斯古镇和大教堂而未获许可
9	Marion Unglaube 与 Reinhard Unglaube 诉哥斯达黎加/ARB/08/1，ARB/09/20	2008 2009	2012	哥斯达黎加为保护濒危革龟的栖息地而建设国家海滨公园
10	Gold Reserve Inc. 诉委内瑞拉（以下简称 Gold Reserve 诉委内瑞拉）/ARB（AF）/09/1	2009	2014	委内瑞拉声称对投资者开采许可不予续期以及撤回投资项目许可是为了保护环境与土著人的权利
11	Philip Morris Asia Limited 诉乌拉圭（以下简称 Philip Morris 诉乌拉圭）/ARB/10/7	2010	2016	乌拉圭基于人体健康考虑对投资者香烟包装与标识有特别要求
12	Al Tamimi 诉阿曼/ARB/11/33	2011	2015	采石场项目没有在阿曼获得必要的环境许可

数据来源：根据联合国贸发会和 ICSID 官方网站资料整理

表 1–2　NAFTA 仲裁庭裁决的涉环境争端之概况

序号	案件名称	起诉时间/年	裁决时间/年	环境问题
1	S. D. Myers, Inc. 诉加拿大（以下简称 SDMI 诉加拿大）	1998	2000	禁止多氯联二苯（PCB）废物出口美国的措施与保护环境的关系
2	Methanex 诉美国	1999	2005	美国因汽油添加剂 MTBE 对生命与环境的危害而禁止销售和使用 MTBE

续表

序号	案件名称	起诉时间/年	裁决时间/年	环境问题
3	Glamis 诉美国	2003	2009	美国对投资者金矿开采项目有一系列环境和文化保护方面的立法与规制措施
4	Chemtura Corporation 诉加拿大(以下简称 Chemtura 诉加拿大)	2005	2010	基于健康和环境考虑并为履行国际环境条约义务将含林丹的杀虫剂移除并取消登记

数据来源:根据联合国贸发会和 NAFTA 官方网站资料整理

已裁决的涉环境投资争端,ICSID 和 NAFTA 仲裁庭根据争端双方在投资问题和环境问题上的争议进行裁决,东道国通常以环境保护对抗投资者的诉请。表 1 - 3 和表 1 - 4 更进一步显示了这些涉环境投资争端的争议事项、裁决依据以及裁决结果。

表 1 - 3　ICSID 仲裁庭裁决的涉环境争端所涉事项

序号	案件名称/案号	争议事项	裁决依据	裁决结果
1	SPP 诉埃及/ARB/84/3	征收	依 ICSID 第 42 条的国际法	埃及撤销金字塔绿洲项目的行为构成征收
2	CDSE 诉哥斯达黎加/ARB/96/1	征收的补偿数额	依 ICSID 第 42 条的国际法	哥斯达黎加按 1978 年征收命令下达时财产价值进行补偿并加算至裁决作出时的利息
3	Metalclad 诉墨西哥/ARB(AF)/97/1	公平公正待遇、征收	NAFTA	墨西哥违反公平公正待遇,构成征收
4	Maffezini 诉西班牙/ARB/97/7	公平公正待遇	阿根廷—西班牙 BIT	西班牙违反公平公正待遇
5	Tecmed 诉墨西哥/ARB/(AF)00/2	征收、公平公正待遇	西班牙—墨西哥 BIT	墨西哥行为构成征收,违反公平公正待遇
6	MTD 诉智利/ARB/01/7	征收、公平公正待遇	马来西亚—智利 BIT	智利的行为不构成征收,但违反公平公正待遇

续表

序号	案件名称/案号	争议事项	裁决依据	裁决结果
7	PCL 诉保加利亚/ARB/03/24	公平公正待遇、歧视待遇、征收	欧洲能源宪章条约(ECT)	保加利亚的行为不违反公平公正待遇,没有对外资构成歧视待遇,不构成征收
8	Parkerings 诉立陶宛/ARB/05/8	公平公正待遇、最惠国待遇、征收	挪威—立陶宛 BIT	立陶宛所采措施不违反公平公正待遇、最惠国待遇,不构成征收
9	Marion Unglaube and Reinhard Unglaube 诉哥斯达黎加/ARB/08/1,ARB/09/20	征收、公平公正待遇、提供持续保护与安全	德国—哥斯达黎加 BIT	哥斯达黎加的措施对投资者的部分财产构成征收,但不违反公平公正待遇和提供持续保护与安全义务
10	Gold Reserve 诉委内瑞拉/ARB(AF)/09/1	公平公正待遇、征收	加拿大—委内瑞拉 BIT	委内瑞拉的行为违反公平公正待遇,但不构成征收
11	Philip Morris 诉乌拉圭/ARB/10/7	征收、公平公正待遇、合理或非歧视待遇	瑞士—乌拉圭 BIT	乌拉圭的香烟包装法案不构成对投资者的征收,不违反公平公正待遇
12	Al Tamimi 诉阿曼/ARB/11/33	征收、最低待遇标准、国民待遇	美国—阿曼 FTA	阿曼的行为不违反最低待遇标准、国民待遇,不构成征收

数据来源:根据联合国贸发会和 ICSID 官方网站资料整理

表 1-4　NAFTA 仲裁庭裁决的涉环境争端所涉事项

序号	案件名称	争议事项	裁决依据	裁决结果
1	SDMI 诉加拿大	国民待遇、公平公正待遇、征收、履行要求	NAFTA	加拿大违反国民待遇、公平公正待遇,但不违反履行要求,不构成征收
2	Methanex 诉美国	国民待遇、公平公正待遇、征收	NAFTA	美国的行为不违反国民待遇、公平公正待遇,不构成征收

续表

序号	案件名称	争议事项	裁决依据	裁决结果
3	Glamis 诉美国	征收、公平公正待遇	NAFTA	美国的行为不违反公平公正待遇,不构成征收
4	Chemtura 诉加拿大	征收、公平公正待遇、最惠国待遇	NAFTA	加拿大的行为不违反公平公正待遇、最惠国待遇,不构成征收

数据来源:根据联合国贸发会和 NAFTA 官方网站资料整理

综观以上列表,涉环境案件投资者的诉请不外乎国民待遇、最惠国待遇、公平公正待遇、征收等传统事项,绝大部分案件的投资仲裁机构以 BIT 或 FTA 作为裁决依据。由于埃及与我国香港特别行政区之间并无投资条约,争端发生时美国与哥斯达黎加之间尚无投资条约,①因而仲裁机构依据 ICSID 第 42 条而适用关于征收认定与征收补偿的国际法进行裁决。另外,PCL 诉保加利亚案是 ICSID 受理的依据《欧洲能源宪章条约》(the European Energy Charter Treaty,ECT)并作出裁决(有管辖权)的与环境有关的案件之一。② 同时,在 NAFTA 项下的涉环境投资争端达 5 起,其中以加拿大为被诉方的 2 起,以美国为被诉方的 2 起,以墨西哥为被诉方的 1 起。可见,涉环境争端中,NAFTA 两个发达国家成为被诉的主要主体。而在裁决结果上,仲裁机构在 7 起案件中完全支持了东道国,在 4 起案件中完全支持了投资者的

---

① 多米尼加—中美—美国 FTA 于 2004 年 8 月 5 日签署,2009 年 1 月 1 日生效,哥斯达黎加是中美共同市场成员之一。

② 迄今依据 ECT 提起的投资者诉国家投资争端达 131 起,以仲裁裁决结案的有 60 起,和解的 12 起,终止程序的 3 起,找不到数据的 1 起,未裁决的达 55 起。其中,ICSID 受理的有管辖权的并作出裁决的投资争端合计 9 起。ICSID 受理的与环境有关的案件有 3 起,除了本书提到的 PCL 诉保加利亚案之外,Vattenfall AB and others 诉德国案(ARB/09/6)中,瑞典 Vattenfall 公司和其在德国的子公司向德国汉堡市申请其燃煤发电厂的注入控制许可和用水许可,汉堡市最终发放许可,但对发电厂施加了用水总量、回流水温和含氧量等环境限制,Vattenfall 等公司因而提请仲裁,该案以 2011 年汉堡市发放修改后的许可,双方达成协议的方式结案。第 3 起案件也是瑞典的 Vattenfall 公司及其在德国子公司提起。德国计划在 2022 年以前退出核能发电,新的核能法规定了每一个核电站的运营寿命,其直接导致瑞典公司 Vattenfall 投资和经营的德国核电站关闭,其已于 2012 年向 ICSID 提请仲裁(ARB/12/12),该案尚未作出裁决且尚无确定结果。参见 https://investmentpolicy. unctad. org/investment - dispute - settlement/advanced - search, 2020 年 12 月 29 日最后访问。

诉请。

（二）涉环境争端的类型

表1－1和表1－2显示的已裁决的涉环境投资争端中，投资者与东道国争议的焦点集中于投资核心条款，但也有围绕投资条约中环境条款展开争辩的案件，如Al Tamimi诉阿曼案。当事方援引投资条款或环境条款，会直接影响投资仲裁机构对投资条约规则的选择与解释，因而以下即将涉环境争端分为仅以投资条款为焦点的争端与兼以环境条款为焦点的争端两种类型，并就其争议的主要问题进行简述。

1. 仅以投资条款为焦点的争端

原则上，投资者提起国际投资仲裁的缘由，是认为自身在投资条约项下的权利受到侵害或被减损。表现在诉由上，则通常是投资者认为东道国的行为违反国民待遇、最惠国待遇、公平公正待遇等，或者构成征收，进而要求东道国予以补偿。为此，一旦一项国际投资仲裁被提起，投资条款必然成为争议的焦点。涉环境投资争端中，投资条款成为唯一焦点的前提还在于，投资条约中并无环境条款，或者虽有环境条款但未被援引。在表1－3和表1－4已裁决的涉环境争端中，除Al Tamimi诉阿曼案外，其余案件争端双方均围绕投资条款展开讨论。事实上，这些案件所涉的投资条约中，也不乏规定有环境条款者，如ICSID仲裁庭审理的Gold Reserve诉委内瑞拉案，其适用的加拿大—委内瑞拉BIT附件中有环境一般例外条款；NAFTA仲裁庭裁决的案件均适用NAFTA，NAFTA本身含有环境条款。然而，由于事实认定对争议措施的界定以及东道国未援引等，这些投资条约中的环境条款并未成为争议的焦点。因此，这些案件的东道国力图将环境因素并入投资条款中进行解释，利用投资条款的张力尽量将环境因素包容进去。而东道国选择的环境因素对投资条款产生作用的受力点，通常为最惠国待遇、国民待遇中的“相似情形”、公平公正待遇与征收。ICSID仲裁庭裁决的Parkerings诉立陶宛案中，以Parkerings为重要合作方的Egapris Consortium与立陶宛维尔纽斯市签署了由前者计划、建造和管理的多层停车场协议。由于Parkerings计划的停车场较多地延伸至《保护世界文化和自然遗产公约》下的文化遗产维尔纽斯古镇及大教堂，立陶宛没有批准Parkerings的计划。而与此同时，立陶宛却对另一家荷兰Pinus Proprius UAB公司的停车场计划进行批准并与之签订了协议，立陶宛主张两项投资对文化遗产的影响不同，二者不属于“相似情形”，批准后者而拒绝前者并不违反最惠国待遇。① 当然，在此方面仲裁机构有较大裁量权，“相似情形”是否需考量环境因素，以及环境因素所占权重，这些在传统的投资条约中并无明确界定。相比之下，公平公正待遇涵盖环境因素的可能性更大，相对来说争议更少。Metalclad诉墨西哥案中，Metalclad在墨西哥瓜达尔卡扎尔市的拉配雷拉（La Pedrera）山谷经营有毒废物掩埋场，究竟仅需得到墨西哥联邦、州政府的批准即可，还是同时要得到该掩埋场所在的市政同意，墨西哥联邦、州政府与市政的态度截然不同。掩埋场所在的圣路易斯波托西州（SLP）态度前后不一，瓜达尔卡扎尔市政在Metalclad建设掩埋场期间发布停工命令，并以环境影响等考虑而拒绝许可Metalclad经营该掩埋场。② 根据墨西哥1988年生态法的规定，墨西哥联邦政府拥有授予有毒废物掩埋场建设和经营的权力。③ 州、市政对Metalclad经营有毒废物掩埋场的不予许可属于越权行为和不当阻挠，ICSID仲裁庭认定墨西哥违反了对投资者的公平公正待遇义务。而对于征收的认定是否应涵盖环境因素以及如何涵盖，仲裁机构有着截然不同的做法。CDSE诉哥斯达黎加案中，哥斯达黎加为扩大Santa Elena国家公园的面积以维持该区域特有的动植物物种的繁衍和栖息，决定对CDSE在哥斯达黎加太平洋海岸的投资进行征收，双方对征收补偿额发生争议。哥斯达黎加主张按照1978年法令下达时该财产的公平市场价格并考虑现存的环境立法进行补偿，并认为环境立法会影响Santa Elena的商业价值。④ CDSE则主张应以该财产的最高和最好使用价值作为公平市场价值。ICSID仲裁庭就环境措施

---

① See Parkerings v. Lithuania, ARB/05/8, Award, para. 392.

② See Metaclad v. Mexicon, ARB/(AF)/97/1, Award, para. 50.

③ See Metaclad v. Mexicon, ARB/(AF)/97/1, Award, para. 82.

④ See CDSE v. Costa Rica, ARB/96/1, Award, para. 35.

与征收关系的论述堪称经典：征收环境措施，不论多么值得称赞或对社会多么有益处，在这个方面与其他征收没有区别，只要财产被征收，即使是为了国内或国际的环境目的，该国要进行补偿的义务依然存在。[①] 仲裁庭在裁决征收补偿额时对哥斯达黎加的国内和国际环境义务没有进行考虑。Chemtura 诉加拿大案 NAFTA 仲裁庭对此问题的观点则明显不同。基于林丹对人体和环境的巨大危害，以及加拿大加入的《奥胡斯议定书》与《关于持久性有机污染物的斯德哥尔摩公约》关于限制或消灭使用林丹的国际义务，加拿大要求林丹杀虫剂的经营者加入一个自愿移除林丹制品的计划，要求包含林丹的商业存货在 2001 年 7 月 1 日以后不得使用。[②] 作为在加拿大经营林丹制品的四大经营者之一，Chemtura 不愿移除林丹制品。加拿大于 2002 年 2 月取消了 Chemtura 林丹登记，Chemtura 认为这违反了加拿大国内的害虫控制产品法规规定的逐步淘汰法，是加拿大对其作出的如同剥夺的惩罚性措施，相当于征收。NAFTA 仲裁庭称 Chemtura 被提供了与其他登记者相同的自愿移除选择但 Chemtura 不利用，加拿大有取消林丹登记的权力。加拿大相关政府机构在其权限范围内以非歧视方式采取的措施，系基于人们日益认识到的林丹对人类健康和环境所造成危险的正当职权行为。在此情形下加拿大所采取的措施是政府治安权的有效行使，不构成征收。[③] 东道国基于环境保护目标而采取的措施，属于征收还是治安权行使，仲裁庭还没有确定的做法。

因此，在纯粹以投资条款为焦点的涉环境争端中，仲裁机构是否以及如何将环境问题并入投资条款中进行解释，还具有很大的不确定性。

2. 兼以环境条款为焦点的争端

上表中的 Al Tamimi 诉阿曼案，美国—阿曼 FTA 中的环境条款为东道国所援引，仲裁机构对环境条款进行了解释。在尚未最终裁决的 Spence 投资公司等诉哥斯达黎加案中，争端各方以及第三方对多米尼加—中美—美国 FTA（CAFTA）环境条款的适用有不同的观点。以下将该两个案件作为

---

① See CDSE v. Costa Rica, ARB/96/1, Award, para. 72.

② See Chemtura v. Canada, Award, 2 August 2010, paras. 15 – 16.

③ See Chemtura v. Canada, Award, 2 August 2010, paras. 266.

典型的兼以环境条款为焦点的争端类型进行分析。

(1)Al Tamimi 诉阿曼案

Al Tamimi 是一名美国人。2007 年以 Al Tamimi 为总经理的 Emrock 公司,以及 Al Tamimi 占 100% 股份的 SFOH 公司,通过与阿曼国有的 OMCO 公司签订租赁协议,在阿曼的杰贝勒瓦萨(Jebel Wasa)山脉获准经营采石场开采石灰石。Emrock、SFOH 与 OMCO 签订的租赁协议均规定,OMCO 应尽最大努力为采石场获得必需的环境许可和经营许可。Emrock 与 SFOH 同意遵守这些许可项下的所有义务,并补偿 OMCO 任何时候因没有遵守许可项下的义务而遭致的诉讼或请求损失。Emrock、SFOH 同意遵守阿曼所有的环境、开采和粉碎方面的要求及其他法律。该租赁协议有效期 10 年,可有 3 次额外的续期,每次 5 年。2007 年 8 月,阿曼环境与气候事务部(Omani Ministry of Environment and Climate Affairs,MECA)给 OMCO 签发了一个原始环境许可,阿曼商业与工业部(Omani Ministry of Commerce and Industry,MOCI)签发了采矿经营许可证。2007 年 9 月,申诉方即开始在杰贝勒瓦萨(Jebel Wasa)山脉从事开采业务。然而 2008 年 7 月起,阿曼当局指控 SFOH 公司未在阿曼注册,该两公司未在许可的范围内(在杰贝勒瓦萨山脉之外并与之毗邻的河床平原)挖掘、经营和粉碎作业,且未获得必要(拔树、拆房等)的许可。OMCO因此受到阿曼商业与工业部(MOCI)的罚款,OMCO 要求申诉方对其进行补偿,否则将中止租赁协议。2009 年 5 月阿曼警方逮捕 Al Tamimi,Al Tamimi因偷盗沙子、石头,以及没有必要的许可而经营采石场和粉碎作业并违反阿曼的环境法而遭到阿曼指控,被阿曼提起刑事诉讼并监禁 3 个月。2010 年上诉法院推翻了原审法院对 Al Tamimi 轻微犯罪行为的认定。Al Tamimi于 2011 年 12 月向 ICSID 提交仲裁,指控阿曼的行为违反了美国—阿曼 FTA 投资章中的最低待遇标准、国民待遇,认为阿曼的行为构成对其采石场财产的征收。[①] 在阿曼,申诉方经营石灰石采石场须向阿曼环境与气候事务部提交环境影响评估、环境管理计划等文件,获准后才能得到

---

① See Adel A Hamadi Al Tamimi v. Oman, ARB/11/33, Award, paras. 45 – 84.

经营许可。该案中，在应对投资者的征收诉请时阿曼指出，美国—阿曼 FTA 附件 10 - B 强调阿曼治安权的行使。该 FTA 第 10.10 条明确规定，缔约方保证在其领土内的投资以一种其认为适当的对环境关切的方式而实施任何措施的权利，不应当受到任何限制。[①] ICSID 仲裁庭认为，美国—阿曼 FTA 关于征收的认定须经过环境征收除外条款附件 10 - B 4(b)条的验证。政府为追求包括环境保护等合法公共福利目标，而设计和实施的非歧视措施，不构成征收。[②] 该仲裁庭进而认为，该 FTA 第 10.10 条将环境保护置于优先的地位，该条对包括第 10.5 条（公平公正待遇条）在内的其他条款构成明确限制。[③] 争端双方都认可第 17 章为仲裁庭考虑和适用第 10 章的条款提供了解释上下文，[④]阿曼在听证会后的回复中指出，美国—阿曼 FTA 第 17 章规定，缔约方应当在各自领土内鼓励高水平的环境保护。美国和阿曼即是以此种具体的方式平衡对投资者保护的义务与对缔约方颁布环境法律法规的权利。[⑤] 仲裁庭进而认为第 17 章表明缔约方均为自身实施和履行各自环境法保留了明确的自由裁量权。[⑥] 本案仲裁庭对投资者的诉请均予以驳回。

（2）Spence 投资公司等诉哥斯达黎加案

Al Tamimi 诉阿曼案仲裁庭已经涉及投资条约中环境条款的解释，并有鲜明的立场。然而，对于环境条款与投资条款，以及 FTA 环境章与投资章的关系，仲裁庭尚未从规则关系的角度进行界定。对于此类问题，Spence 投资公司等诉哥斯达黎加案争端各方以及第三方对 CAFTA 的上述两类条款有着截然不同的看法。另外，本案被诉方哥斯达黎加，曾因同一措施而在 2008 年、2009 年被两名德国投资者诉至 ICSID，ICSID 仲裁庭裁决哥方进行补偿，本案申诉方欲援引最惠国待遇而要求仲裁庭对其进行补偿，这又涉及最惠国待遇与环境条款的适用关系。尽管本案最终以终结方式结案，但本案当

---

① See Adel A Hamadi Al Tamimi v. Oman, ARB/11/33, Award, para. 178.
② See Adel A Hamadi Al Tamimi v. Oman, ARB/11/33, Award, para. 368.
③ See Adel A Hamadi Al Tamimi v. Oman, ARB/11/33, Award, para. 387.
④ See Adel A Hamadi Al Tamimi v. Oman, ARB/11/33, Award, para. 388，脚注 776。
⑤ See Adel A Hamadi Al Tamimi v. Oman, ARB/11/33, Award, para. 387，脚注 775。
⑥ See Adel A Hamadi Al Tamimi v. Oman, ARB/11/33, Award, para. 389.

事方、第三方以及仲裁机构对投资条约与环境条款的关系作出了重要阐述。本书拟作重点分析，本案基本案情如下。

2003 年至 2007 年，Spence 投资公司和 Bob F. Spence 等 8 位自然人投资人在位于哥斯达黎加太平洋的黄金海岸格兰德（Playa Grande）和威塔那斯海滩（Playa Ventanas）上有重要投资。早在 1991 年哥斯达黎加政府就签发执行法令，宣布要建设一个生态公园，公园范围包含申诉方投资所在地格兰德和威塔那斯海滩。政府于 2005 年 8 月批准了一个决议，该决议将公园的边界延伸至离平均涨潮线均为 125 米的内陆。根据这个决议，政府声称暂停所有离平均涨潮线均为 125 米的内陆，并为私人所有的土地的环境评估程序。2009 年哥斯达黎加宪法法院作出立即取消所有离平均涨潮线 125 米内陆土地的环境评价许可的决定，指示环境与能源部立即终止任何在该土地上的评估。申诉方诉称哥斯达黎加的上述行为违反了 CAFTA 第 10.3 条国民待遇、第 10.4 条最惠国待遇、第 10.5 条最低标准待遇并构成第 10.7 条征收，要求哥斯达黎加补偿申诉方自 2009 年 1 月 1 日[①]至仲裁日的损失。[②] 哥斯达黎加则辩称所采措施是为了保护濒危灭绝的棱皮海龟的栖息地，建设公园的行为不违反申诉方所称的公平公正待遇、国民待遇等，申诉方诉请的土地范围，有些并不在离平均涨潮线 125 米的内陆，对其他在此范围的投资正在进行补偿的程序。为此，哥方主张，仲裁机构对此案没有管辖权，或者仲裁机构在发现有管辖权的情况下，驳回申诉方的所有请求。[③] 从申诉方、被诉方以及非争端第三方提交的文书来看，各方对 CAFTA 附件 10 - C 4(b)[④]

---

① CAFTA 于 2009 年 1 月 1 日生效。

② See Spence International Investments LLC etc. v. Costa Rica, ICSID Case No. UNCT/13/2, Notice of Arbitration and Statement of Claim, para. 14.

③ See Spence International Investments LLC etc. v. Costa Rica, Respondent's Post - hearing Submission, ICSID Case No. UNCT/13/2, para. 66.

④ CAFTA 附件 10 - C 第 4 条规定了间接征收的一般特征，(a)项进一步列明间接征收认定的几个要素，即在特定事实情形下认定缔约方采取的一项或一系列措施是否构成间接征收，应当逐案的，在调查事实的基础上考虑以下因素：(i)政府行为的经济影响；(ii)政府行为明显干预了投资预期；(iii)政府行为的性质。第 4 条的(b)项规定：除非特别情形，缔约一方旨在保护正当的公共福利，如公共健康、安全及环境而制定及实施的非歧视规制行为，不构成间接征收。

的解释，以及第 17 章环境章与投资章关系有较为典型的论述。

其一，环境征收除外条款与征收条款的关系问题。针对申诉方提出的，所有目前未被采取征收司法程序的财产也被哥方间接征收的观点，哥方进行反驳，称根据 CAFTA 附件 10 – C 4(b)：除非在特别的情形之下，为一缔约方所采取的、为保护诸如环境等合法公共福利目标而设计并采取的非歧视性规制措施，不构成间接征收。哥方认为本案中，申诉方没有举证证明哥方建设公园的行为，以及保护公园的规制措施刚好属于该项所称的“特别情形”。[①] 非争端第三方萨尔瓦多提出，CAFTA 第 10.7 条应根据附件10 – C 进行解释，认为申诉方应当举证反驳附件中该项的假定，即政府为保护环境而设计的非歧视规制措施不构成征收。[②] 非争端第三方美国认为附件 10 – C 4(b)不是一项例外，而是有意为仲裁机构确定间接征收是否发生提供额外的指引。[③] 申诉方对附件 10 – C 4(b)持有不同观点，指出萨尔瓦多提出附件 10 – C 设立了某种假定甚至强烈的假定，但没有提供任何依据。申诉方承认其负有证明被诉方以一种与第 10.7 条不相符的方式对其财产进行征收的举证责任。申诉方也承认，应正确地解释附件 10 – C 4(b)，该项措辞为无须补偿的间接征收的案件提供了一种可能的抗辩，而支撑该抗辩的责任必然落在寻求证明有此情形存在的一方，因此该举证责任应由被诉方承担，而本案中被诉方并没有证明附件 10 – C 4(b)适用于本案的事实。申诉方还认为，与哥斯达黎加、萨尔瓦多期望从本项获得支持相反，附件 10 – C 4(b)实际起到相反的作用。该项表明，尽管一般的规则是，非歧视规制措施通常不被认为属于征收，但也存在这样的情形(即使很少见)，这些行为在第 10.7 条下构成间接征收。为此，仲裁机构对于第 10.7 条的解释不会受到附件 10 – C 4(b)的影响。为确定申诉方的间接征收诉请，仲裁机构必须根据附

---

① See Spence International Investments LLC etc. v. Costa Rica, ICSID Case No. UNCT/13/2, Respondent's Post – hearing Submission, para. 58.

② See Spence International Investments LLC etc. v. Costa Rica, ICSID Secretariat File No. UNCT/13/2, Non – Disputing Party Submission of the Republic of El Salvador, paras. 23 – 24.

③ See Spence International Investments LLC etc. v. Costa Rica, ICSID Case No. UNCT/13/2, Submission of the United States of America, para. 31.

件 10 – C 4(a)进行逐案的、以事实为基础的调查。①

为此，被诉方、第三方和申诉方对该 FTA 附件 10 – C 4(b)的分歧主要体现在：第一，附件 10 – C 4(b)是否构成 10.7 条的例外？换言之，东道国所采的为保护环境的措施在一般情况下是构成间接征收，还是属于政府规制行为？第二，适用该条的过程中，举证责任在投资者还是东道国？鉴于美国作为缔约方的 FTA 中广泛存在与附件 10 – C 4(b)相类似的条款，对其进行适当解释极有必要。

其二，环境章与投资章的关系。在哥方的答辩意见中，提到 FTA 第 17 章环境章与投资章的关系。哥方认为，CAFTA 并不阻止一缔约方采取、维持或实施该协定环境章中与环境保护相关的措施。CAFTA 第 17 章与本案是相关的，第 17 章不仅将保护环境的措施置于优先地位，而且允许缔约方拥有实施其环境法律的裁量权。第 17.2 条关于环境法律的实施与 CAFTA 的缔约意图是一致的。② 非争端第三方萨尔瓦多在其口头意见中指出，CAFTA 给予保护环境及政府为保护环境所采措施的优先权。第 10 章不能孤立于该协定的其他章进行解释，应当注意处理环境保护的独立章第 17 章的重要性。CAFTA 给予环境的优先也适用于第 10 章投资章。③ 申诉方则认为，第 17 章的任何条款均与本案不相关。申诉方对萨尔瓦多指出的 CAFTA 第 10.2 条④的可适用性提出质疑，认为这不符合经济协定各部分实质条款应当被累积而非对立解释这一原则，并以 SDMI 诉加拿大案为例证，该案仲裁机构对于被诉方所主张的、依据 NAFTA 第 1112 条⑤应适用 NAFTA 第 12 章而非第 11 章的诉求予以拒绝，并指出，CAFTA 第 17 章属于授权条款，其不会与第

---

① See Spence International Investments LLC etc. v. Costa Rica, ICSID Secretariat File No. UNCT/13/2, Claimants' Post – Hearing Brief, paras. 43 – 46.

② See Spence International Investments LLC etc. v. Costa Rica, ICSID Case No. UNCT/13/2, Respondent's Post – hearing Submission, paras. 61 – 62.

③ See Spence International Investments LLC etc. v. Costa Rica, ICSID Case No. UNCT/13/2, Respondent's Post – hearing Submission, para. 60.

④ CAFTA 第 10.2 条规定，当本协定第 10 章(投资章)与其他章的规定不一致时，在不一致的范围内其他章的规定优先。

⑤ NAFTA 第 1112 条与 CAFTA 第 10.2 条措辞相当。

10 章发生冲突，在解释第 10 章时没有必要求助于其他章，除非缔约方声称二者存在不一致。申诉方并没有否定哥方设定自身环境保护水平的权利，也没有声称哥方为吸引投资而放弃或减损其环境法。因此第 17.1 条和第 17.2 条与本案无关。①

可见，申诉方与被诉方、第三方对第 10 章与第 17 章关系的认识存在重大分歧。具体体现在：第一，第 10 章投资章是否应在包括第 17 章在内的其他章中进行解释？第二，第 17 章授权性的条款是否会与第 10 章的条款发生冲突？申诉方认为该两章的条款不会发生冲突，即使发生冲突，也应有效地解释各部分而使其共存于一个协定当中。第三，第 10.2 条在第 10 章与第 17 章条款发生不一致时的可能作用。事实上，自 NAFTA 第 1112 条开始，美国签署的大部分 FTA 中均包含类似的冲突条款，但是以这样的冲突条款为争议焦点的案件还没有，仲裁机构对此类条款将作何种解释还不确知。

仲裁机构对本案作出了中间性裁决，因哥斯达黎加法院对 B5、B6、B7 三宗土地的裁决或上诉裁决直至 2014 年、2015 年才下发，因而仲裁机构仅对该三宗土地所采措施拥有管辖权。② 而对于其他投资，仲裁机构称，自申诉方知道或应当知道其声称的权利受到侵害之日至本仲裁提起之日，③超过 CAFTA 第 10.18.1 条规定的 3 年，因而仲裁机构没有管辖权。④ 截至目前，该案申诉方撤回剩余诉请，仲裁机构作出终止本案的决定。⑤ 无论如何，申

① See Spence International Investments LLC etc. v Costa Rica, ICSID Secretariat File No. UNCT/13/2, Claimants' Post－Hearing Brief, paras. 7－20.

② See Spence International Investments LLC etc. v. Costa Rica, UNCT/13/2, Interim Award, para. 289.

③ 根据 CAFTA 第 10.16.4 条，本案系根据 UNCITRAL 仲裁规则提起，仲裁提起之日应以申诉方发出的仲裁通知为被诉方接收为准，因而仲裁机构认定本案提请仲裁的时间为 2013 年 6 月 10 日。See Spence International Investments LLC etc. v. Costa Rica, UNCT/13/2, Interim Award, para. 11.

④ 仲裁机构认定本案仲裁提起时间为 2013 年 6 月 10 日。依据 CAFTA 第 10.18.1 条，申诉方至迟应在 2010 年 6 月 10 日之前知道或应当知道其权利受到侵害，而除 B5、B6、B7 三宗土地以外，其他土地的投资均在 2010 年 6 月 10 日之前有确定的裁定。换言之，这些申诉者早在 2010 年 6 月 10 日前已知投资遭受损害，已经超过 3 年时间，因而仲裁机构无管辖权。See Spence International Investments LLC etc. v. Costa Rica, UNCT/13/2, Interim Award.

⑤ Aaron C. Berkowitz, Brett E. Berkowitz and Trevor B. Berkowitz v. Costa Rica, UNCT/13/2, Procedural Order on the Correction of the Interim Award and Termination of the Proceedings, para. 46.

诉方、被诉方以及第三方就 CAFTA 中的环境征收除外条款的地位、环境章对投资章的影响提出的观点及其分歧,都非常值得探究。

总而言之,以环境条款为焦点的涉环境争端中,仲裁机构在确定是否适用环境条款以及如何适用环境条款之前,需界定环境条款与投资条款之间的关系。

二、涉环境国际投资仲裁在国际环境争端解决中的显要地位

由上可知,国际投资仲裁机构处理的涉环境国际争端为数不少。国际投资法体制自身必须重视该种类型投资争端的解决。而从国际环境争端解决这个更大的视角来看,涉环境国际投资仲裁的质与量在很大程度上决定了国际环境争端解决的效果。

国际环境争端总体上缺乏强制性的管辖机构。国际环境争端在大多数情况下只能依其所"混合"的贸易、人权、投资等性质而被提交 WTO、欧洲(美洲)人权法院、国际投资仲裁等机构。就国际裁决机构的功能而言,可以分为两个层次:其一是"最低"或基本功能,国际裁决机构能解决提交上来的特定问题;其二是该机构不仅能解决争端,而且还能发展相关法律。换言之,对环境争端进行解决的机构能通过裁决案件而有助于国际社会对环境立法漏洞进行填补。① 第二种功能标准更高,但对国际环境法的发展富有价值。以下即以该两种功能为标准,以 WTO、欧洲人权法院、国际投资仲裁机构对涉环境案件的解决为依据,从涉环境争端解决这个角度进行评判,以彰显投资仲裁机构在涉环境国际争端解决中的比较优势。

(一)涉环境争端的 GATT/WTO 解决——环境问题的总体边缘化

WTO 作为国际贸易领域最大和最重要的组织,其争端解决机制作为"皇冠"上的明珠而被人们广为赞誉。其中,贸易与环境的关系在 WTO 争端解决中的地位成为众多学者研究的命题。为体现该问题的重要性,WTO 成

---

① See Philippe Sands, *1999. International Environmental Litigation and Its Future*, University of Richmond Law Review. Vol. 32, p. 1633.

立了专门的贸易与环境委员会。WTO 涵盖协定中与环境相关的规则主要有 GATT 第 20 条一般例外的(b)项和(g)项,以及 SPS 关于风险管理和风险评估的规定。GATT 第 20 条(b)项、(g)项为成员方采取的与 WTO 不符的环境和自然资源措施提供支持,被诉方援引该一般例外条款须通过严格的子项—序言测试。迄今 GATT/WTO 争端解决机构审理的以该两项抗辩的案件有 11 起,[①]只有欧共体石棉案援引(b)项成功。而在欧共体荷尔蒙牛肉案中,[②]专家组和上诉机构的报告均没有支持欧共体基于进口牛肉对人类、动植物生命健康的风险而采取进口禁令的合法性。此外,在智利剑鱼案[③]中,智利称其根据《联合国海洋法公约》关闭其港口的措施,是为保护剑鱼免遭枯竭的需要。该案以智利和欧盟达成协议并撤诉终结。总体上,WTO 在处理贸易与环境的关系问题上采取了一体化的立场,与环境保护目标相比,贸易自由化毫无疑问居于优越和核心的地位,这也是很多学者指责 WTO 过分追求贸易自由化而将环保目标边缘化的依据所在。对于国际环境法的发展而言,WTO 的贡献也极其有限。在欧共体荷尔蒙牛肉案中,专家组认为风险预防原则是一项习惯国际法,但上诉机构认为 SPS 的具体规

---

① 这些案件有:(1)1982 United States - Prohibition of Imports of Tuna and Tuna Products from Canada (US - Tuna Canada)(L/5198),(2)1988 Canada - Measures Affecting Exports of Unprocessed Herring and Salmon (BISD 35S/98)(Canada - Herring and Salmon),(3)1990 Thailand — Restrictions on importation of and internal taxes on cigarettes (BISD 37S/200)(Thailand - Cigarettes),(4)1991 United States - Restrictions on Imports of Tuna (BISD 39S/155)(US - Tuna Mexico),(5)1994 United States - Restrictions on Imports of Tuna (DS29/R)(US - Tuna EEC),(6)1994 United States - Taxes on Automobiles (DS31/R)(US - Auto Taxes),(7)1995 United States - Standards for Reformulated and Conventional Gasoline(DS2)(US - Gasoline),(8)1996 United States - Import Prohibition of Certain Shrimp and Shrimp Products (DS58)(US - Shrimp),(9)2001 European Communities - Measures Affecting Asbestos and Asbestos - Containing Products (DS135)(European Communities - Asbestos),(10)2009 China - Measures Related to the Exportation of Various Raw Materials (DS394/395/398)(China - Raw Materials),(11)2012 China - Measures Related to the Exportation of Rare Earths, Tungsten, and Molybdenum (DS394/395/398)(China - Rare Earths)。

② See European Communities: Measures Concerning Meat and Meat Products(Hormones) DS26/R/USA (1997) (Complaint by the United States - Report of the Panel), DS48/4/CAN (1997) (Complaint by Canada - Report of the Panel) DS26/AB/R, DS48/AB/R (1998)(Report of the Appellate Body).

③ WT/DS193/2 (2000) (Request for Consultations).

定中已经包含了该原则,因此本案应适用 SPS 的明确规定而无须适用风险预防原则,至于该原则是否已经发展为一项习惯国际法,上诉机构不置可否。但是,WTO 争端解决机构已经从早期对国际环境法完全漠视向逐步重视的方向迈进,美国海龟海虾案中,专家组为解释 GATT 第 20 条(g)项的两个措辞而大量援引环境条约,甚至包括美国没有加入的《生物多样性公约》,这应该说是环境因素对 WTO 争端解决影响的显著体现。但是,以已经裁决的案件中争端解决机构的一贯立场观之,专家组和上诉机构对待贸易和环境的基本态度短期内不大可能有大的突破,除了传统的通过国际环境法解释涵盖协定外,可能的增长点会体现在 SPS 与国际环境法的交叉和融合方面。

(二)涉环境争端的人权机构解决——环境问题的附带性

人权机构有欧洲人权法院、欧洲人权委员会、美洲人权委员会等,其中以欧洲人权法院为代表。人权法与国际环境法的关系是双重的。在实体方面,寻求对环境损害的救济与人权法中对生命权等人权的保护是一致的。但二者也可能发生冲突,当一国颁布的环境政策干涉了包括发展权在内的社会、经济或文化权利时,则此种环境政策可能被指控侵犯了人权。而在程序方面,人权法中信息的获取、促进公众参与、权利受到侵害时提供有效的救济等,与环境法存在高度的契合性。[①] 1994 年联合国附属委员会《人权与环境原则草案》充分反映了扩展参与权的一般政策,明确规定了一系列程序性权利。尽管如此,将环境保护作为一项独立的人权的论辩还将持续下去。[②]

综观《欧洲人权公约》,没有条文明确规定环境或环境权。环境问题与该公约可能的“连接点”体现在《第一议定书》第 1 条中。该条第 1 款规定,

---

① See Tim Stephens, *Multiple International Courts and the "Fragmentation" of International Environmental Law*[EB/OL],the University of Sydney Sydney Law School Legal Studies Research Paper No. 07/14,2007,http://papers. ssrn. com/sol3/papers. cfm? abstract_id = 969569.

② 参见[英]帕特莎·波尼、[英]埃伦·波义尔:《国际法与环境》(第 2 版),那力、王彦志、王小刚译,高等教育出版社 2007 年版,第 253、256 页。

只有基于“公共利益”(环境问题通常被认为具有公共属性)目的才能剥夺私人财产权,第2款规定政府实施法律而控制私人财产权的使用需达到“必需的”程度。[①] 欧洲人权法院迄今审理了88起与环境相关的案件,主要关于《欧洲人权公约》第2条、第3条、第6条、第8条、第10条、第11条、第13条和《第一议定书》第1条。[②] 欧洲人权法院同时审理了国际环境保护方面的案件,该法院在Lopez Ostra案、Guerra案、Powell和Rayner案中对跨国环境案件进行裁决,当国家疏于控制环境污染而给邻国的个人生命、私人生活、财产造成损害时,欧洲人权法院享有管辖权。[③] 因而,欧洲人权法院总体上属于“环境友好型”机构,环境保护目标通过广泛的程序安排与人权保护产生共鸣。欧洲人权法院在审理人权案件中发展起来的治安权原则、政府自由裁量余地原则、比例性原则等,对于涉环境争端应当同样适用。但是,由于《欧洲人权公约》并无独立的环境条款,与环境相关的争端只能搭着人权规则的“顺风车”而被附带提及,在环境权和人权发生冲突的情况下,前者让位于后者的可能性更大。

(三)涉环境争端的国际投资仲裁机构解决——环境问题解决的主要竞技场

如上所述,与环境有关的投资争端达100多起,其中有过半数案件在2012年及以后年份提起,这些案件绝大多数尚未裁决。可查的已裁决的涉环境投资争端主要涵盖以下环境问题:有毒废物或工业垃圾掩埋场的环境许可、有毒物质的生产销售运输对环境的影响、有毒废物的处理与保护环境

---

① *Article 1 Protection of property*, Protocol to the Convention for the Protection of Human Rights and Fundamental Freedoms, Paris, 20. Ⅲ. 1952.《欧洲人权公约》第一议定书第1条第1款规定,任何自然人或法人被授权和平拥有其财产权的权利。任何人不得被剥夺其财产权,除非基于公共利益并受法律和一般国际法规定的条件。第2款规定,以上规定在任何情况下不减损一国根据一般利益,或保证税收或其他费用或处罚的缴纳,而实施其认为必需的对财产的使用施加控制的法律。

② See Council of Europe, *Manual on Human Rights and the Environment*, Second edition, Council of Europe Publishing, 2012, p. 143 – 147.

③ 参见[英]帕特莎·波尼、[英]埃伦·波义尔:《国际法与环境》(第2版),那力、王彦志、王小刚译,高等教育出版社2007年版,第255页。

的关系、矿产资源开发环境许可、采石场经营的环境评估、为保护历史文化遗址或濒危物种而不准许投资项目开发、环境法的修改对投资的影响等。

与其他国际机构相比,国际投资仲裁机构审理涉环境案件至少具有以下优势:其一,国际投资仲裁机构审理的涉环境案件数量最多。这个现象表明投资与环境之间的冲突持续不断地存在。与国际贸易活动相比,国际投资深入东道国本土,其更容易对东道国的环境造成重大影响。[①] 与此同时,鉴于国际投资的运营完全在东道国本土进行,东道国的环境措施也极有可能对投资产生影响。投资与环境交互作用的客观性和必然性是涉环境投资争端不断出现的原动力。在此方面 WTO 争端解决机构、欧洲人权法院中的涉环境案件数量无法与之相比。而投资和环境近年都是热点问题,如若处理不当,容易激化矛盾;如若处理得当,则国际投资仲裁机构无疑将占据涉环境国际争端的"道德制高点"。因而,国际投资仲裁机构在涉环境案件的所作所为牵动国际投资以及国际环境领域的"神经"。其二,越来越多的国际投资条约中包含环境规则。作为国际投资仲裁的主要实体法依据,更多的 BIT 以及包含投资章的 FTA 中涵盖了形式、内容不断丰富的环境规则。现代 BIT 中的环境规则主要以一般例外、征收除外等例外形式出现,FTA 环境章中的环境规则则以正面赋予缔约方环境规制权的一般形式出现,环境章中的环境规则还通过投资章的冲突条款而获得优先适用的效力。环境章涵盖的环境条款也可通过环境章中的冲突条款而得到优先适用。这些环境规则为国际投资仲裁机构裁决涉环境投资争端提供直接的依据,环境规则的频繁出现还预示着环境问题在国际投资仲裁中不断上升的地位。尽管目前围绕例外形式环境规则的涉环境投资争端为数不多,投资仲裁机构应当如何解释这些环境例外条款还没有可资借鉴的成例。但可以肯定的是,随着投资条约中环境规则的不断涌现,越来越多的东道国将援引此类环境规则为自身的行为进行抗辩。国际投资仲裁机构必然要对其作出合乎条约适用原理的解释,并发展出契合国际投资法体制个性的法理。相比之下,《欧

① 在此方面例外的是商业存在这种服务贸易模式,其与国际投资发生重叠。

洲人权公约》尚且没有专门的环境规则，WTO 涵盖协定中的环境规则主要以例外条款形式存在，援引该类例外条款成功的可能性小之又小。因此，鉴于国际投资条约中专门环境规则的出现，且兼有例外条款和一般条款，国际投资仲裁机构审理涉环境案件将更加有法可依，且法更有张力。其三，国际投资仲裁更加符合环境损害的预防原则。具体而言，不论是国际海洋法法庭、国际法院、WTO 争端解决机构还是欧洲人权法院，当事方通常是在环境损害发生之后再行通过国际诉讼的方式诉请救济，着眼于事后补救。综观已经作出裁决的涉环境投资案件，争端往往在环境损害尚未发生时即开始发生。上述诸多案件，仅仅发生在投资被许可的阶段，很多投资因未获得必要的环境影响评估或环境许可而不予批准。也就是说，国际投资仲裁程序很多是在真正的投资尚未发生之前即开始启动，此时真正的环境影响尚未发生。因此，国际投资仲裁程序审理与环境相关的案件，与环境法的预防原则高度契合。

为此，涉环境国际投资仲裁在国际环境争端解决中有着举足轻重的地位，已然成为国际环境争议的最重要解决机制。涉环境国际投资仲裁可以借鉴其他国际机构处理国际环境争端的经验，应当注重协调诸多国际机构对涉环境争端管辖权的竞合与竞争关系，防止出现同一个争端到不同机构去诉而导致冲突裁决的情况。最为重要的是，涉环境国际投资仲裁应当以务实的态度处理争端，厘清涉环境投资案件在实践上的诸多分歧，进而从理论上进行解读与研判，实现从实践到理性的升华与蜕变。

三、国际投资仲裁中环境问题的实践与理论争议

涉环境投资争端中，在环境这个问题上，当事各方、仲裁机构可谓仁者见仁，智者见智。对于此类争端的环境性质，通常最先由东道国提出，其往往证明所采措施基于真正的环境保护目标，并且立法、执法、司法等完全按照正当的程序进行。在不包含环境条款的投资条约中，东道国极力将环境因素并入投资条款中进行解释；对于包含环境条款的投资条约，东道国则强调环境条款对其赋予的环境规制权，以此对抗投资条款中对投资者进行保

护的义务。与之相对，投资者则主张东道国所采措施属于投资措施，并致力于证明东道国的行为违反了投资条款。针对东道国保护环境的抗辩，投资者往往认为东道国采取的是伪装的环境措施，或者认为此种环境因素不应在投资条约项下予以考量。在环境这个问题的处理上，相较于投资者与东道国的一贯立场，仲裁庭没有一致的做法。SDMI 诉加拿大案中，NAFTA 仲裁庭认为加拿大禁止 PCB 出口并非出于保护环境或遵守《巴塞尔公约》义务，而是为了保护本国 PCB 废物处理产业免受美国竞争，从而认定加拿大的此项禁令并非环境措施。Philip Morris 诉乌拉圭案中，ICSID 认定乌拉圭在《烟草控制框架公约》（FCTC）项下的义务已足以证明乌拉圭采取香烟包装法令的性质与合法性。CDSE 诉哥斯达黎加案、Metalclad 诉墨西哥案、Tecmed 诉墨西哥案、Marion Unglaube 与 Reinhard Unglaube 诉哥斯达黎加案中，在认定东道国措施是否构成征收这个问题上，仲裁庭对东道国提出的保护本国环境以及濒危物种的抗辩不予考虑。而在 Methanex 诉美国案、Glamis 诉美国案、Chemtura 诉加拿大案中，NAFTA 仲裁庭不仅认同东道国依据国内法或环境条约所采措施的合法性，而且将环境措施纳入治安权行使范畴，认定东道国的行为不构成征收。在包含类似环境条款的投资条约项下，Spence 投资公司等诉哥斯达黎加案仲裁机构对环境条款及其与投资条款的关系，会否作出与 Al Tamimi 诉阿曼案相同的解释，目前还不确知。关于环境保护目标与补偿数额的关系，涉环境投资仲裁有不同的做法。CDSE 诉哥斯达黎加案中，ICSID 在同时认可哥方环境措施和征收的前提下，声明作为东道国的哥方保护环境的国内和国际义务不对征收补偿产生任何影响。[①] 而在 SPP 诉埃及案中，ICSID 认定埃及的行为构成征收应当进行补偿。关于补偿的计算，仲裁机构认为申诉方提出的现金流折算法不能适用，因为该地块的交易在 1979 年该地区被世界遗产委员会指定为文化遗产之后将变成非法，申诉方的收益只能包括合法年限（1979 年以前）的利益。[②] 在此之后，申

---

① See CDSE v. Costa Rica, ARB/96/1, Award, para. 72.

② See SPP v. Egypt, ARB/84/3, Award, para. 190.

诉方在金字塔高原的活动将与《保护世界文化和自然遗产公约》相冲突，任何从这样的活动中获得的收益都将是不可补偿的。[①] 仲裁庭据此裁决降低投资者诉请的补偿数额。

实务界与学界对于涉环境投资争端给予关注，并以对仲裁裁决的评价等方式进行。Metalclad 诉墨西哥案中，墨西哥曾主张对 NAFTA 第 1105 条、第 1110 条，应根据包括第 1114 条、[②]序言等上下文进行解释，认为即便不考虑墨西哥签署的其他环境条约，NAFTA 本身也规定东道国在承担投资保护义务的同时应考虑保护环境。[③] 仲裁机构在对公平公正待遇进行分析时提到第 1114 条，指出 Metalclad 经营的该项目满足了该条所指的与环境关切保持一致，并对环境关切敏感这些要求。[④] 对于墨西哥 SLP 市政发布的生态法令，则没有考虑其动机或目的。[⑤] 该案裁决被加拿大不列颠哥伦比亚最高法院部分撤销，泰索（Tysoe）法官毫无掩饰地批评了仲裁庭对间接征收的恣意扩张解释。[⑥] 霍华德 · 曼（Howard Mann）对 Metalclad 案仲裁机构对征收的效果主义取向表示担忧，指出政府对财产的商业使用构成的偶然干预可能被界定为征收。[⑦] 事实上，间接征收认定的标准历来有效果主义与目的主义之争，效果主义一度占据上风。该效果主义或目的主义的取向，对国际投资仲裁中的环境问题是否构成征收尤其间接征收至关重要。研究国际投资法的权威专家多尔查，也曾经是坚定的效果主义支持者，然而在大量的投资争端尤其是涉环境投资仲裁的影响之下，多尔查转而认为特定情况下政府的

---

① See SPP v. Egypt, ARB/84/3, Award, para. 191.

② 本章的任何规定不应被解释为阻止一缔约方采取、维持或实施其认为合适并与本章相一致的任何措施以保证在其境内的投资以一种意识到环境保护重要性的方式实施。

③ See Metalclad v. Mexican, ARB(AF)/97/1, Mexico's Counter - memorial, 17 Feb. 1998, para. 838.

④ See Metalclad v. Mexican, ARB(AF)/97/1, Award, para. 98.

⑤ See Metalclad v. Mexican, ARB(AF)/97/1, Award, para. 111. 该法令声称建设生态区是为了保护墨西哥该地区稀有的仙人掌。

⑥ See The United Mexican States v. Metalclad Corporation, 2001 BCSC 664.

⑦ See Howard Mann, *Assessing the Impact of NAFTA on Environmental Law and Management Process*, First North American Symposium on Understanding the Linkages Between Trade and Environment 26 (October 2000).

意图较政策的效果更为重要。[①] SDMI 诉加拿大案仲裁庭指出，对于一个征收索赔的合理分析要审视真正相关的利益以及政府措施的目的和效果。[②] 有学者指出，当政府基于合法目的，并根据科学认知的状态以及公认的国际标准而作出一项环境措施时，法院或仲裁庭不大可能将其认定为可补偿的征收。[③] 从某种程度而言，间接征收认定上纯粹的效果主义已不足取，目的主义有逆转之势，涉环境投资争端中环境因素在其间起着推波助澜的作用。对于 Metalclad 案的其他评价方面，多尔佐（Dorsey）将《欧洲人权公约》第一议定书第 1 条和 NAFTA 第 1110 条进行比较，并以 Metalclad 诉墨西哥案为例证，指出如该案在欧洲人权法院审理，则墨西哥的措施不会被认定为征收而是“控制使用”，也不会被裁定补偿，并认为这是一个更优和更值得肯定的推论和结论。NAFTA 应当在征收法理中汲取欧洲人权公约关于政府自由裁量权的有益经验。[④] 海伦·曼德菲尔德（Helen Mountfield）则认为，Metalclad 案仲裁机构采取的干预主义的做法，构成对民主概念的明显风险。[⑤] 有些学者认为，在征收与非补偿的政府规制措施界分上，政府应被赋予更多的权力以实现包括环境保护在内的公共利益，即使这样的行为给投资者造成损害也不应认定为征收并进行补偿。关于环境保护与补偿金额的关系，大多数学者对 CDSE 诉哥斯达黎加案仲裁机构的做法进行批判，认为这样的做法过于倾向保护投资者的利益。索纳拉迦（Sonarajah）则进一步认为即使是发达国家也不可能接受这种概括性的声明，而且它也没有任何权威性的依据。[⑥]

---

① See Rudolf Dolzer, *Indiret Expropriations: New Development?* New York University Environmental Law Journal, Vol. 11(2002), p. 80.

② See SDMI v. Canada, First Partial Award, 13 November 2000, para. 285.

③ See L Yves Fortier, CC, QC and Stephen L Drymer, *Indirect Expropriation in the Law of International Investment: I Know It When I See It, or Caveat Investor*, 13 Asia Pac. L. Rev. 79(2005), p. 102.

④ See Dorsey, *Regulatory Expropriation Under NAFTA Chapter 11: Some Lessons from the European Court of Human Rights*, Columbia Journal of Transnational Law, Vol. 42(2003 – 2004), p. 202.

⑤ See Helen Mountfield, *Regulatory Expropriations in Europe: The Approach of the European Court of Human Rights*, N. Y U. Environmental Law Journal, Vol. 11(2002), p. 138.

⑥ 参见李尊然：《管制性征收与国际投资法的新发展》，载《武大国际法评论》2007 年第 1 期。

总而言之,以投资者、东道国、仲裁机构、实务界以及学界的视角观之,国际投资仲裁中的环境问题可谓“横看成岭侧成峰,远近高低各不同”。围绕环境问题的实践与理论争议众说纷纭,作为解决国际投资中环境问题的国际投资仲裁机构,极有必要从受理、裁决一个涉环境投资争端的角度,对环境问题进行归总,以期作出既符合投资仲裁规则程序正义,又符合投资条约实体正义的确当裁决。

第三节 国际投资仲裁中环境问题的归结

随着涉环境投资争端的相继涌现,国际投资仲裁中环境问题的类型将更为复杂和多样。争端各方从各自利益出发,对环境问题有着不同的认识和诉求。透过环境问题争议的种种表象,仲裁机构极有必要确立恰当的标准,厘清这些争议的本旨以求最佳的解决路径。

在法理学上,广义上的法律适用可以分为四个步骤:认定事实—寻找相关的(一个或若干)法律规范—以整个法律秩序为准进行涵摄—宣布法律后果。而检验得到认定的事实是否满足相关规范的事实构成,被称为涵摄。[①]若对其进行阶段划分,则可分为事实认定和(狭义)法律适用两个阶段。涉环境投资仲裁机构在进行涵摄时,也可细化为事实认定和法律适用两个层面。以此为前提,争端各方、仲裁机构对环境问题的不同立场,可以具体化在事实认定和法律适用项下。

一、事实认定中的环境问题

对投资仲裁机构而言,其须界定所发生的争端是否与环境问题有关,这可归结为:东道国所采措施是否为环境措施,也就是东道国所采措施是否具有环境意图或目的,以及具有多大程度的环境意图或目的。该事实认定中的环境问题主要涵盖举证责任、证据的证明力和证明标准三个方面的问题。

---

① 参见[德]伯恩·魏德士:《法理学》,丁晓春、吴越译,法律出版社2013年版,第286页。

对环境措施这一待证事项的举证责任分配，即解决应由投资者还是东道国证明争议措施为环境措施的问题。依“谁主张，谁举证”原则，东道国对所采措施的环境意图负举证责任。但在与此环境意图密切相关的投资对环境是否造成损害事项上，仲裁机构有不同的做法。Methanex 诉美国案中，美国加利福尼亚州颁布了禁止使用和销售汽油添加剂 MTBE 的法令，美国为了证明该法令的合法性和科学性，官方聘请专家作成 UC 报告，指出以甲醇为重要原料的 MTBE 对加利福尼亚州地下水有严重污染，对人体健康有巨大危害。作为甲醇生产商的 Methanex 在此事项的证明上则带有防御性，指出美国方面出具的专家报告在科学性、客观性、公正性上存在瑕疵。[①] 然而，此种传统的“谁主张，谁举证”原则在 Al Tamimi 诉阿曼案中被突破。ICSID 仲裁庭要求申诉方就其行为对阿曼没有造成环境损害进行举证。[②]

与证明环境措施这一事实认定密切相关的是证据的证明力问题。国际投资仲裁规则中虽然没有就证据的证明力有非常明确的规定，但通常认为影响证据证明力的要素包括但不限于证明主体、证据内容与证据形式。SDMI诉加拿大案中，加拿大颁布了禁止危险废物 PCB 出口的法令，在该法令的合法依据上，加拿大声称禁止 PCB 出口是为履行《巴塞尔公约》《加拿大—美国间跨境危险废物协定》等义务，并为保护健康和环境所必需的措施。然而，NAFTA 仲裁庭审查之后认定这些国际条约并未禁止加拿大向美国出口 PCB，从而否定了加拿大此项措施的环境目的。Methanex 诉美国案中，Methanex 与美国分别就甲醇是否对环境有迫近危害出具了专家报告，但 NAFTA 仲裁庭最终采纳了美国方面的专家报告。也就是说，仲裁庭认为美国出具的专家报告有更强的证明力。在证明主体上，并非东道国提交的证据必然更有说服力；在证据内容上，并非证明具有环境目的的证据就强于否定性证据；在证据形式上，并非国际条约就必然较国内法有更强的证明力。

---

① See Methanex v. United States of America, Final Award, 3 August 2005, Part Ⅲ, Chapter A.

② See Adel A Hamadi Al Tamimi v. Oman, ARB/11/33, Award, p. 164, 脚注 913。此外，仲裁机构还提及美国—阿曼 FTA 第 10.10 条，认为包括美国—阿曼 FTA 第 10.10 条的目的也是如此，东道国阿曼并不承担证明所采措施基于第 10.10 条目的的责任。

仲裁庭需对证明主体、证据内容以及证据形式进行综合权衡和甄别，才能筛选真正体现东道国意图的证据。

事实认定最复杂的环节在于证明标准。与举证责任、证据证明力不同，证明标准在涉环境投资争端中未被作为争议点而被单列出来。然而，证明标准始终潜藏于举证责任和证据证明力当中。在国际裁决机构对证明标准没有达成共识的情况下，涉环境投资仲裁机构在环境措施的认定上已经发展出了一套相对自洽的证明标准。

二、法律适用中的环境问题

事实认定与法律适用关系密切。事实认定是法律适用的先决条件，决定适用的法律的具体类型，以及所适用法律的解释方式。投资仲裁机构对环境问题事实认定的结果，影响特定争端是适用投资条款还是环境条款，以及这些条款如何被解释。

事实认定阶段仲裁机构对环境问题的界定，很大程度上取决于争端各方提供的证据。换言之，仲裁机构主要的工作是在诸多证据中“挑选”适于事实认定并达致法律真实的证据。[①] 相比之下，法律适用阶段仲裁机构的主动性更强，更少受限于当事方的主张。当然，鉴于投资仲裁程序系投资者发起，仲裁机构适用法律应围绕投资者的诉请而展开。同时，仲裁机构适用与解释投资条约应当遵照《维也纳条约法公约》、其他习惯国际法以及一般法律原则。

如若事实认定中的环境问题被界定为环境措施，法律适用中的环境问题则可进一步细分为：此类环境措施应当适用何种条款，以及如何适用。前者涉及规则的选择，后者涉及规则的解释。在规则的选择方面，仲裁机构面临适用投资条款或环境条款，或者同时适用两类条款的选择。作为前置条件，仲裁机构须对两类条款的适用关系进行界定。在 Spence 投资公司等诉哥斯达黎加案中，争端双方、第三方对环境征收除外条款与征收条款，以及

① 当然，根据投资仲裁规则，仲裁机构也有自主进行访问、调查、指定专家等职权。

环境章与投资章的关系可谓各持己见,呈现对抗态势。仲裁机构应当以国际条约关系理论厘定两类条款的关系。对于规则选择的具体问题至少有:其一,投资条款对环境条款的适用将产生怎样的影响。其二,环境条款的适用条件问题。其三,选择环境条款将对投资条款的解释有何影响。

在确定适用投资条款的情形之下,仲裁机构面临是否以及如何将环境因素并入投资条款解释的问题,已有的涉环境投资争端涉及的投资条款主要有最惠国待遇、国民待遇、征收与公平公正待遇条款,仲裁机构对这些条款进行解释时对环境问题的考量程度不一。在确定适用环境条款的情形下,仲裁机构面临如何解释环境条款的问题。对此可分两个层面进行讨论:其一,环境条款本身如何被解释。其二,环境条款之间存在怎样的适用关系。

事实认定中的环境问题,争端各方围绕东道国所采措施是否构成环境措施而展开争辩,已有的涉环境投资仲裁机构在举证责任、证据证明力、证明标准上,对东道国所采措施是否属于环境措施有一系列的论证。法律适用中的环境问题,环境因素是否应当作为一个独立的、特殊的法律事实而对投资仲裁机构解释投资条款产生影响,仲裁机构还没有一致的做法。鉴于目前的涉环境投资争端还尚未涉及对某些环境条款的适用,这些环境条款的适用条件以及应当作何解释还处在理论探讨的阶段。但是,越来越多的投资条约出现环境条款这一现象表明,未来必然会有更多围绕这些环境条款发生争议的投资争端。也正是基于此,此时的预判不无价值。此外,就事实认定中的环境问题与法律适用中的环境问题之间的关系而言,仲裁机构在事实认定中界定东道国措施为环境措施之后,其在适用投资条约时有更大的支持东道国做法的可能。[①] 这也正好印证了事实认定中的环境问题与法律适用中的环境问题固然存在差异,但二者有着内在的不可割裂的联系。

---

① 但是在征收这一事项上,如仲裁庭持纯粹的效果主义,则环境措施的定性对其征收认定不发生影响。

第二章

国际投资仲裁事实认定中的环境问题

国际投资仲裁事实认定中的环境问题,实为投资仲裁机构审查东道国的行为是否属于环境措施的问题。因国际投资仲裁的管辖权、主体等均已确定,事实认定中的环境问题实质上就是仲裁机构对争端双方或其他主体提交的关于争议措施是否是环境措施的证据进行接收和筛选,以及仲裁机构依职权通过调查访问而搜集证据的过程,该事实认定阶段须遵循相应的证据规则。

第一节　国际投资仲裁事实认定的法律依据

就投资者与国家间的投资争端而言,有权行使管辖权的常设机构包括国际投资争端解决中心、联合国国际贸易法委员会等。各管辖机构有特定的管辖条件,譬如要启动 ICSID 的投资者—国家争端解决程序,投资者所在国与东道国都必须为《华盛顿公约》的缔约国,且争端双方应当向中心提交双方的书面同意。如若投资者所在国或东道国之一属于《华盛顿公约》的缔约国,ICSID 也可管辖其投资争端,但只能适用 ICSID 附加便利仲裁规则。NAFTA 仲裁庭属于临时机构,只受理美国、加拿大、墨西哥及其投资者之间的投资争端。目前世界上重要的常设仲裁机构都有自己的仲裁规则,这就意味着当事方选择了仲裁机构即选择了该机构的程序规则包括证据规则,除非当事方所在国之间的 BIT 或 FTA 对于适用的仲裁规则或证据规则有特别规定，或者当事方有特别约定。NAFTA 仲裁庭本身没有专门的仲裁规则，但 NAFTA 规定了仲裁庭可以适用的其他仲裁机构的仲裁规则。

只有当这些仲裁规则的证据规则缺失或不存在时，国际投资仲裁机构才有可能适用这方面的习惯国际法或者一般法律原则。

一、ICSID 与 NAFTA 仲裁庭事实认定的法律渊源

如前所述，涉环境投资争端最重要的裁决机构是 ICSID 和 NAFTA 仲裁庭。ICSID 仲裁庭在受理涉环境投资争端时，主要适用《华盛顿公约》、ICSID仲裁规则以及 ICSID 附加便利仲裁规则，还可因投资条约或争端方合意而适用联合国国际贸易法委员会仲裁规则。NAFTA 仲裁庭是建立在临时基础之上，其成员的组成与其他仲裁庭没有本质区别，但仲裁庭在受理涉环境投资争端时，可以适用《华盛顿公约》、ICSID 附加便利仲裁规则或者联合国国际贸易法委员会仲裁规则。事实上，由于墨西哥、加拿大都不是《华盛顿公约》缔约国，所以墨西哥和加拿大之间的投资争端只能适用 UNCITRAL 规则，二者之一与美国发生的投资争端则可适用 ICSID 附加便利仲裁规则以及 UNCITRAL 仲裁规则。

在这些仲裁规则关于证据方面的规则缺失或不存在时，可以适用习惯国际法或一般法律原则。尽管有学者强调习惯国际法与程序渊源相关，但有哪些程序方面的习惯国际法，国际社会并没有达成共识。在此方面，程序法上的习惯国际法与一般法律原则很难划出一条清晰的界限。相较而言，国际裁决机构经常适用与证据有关的规则，并认可这些规则的一般法律原则性质，如听取各方陈词原则，法官知法原则，不依赖于当事人意见原则，以及“谁主张，谁举证”原则等。①

二、ICSID 与 NAFTA 仲裁庭事实认定的证据规则

国际投资仲裁具有较强的自洽性，各投资仲裁机构适用特定的仲裁规

---

① 参见［英］切斯特·布朗：《国际裁决的共同法》，韩秀丽等译，法律出版社 2015 年版，第 125 ~ 126 页。

则和证据规则。ICSID 与 NAFTA 仲裁庭事实认定时适用的主要是《华盛顿公约》、ICSID 仲裁规则、ICSID 附件便利程序仲裁规则以及 UNCITRAL 仲裁规则。

（一）《华盛顿公约》与其他仲裁规则中的证据规则

国际投资争端解决中心是专门的国际投资争端解决机构，设立该中心的《华盛顿公约》对中心管辖投资仲裁案件具有重要地位。其证据规则体现在公约第 43 条和第 44 条中。第 43 条规定，除非当事双方另有协议，仲裁庭有权要求双方提出文件或其他证据，有权访问与争端有关的场所，并进行适当的调查。第 44 条赋予仲裁庭决定该公约未作规定的程序规则的权利。ICSID 仲裁规则对《华盛顿公约》第 43 条、第 44 条进行细化，并扩展了仲裁庭的权力。该仲裁规则对证据的规定体现在第 34 条至第 37 条。第 34 条明确仲裁庭在任何阶段有权要求当事方出示证据、证人和专家。第 35 条和第 36 条规定仲裁庭有权对证人和专家进行审查，审查的事项、时限、程序等都由仲裁庭确定，也可准许证人和专家以书面形式提交证据。第 37 条对访问、调查以及准许非争端方提交文件作了明确规定。在证据的形式上，ICSID 仲裁规则准许证人、专家的口头证言和书面证据形式，仲裁庭可通过访问、调查的方式获得相关证据。而在证明标准上，仲裁机构有权决定证据是否可以采用以及证据的证明价值。

ICSID 附加便利仲裁规则中的证据规则分布于第 41 条至第 43 条中，在仲裁庭有权在程序的任何阶段要求当事方出示证据、证人和专家，以及有权决定证据的可采性方面，其与 ICSID 仲裁规则的规定一致。第 43 条对仲裁庭有权指定一名或多名专家，确定其职权范围，审查其报告并亲自听取其意见等进行了特别规定。在证据形式上以书证、专家报告为主。在证明标准上，仲裁庭有着极大的决定权。

联合国国际贸易法委员会仲裁规则（1976 年版）的证据规则体现在第 24 条、第 25 条和第 27 条中。第 24. 1 条明确规定，任何一方有举证证明支持其诉求或抗辩的事实的责任。第 24. 2 条、第 24. 3 条规定，仲裁机构有权要求当事方在限定的时间向仲裁庭提交文件、证件或其他证据。第25条规定,仲裁庭可以听讯证人,证人证据也可以经其签名的书面陈述的方式提出。第27.1条规定仲裁庭可以指定一个或多个专家以书面形式,就仲裁庭确定的特定问题向其报告,仲裁庭收到专家报告后应给当事方机会表达对专家报告的意见,并可开庭听取专家的意见。因而,证据形式有证人、文件、专家证据,主要以书面的形式提交。在证明标准方面,第25.6条明确,仲裁机构有权就证据是否可以采用,以及证据的关联性、实质性和重要性作出决定。联合国国际贸易法委员会仲裁规则2010年版、2013年版有类似的规定。

总体上,《华盛顿公约》和仲裁规则关于证据的规则不多,而且比较原则不够细致。除UNCITRAL仲裁规则对举证责任有明确规定外,关于证据的证明力和证明标准,仲裁机构拥有极大的裁量权。也就是说,ICSID和NAFTA仲裁庭有权决定证据的可采性、关联性、实质性和重要性。这也表明,这些证据规则还没有形成系统且便于操作的细则。因此,ICSID和NAFTA仲裁庭在裁决时有必要求助于证据方面的一般法律原则。

(二)关于证据的一般法律原则

无论是诉讼,还是仲裁,关于证据的规则无非涵盖以下主要问题:举证责任;①证据的证明力;证明标准。以各国程序法为基础的一般法律原则在

① 在国内外程序法的教材和著作中,有“举证责任”“证明责任”“提供证据的责任”等多种说法,有学者把“证明责任”与“提供证据的责任”相区分,认为前者适用于案件事实真伪不明时法官如何适用法律的情形,后者则要解决事实认定阶段,对争议事实由谁提供证据予以证明的问题。(参见田平安主编:《民事诉讼法原理》,厦门大学出版社2015年版,第245页。)德国、日本和中国台湾地区则通常将证明责任分为主观上的举证责任和客观上的举证责任。(参见张卫平:《诉讼构架与程式:民事诉讼的法理分析》,清华大学出版社2000年版,第247页。)在举证责任和证明责任的含义上,有学者主张其包含行为责任、说服责任和结果责任。(参见何家弘:《论推定规则适用中的证明责任和证明标准》,载《中外法学》2008年第6期。)在关于国际诉讼或仲裁的专著中,也有兼采“举证责任”和“证明责任”的情形。如在郑斌的《国际法院与法庭适用的一般法律原则》中用的是“举证责任”,切斯特·布朗(Chester Brown)的《国际裁决的共同法》中则用“证明责任”。国内有学者立足中国立法和司法机关明确使用举证责任概念的事实,认为中国使用“举证责任”的提法更具内涵且简单易操作。(参见季桥龙:《民事举证责任概念研究》,中国政法大学出版社2011年版,第13页。)本书对此不作进一步探讨,以“举证责任”概称证明责任的分配规则,且仅适用于案件事实认定阶段。

此三方面形成了一定的原则或规则。

在举证责任上，各国的程序法基本上形成了“谁主张，谁举证”的原则或规则。[①] 国际法院倾向于以单一的“说服责任”来适用“谁主张，谁举证”这一原则。桑迪弗称：“证明责任由持肯定主张者承担。若该主张未得到证实，则其将获得不利于己方主张的判决。”[②]在“尼加拉瓜案”中，国际法院明确称“归根到底……由试图证明某项事实存在的当事方承担证明责任”。该举证责任的分配规则在欧洲法院、WTO专家组和上诉机构、美洲人权委员会、联合国人权委员会以及伊朗—美国求偿法庭等得到了适用。[③] 同时，负有举证责任的当事方不仅限于原告，被告若要证明自身主张，同样负担证明责任，这能解决并无严格原告和被告之分的诉讼或仲裁中举证责任分配的问题，如在领土争端中，当事双方分别提出相互对立的请求，双方都有义务证实其主张。[④]

证据的证明力亦构成证据规则的重要部分。普通法系在采纳证据方面历来科以限制性规则，而一旦证据被宣告为可采，则不同形式的证据一般就不具有特殊的分量或证明价值。相比而言，大陆法系在证据提交和采纳方面存在相对较少的证据排除规则。但不同的证据形式被赋予不同的分量。[⑤]国际法院在证据的采纳上，采取了类似于大陆法系的做法，即将证据的证明力与提供证据的主体、证据的形式和内容等相联系，不同的证据被赋予不同的证明力。依提供证据主体的不同，有当事方提供的文件、声明或宣誓，无利害第三人提供的言词证据，专家证人的报告或声明。当事方提供的文件

① 普通法系和大陆法系，关于具体的分配责任适用方式有所不同。普通法系将其进一步分为“举证责任”和“说服责任”。大陆法系中举证责任则只有“说服责任”的内容。

② 参见[英]切斯特·布朗：《国际裁决的共同法》，韩秀丽等译，法律出版社2015年版，第132页。

③ 参见[英]切斯特·布朗：《国际裁决的共同法》，韩秀丽等译，法律出版社2015年版，第134页。

④ 参见郑斌：《国际法院与法庭适用的一般法律原则》，韩秀丽、蔡从燕译，法律出版社2012年版，第346页。

⑤ 参见[英]切斯特·布朗：《国际裁决的共同法》，韩秀丽等译，法律出版社2015年版，第128页。

尤其公共文件,如加入的国际条约等,无疑可以作为证据。鉴于当事方与案件的利害关系,其单方对有关事实作出的、对己方有利的声明或宣誓,作为证据存在重大瑕疵,其本质上构成诉求的一部分。无利害第三人提供的证人证言,需由裁决机构进行评估,证人具有的把握他所要证明之事物真实性的能力是一个重要的考虑因素。专家证言一般具有更大的证明力。[①] 随着事实认定科学化问题的演进,裁决机构对技术性专家意见的依赖增强。[②] 鉴于专家证人的特殊地位,有必要将其与无利害第三人相分离。在涉及科学、技术等国际案件中,专家及专家报告越来越为当事方和裁决机构所青睐。

与举证责任密切相关的是证明标准。证明标准指的是负担证明自身主张的当事方应证明到何种程度,方能解除该证明责任,或将证明责任转移至对方当事人。通常而言,当事方是否解除其证明责任的问题取决于其所提交之证据是否充分。[③] 此标准相当灵活,会导致裁决机构过大的自由裁量权。为此,普通法系将民事诉讼中的证明标准界定为"盖然性权衡";大陆法系民事诉讼中的证明标准则是"法官的内心确信"。有学者将国际诉讼程序中适用的证明标准分为五种:提供初步证据的要求、排除合理怀疑、令人信服的证明、优势证据或盖然性权衡、行使司法裁量权以确定当事方提供的证据是否足够"充分"满足证明责任的要求。[④] 迄今为止,国际裁决机构对证明标准并未达成共识,其拥有依个案进行自由裁量的权利。

第二节　国际投资仲裁对环境措施的认定

理论上,ICSID 和 NAFTA 仲裁庭应当适用《华盛顿公约》等对争议措施

① 参见郑斌:《国际法院与法庭适用的一般法律原则》,韩秀丽、蔡从燕译,法律出版社 2012 年版,第 326 页。

② 参见[美]米尔健·R. 达马斯卡:《漂移的证据法》,李学军等译,中国政法大学出版社 2003 年版,第 200 页。

③ 参见[英]切斯特·布朗:《国际裁决的共同法》,韩秀丽等译,法律出版社 2015 年版,第 145 页。

④ 参见郑斌:《国际法院与法庭适用的一般法律原则》,韩秀丽、蔡从燕译,法律出版社 2012 年版,第 139 ~144 页。

是否为环境措施进行界定。然而，如前所述，各仲裁规则在证据方面的规定还不尽完善，在举证责任、证据证明力和证明标准上并没有形成明确的可供参考的标准。关于证明标准，一般法律原则也无确定的标准。而 ICSID 和 NAFTA 仲裁庭在对环境问题进行事实认定的过程中无法跨越举证责任、证据证明力和证明标准这三个方面。以下即从这三个方面着眼就 ICSID 和 NAFTA 仲裁庭对环境措施的事实认定进行分析和评判。

一、环境措施的举证责任

环境措施的举证责任，指的是由什么主体证明争议措施的环境意图或者目的。投资者以东道国的措施违反投资条约为由提起仲裁，其以东道国的措施为投资措施作为先决条件，投资者不会也不可能举证证明争议措施属于环境措施。因此，东道国对环境措施负有不可推卸的举证责任。而依据“谁主张，谁举证”原则，东道国也应当就所采措施主要基于环境目标进行举证，不论所采措施是否冠以显明的环境属性名称，譬如环境影响评估、环境研究报告、环境许可等。

东道国此项证明责任的证明对象是，所采措施的环境意图或者目的。通常来说，东道国通过立法、执法或司法形式采取措施，东道国要证明这些立法、执法、司法行为的环境意图或目的，实则要寻求这些措施的合法性依据，以及这些措施与法律依据、保护环境目标的内在联系。合法性依据可分为国际法与国内法两大类。在国际法依据上，东道国以其遵守加入的环境条约义务来证明行为的环境意图。在 Philip Morris 诉乌拉圭案中，乌拉圭政府制定并实施了烟草包装法案，其中包括：每种品牌香烟只能以同一种包装销售；香烟外包装盒 80% 的面积应用于传递健康警示信息；包装盒上的警示图片必须采用指定的图片。Philip Morris 主张这些措施构成对其商标的征收，违反了公平公正待遇标准，属于不合理或歧视性措施等，要求乌拉圭政府取消这些措施并对其进行补偿。关于乌拉圭烟草包装法案的性质，乌拉圭辩称是为了保护该国居民免予受到烟草消费和二手烟所导致的恶化健康、社会、环境和经济的不利后果，并称这些措施是为了履行该国 2004 年 7

月16日批准的世界卫生组织《烟草控制框架公约》下的义务。ICSID仲裁庭认为，乌拉圭无须再搜集证据来支持所采措施，《烟草控制框架公约》的条款和所采原则已足以证明。仲裁机构唯一要探寻的是立法是否明显缺乏理由。[①] 在该案中，ICSID仲裁庭将乌拉圭加入的《烟草控制框架公约》作为其国内烟草包装法案的合法性依据，并据此认为乌拉圭对香烟包装立法和执法行为属于环境措施。

国内法依据可分为两种情况：第一种情况是东道国以其国内环境法为依据或以国家对环境的规制权进行立法。在Glamis诉美国案中，加拿大Glamis公司要在加利福尼亚州东南部开发一个开采金矿的项目，该公司拥有的开采区域位于美国联邦并且对奎尚（Quechan）部落有显著的不可避免的影响，美国要求该项目遵守《采矿法》《国家环境政策法》《加利福尼亚州沙漠保护区》《加利福尼亚州环境质量法》《加利福尼亚州地表开采与开垦法》等，要求Glamis为该项目准备环境影响声明并由土地管理局审查，要求该项目分类作业并对所开采地区进行回填以恢复到开采以前的状态，限制或减缓其对环境或对土著部族的影响。Glamis主张美国所采的措施构成对其投资的征收，认为该项目在批准的过程中遭到了武断、缺乏公正和缺乏透明度的对待，主张美国违背了公平公正待遇。美国辩称，要求对露天金属矿藏开采场所回填是必要的，主要基于对公共福利的及时保护目的。仲裁机构认为，东道国基于环保的目的有权制定、实施相关法律，申诉方不能拥有东道国不会通过影响其开采项目的法律这样一个预期，要求对开采地进行回填主要是为了保护文化财产，不构成征收，美国审查该项目的过程不违反公平公正待遇。[②] 该案中，美国以国内开采矿藏、环境保护、土地开垦等法律、法案作为对Glamis项目进行审查的合法依据，NAFTA仲裁庭认可这些措施保护环境和文化财产的性质。第二种情况是以投资已经或可能对环境造成损害作为颁布或实施法令的合法依据。在Methanex诉美国案中，1999年加利

---

① See Philip Morris v. Uruguay, ARB/10/7, Award, paras. 395, 396, 399.

② See Glamis v. United States of America, Award, May 14 2009, para. 813.

福尼亚州州长签发《加利福尼亚州执行命令》,2000 年加利福尼亚州政府颁布《加利福尼亚州法案》,禁止销售和使用汽油添加剂 MTBE(甲基叔丁基醚,甲醇是 MTBE 的原料)。Methanex 作为当时全球最大的甲醇生产者,称美国的做法违反了国民待遇、公平公正待遇并构成征收。美国方面出具了 60 名研究人员做成的,由 17 篇 3 个独立章组成的长达 600 多页并经听证的 UC 报告(加利福尼亚州大学报告),证明以甲醇为原料的 MTBE 物质对人体及环境有巨大及潜在的危害,称颁布法案完全是出于公共健康和环境目的。该报告为 NAFTA 仲裁庭所认可,Methanex 的诉请被全部驳回。[①] 该案中,NAFTA 仲裁庭对加利福尼亚州两项法案环境措施的认定,建立在对 UC 报告认可的基础上。该案由东道国证明投资对环境造成或可能造成损害,属于传统的“谁主张,谁举证”举证模式。但是,由于环境问题的科学属性,投资对环境的该种损害有时并非显而易见,此时严格恪守“谁主张,谁举证”可能出现东道国不能证明所采措施的环境意图的结果。为此,Al Tamimi 诉阿曼案 ICSID 仲裁庭对该种证明责任的分配实现了突破。该案东道国阿曼认为申诉方采石场没有获得必要的环境许可,申诉方则认为阿曼有证明申诉方开采、粉碎石灰石的行为对环境造成实际损害的责任。ICSID 仲裁庭对此明确表示,申诉方的该项主张没有任何法律依据。[②] 换言之,ICSID 仲裁庭认为阿曼在此事项上并无证明责任,应当由申诉方就其投资对环境没有造成损害进行举证。申诉方既然没有尽到这方面的举证责任,则应当推论其开采行为对环境具有破坏作用,东道国在开采行业的环境规制因而是正当合法的。可以说,Al Tamimi 诉阿曼案对环境问题的举证责任倒置进行了有益的尝试。实际上,国际上已经有少数环境条约明确规定了举证责任倒置这一规则,如 1972 年《防止倾倒废物及其他物质污染海洋的公约》(后来为 1996 年该公约的议定书所修订),第 4(1)条明确规定,应由向海洋倾倒工业

---

① See Methanex v. United States of America, Final Award, 3 August 2005, Part Ⅴ, para. 13.

② See Adel A Hamadi Al Tamimi v. Oman, ARB/11/33, Award, p. 164,脚注 913。此外,仲裁机构还提及美国—阿曼 FTA 第 10.10 条,认为包括美国—阿曼 FTA 第 10.10 条的目的也是如此,东道国阿曼并不承担证明所采措施基于第 10.10 条目的的责任。

废物（或其他物质）的一方来证明该种倾倒行为对环境没有危害。这种举证责任分配方式被认为是国际环境法风险预防原则的体现，但是，基于风险预防原则是否为一项习惯国际法，学界和实务界还没有统一的认识。因此，国际环境争端裁决机构还没有普遍适用举证责任倒置规则。① 裁决 Al Tamimi 诉阿曼案的 ICSID 仲裁庭在该举证责任上的有限表述，体现了环境问题在事实认定方面的特殊性，是环境法中的风险预防原则在举证上的具体适用。将来的涉环境投资仲裁在投资与环境损害之间因果关系证明上走举证责任倒置的路径并非完全不可能。尽管就目前而言，风险预防原则尚未获得公认的习惯国际法地位，通过风险预防原则而寻求举证责任倒置会遭遇“瓶颈”。但是，各国在环境污染行为与损害后果因果关系的证明上，普遍采取了举证责任倒置的原则，②这可以被作为一般法律原则而为仲裁庭所适用。③另外，目前更为可行的路径为，降低东道国对此项因果关系的证明标准。在大陆法系国家，用降低证明标准的方法处理事实特别难证明的诉讼是具有合理性与可行性的。④ 这是对源于大陆法系的“高度盖然性证明标准”理论的变通适用。⑤

在以上这些涉环境的投资争端中，Glamis 诉美国案、Methanex 诉美国案依据的 UNCITRAL 仲裁规则中，明确规定了当事方有举证证明其抗辩的事实的责任。正是基于此，美国作为被诉方就其抗辩的环境措施这一事实承担了举证责任。而在 Philip Morris 诉乌拉圭案、Al Tamimi 诉阿曼案中，其依据的《华盛顿公约》以及 ICSID 仲裁规则中均没有明确的“谁主张，谁举证”

---

① 如在国际法院审理的乌拉圭纸浆厂案中，国际法院即明确拒绝适用举证责任倒置。

② 参见赵相林、覃华平：《国际环境污染案件法律问题研究》，中国政法大学出版社 2016 年版，第 79 页。

③ 在国内环境侵权纠纷中，适用因果关系推定而由污染者就其行为与损害之间不存在因果关系承担举证责任的国内立法有：中国《民法典》第 1230 条、《德国环境责任法》第 6 条、《美国密歇根州环境保护法》第 203 条以及《奥地利损害赔偿法学者建议稿草案》等。日本、美国等国家的法院对环境侵权纠纷的审判已经适用举证责任倒置原则。参见高圣平主编：《中华人民共和国侵权责任法立法争点、立法例及经典案例》，北京大学出版社 2010 年版，第 677 ~ 681 页。

④ 参见李浩：《事实真伪不明处置办法之比较》，载《法商研究》2005 年第 3 期。

⑤ 参见季桥龙：《民事举证责任概念研究》，中国政法大学出版社 2011 年版，第 75 页。

规则,Philip Morris 案被诉方主动承担了环境措施的证明责任,Al Tamimi 案则体现了 ICSID 仲裁庭就环境措施的具体方面在举证责任分配上的裁量权。该种对投资与环境损害因果关系的举证责任倒置的做法是基于环境问题的科学属性,从某种程度上也表明"谁主张,谁举证"是一般原则。

然而,并非有合法的国际法、国内法依据的措施都能被界定为环境措施,东道国还须证明国际法、国内法依据与所采措施的关联性,以及所采措施与保护环境的内在联系。更确切地说,东道国所采措施是国际法、国内法与环境目的的媒介,东道国不应曲解环境条约或环境法本意,并将其沦为有其他意图的措施的合法性外衣。同时,东道国还须证明所采措施与保护环境目的有着必然的内在联系,所采措施的方式、过程是符合比例的、合理的。而这种关联性要求又可以归结为环境措施的证明标准。

二、证明环境措施证据的证明力

依据"谁主张,谁举证"原则,东道国通常应当对所采措施有真正的环境意图负举证责任。如上所述,东道国通常举出环境条约、环境法或者投资对环境有损害的事实,来证明所采措施属于环境措施。此时环境条约或国内法被作为一种事实,并与其他事实一并用以证明所采措施的环境性质,这样的环境条约或国内法被视为证据。与此同时,投资者则会对环境条约、环境法的合法性提出质疑,或者出具投资对环境并无损害的报告,以与东道国的证据对抗。此外,东道国对自身行为环境性质的声明或宣誓,对环境措施的证明力极为有限。但投资者获得的东道国所采措施其他意图的声明,则对其并非环境措施具有极大的证明力。东道国行为与宣称环境目标不相契合,也成为投资者用于否定环境措施的重要证据。

(一)东道国证明环境措施的证据及其证明力

东道国此方面最主要的证据有国内环境法与环境条约。

1. 国内法

如若东道国用于证明所采措施为环境措施的证据是国内法,则东道国有两个方面的证明责任:其一,所采措施有明确的国内法依据,其在国内法上是正当、合法的环境措施,所采措施的方式、程序等完全符合国内法的要求。其二,对此类正当、合法的环境措施的定性应当得到国际投资仲裁机构的认可。

对于第一个方面的证明责任,如果东道国不能证明自身行为有合法依据,则仲裁机构不可能将其界定为环境措施。东道国采取措施过程中不透明、不一致、程序明显不公正等做法,则有可能被认定为伪装的环境措施。在 Metalclad 诉墨西哥案中,墨西哥 SLP 市政坚持其对 Metalclad 经营有毒废物掩埋场具有许可权,而这与墨西哥 1988 年生态法规定的联邦有权授予有毒废物掩埋场建设和经营的规定明显相悖,[①]SLP 市政拒绝许可掩埋场的行为因为没有合法依据而不属于环境措施。

对于第二个方面的证明责任,与其说是一个实践问题,不如说是一个理论问题。这里需要解决的前置问题是,投资条约的投资者何以要受制于东道国国内法?对此有必要作理论上的分析。原则上,投资者应当遵守包括环境法在内的东道国本国法,这是国际法上属地管辖主义的应有之义。有些投资条约明文规定投资者应当遵守东道国法律法规。如 1999 年哥斯达黎加—荷兰 BIT 第 10 条规定:位于另一缔约国境内的一缔约国的投资者应遵守投资所在国的包括劳工和环境在内的法律法规。[②] 2011 年中国—乌兹别克斯坦 BIT 第 2 条"促进和保护投资"条规定:缔约一方应鼓励缔约另一方国家的投资者在其本国领土内投资,并依照其法律和法规接受并保护这种投资。那么,如若东道国的法律法规与投资条约相冲突,投资者还须恪守东道国的法律法规吗?根据《维也纳条约法公约》第 27 条,条约当事国不得援引其国内法规定作为理由而不履行条约。依据国家责任法原理,一项违反国际法义务的行为应被认定为国际不法行为,即使这样的行为依其国内法

① See Metaclad v. Mexicon, ARB(AF)/97/1, Award, para. 82.

② See Costa Rica - Netherlands BIT(1999).

为合法,或国内法要求其须以此种方式为此种行为。[①] 换言之,此时强调国际条约义务高于国内法义务。依照国内法进行的环境影响评估、环境许可等措施,可能被视为投资条约项下损害投资者利益的违法行为,该种违法行为的定性无须考虑环境措施的合法性质。国内法与投资条约对所采措施性质的不同界定,源于一国政策空间的维度与投资条约调整范围的对接程度。究其实质,可归结至国内法与国际法关系的传统论争。对此理论问题,向来有二元论或多元论与一元论的冲突。二元论者认为,国际法与国内法的本质不同主要在于这两个法律体系调整主体的不同。国际法是主权国家之间的法律;国内法只适用于一国内,调整的是国内公民之间的关系和公民与行政机关之间的关系。在国内法和国际法发生冲突时,国内法院应适用国内法。持一元论的法学家很多,以赫希·劳特派特为代表,其主张国际法的优越地位,认为国内法仅是国际法的"寄生虫",此观点与国家主权理论相悖。凯尔森则认为国内法律秩序的基本规范由国际法规范决定。以德国学者莫斯特(J. J. Monster)为代表的一元论者,则主张国内法律秩序的优先地位。[②] 自然法的一元论则主张国际法与国内法都从属于自然法或一般法律原则这样的第三法律秩序。更加容易为人接受的是杰拉尔德·菲茨莫里斯和卢梭提出的"协调论",其主张国际法和国内法运作的领域不同,二者在各自领域都享有最高地位。国家在国内法层面未依国际法的方式运作,并非国内法的无效,国家应在国际层面承担责任。[③] 一元论和二元论的世纪争辩可谓未见分晓,国内法与国际法不论高下位阶如何,也不论各自在自有领域运行情况如何,二者对同一行为的认定极有可能不同甚至相悖。对此,国际裁决机构没有必须承认国内法对特定行为认定结果的义务,裁决机构有权依照本体制内规则形成相对自洽的决定。在 Tecmed 诉墨西哥案中,Tecmed 在墨西哥拉斯·维博拉斯 Las Víboras 经营的工业垃圾掩埋场在到期前申请续期

① See J. Crawford, *The International Law Commission's Articles on State Responsibility*, p. 84 (Cambridge University Press,2002).

② 参见[意]安东尼奥·卡塞斯:《国际法》,蔡从燕等译,法律出版社 2009 年版,第 284 页。

③ 参见[英]伊恩·布朗利:《国际公法原理》,曾令良、余敏友译,法律出版社 2007 年版,第 31 ~ 32 页。

遭到墨西哥当局的拒绝，Tecmed 主张墨西哥违反了西班牙—墨西哥 BIT 中的公平公正待遇，对投资的保护与安全义务，认为该行为构成征收。墨西哥辩称，墨西哥当局作出的拒绝垃圾掩埋场经营续期的决定既非武断也无歧视，这在高度规制和极其敏感的环境保护和公共健康框架下完全属于行使一国的治安权，因为该垃圾掩埋场的位置拉斯·维博拉斯 Las Víboras 接近人口聚居的埃莫西约（Hermosillo）社区，该社区居民激烈反对该垃圾掩埋场。[①] ICSID 仲裁庭指出，墨西哥依据其国内法作出的行动是合法的，并不意味着就符合 BIT 或者国际法，[②]并进一步指出，根据《维也纳条约法公约》第 31.1 条的解释规则，其并没有发现该 BIT 第 5.1 条征收条将行政规制行为排除在协定（BIT）之外。[③] 该案仲裁庭认为墨西哥的行为违反了公平公正待遇条款，并构成征收。在国际法与国内法发生冲突时何者优先，或者在国际裁决机构有否承认国内法对特定行为合法性认定的义务这个问题上，可以说国际社会还没有达成共识。[④] 在处理二者关系上宜奉行求同存异的理念，即在承认二者差异的前提下尽可能求同，防止国内法与国际法过度偏离。具体而言，在涉环境国际投资仲裁中，只要东道国证明其国内法对投资有特定环境要求，东道国在进行环境影响评估或环境许可的过程中严格遵照国内法，则仲裁机构就应当认可其环境措施的定性。如果仲裁机构过分拘泥于国际投资法自我编织的网络当中，拒不承认其他体系（国内法）对环境措施的定性，则无异于将国际投资仲裁与其他体系隔离开来或截然对立起来。事实上，国际投资法与国内法的天然内在联系是无法割裂的，传统投资条约框架性的特点，使国内法有可能去填补投资条约的规制漏洞。与此同时，在现代国际投资法更加重视东道国政府规制权的整体语境之下，国际投资仲裁固守对东道国行为投资措施的单一界定，显然也是不合时宜的。况且，国

---

① See Tecmed v. Mexicon, ARB (AF)/00/2, Award, para. 97.

② See Tecmed v. Mexicon, ARB (AF)/00/2, Award, para. 120.

③ See Tecmed v. Mexicon, ARB (AF)/00/2, Award, para. 121.

④ 笔者认同"协调论"，认为国内法和国际法是两个独立但有联系的体系，各自在一国范围和国际社会具有权威性。但国内法上合法的行为未必在国际上合法，国家或者其他主体因此可能要为国内法上的合法行为承担国际法上的责任。

际投资仲裁认可国内法对东道国行为环境措施的界定，并非意味着就要适用国内法。因为原则上，国际投资仲裁最主要的实体法渊源是投资条约，[①]国内法、其他国际法等仅处于一种辅助的地位。当然，东道国还需证明所采措施对实现环境目标的必要性，如若环境目标还不足以用限制投资者权利的方式来实现，或者所采措施追求的环境目标与对投资者造成的限制明显不成比例，则即使所采措施有合法的国内法依据，也不会被认为属于环境措施。这属于证明标准的范畴，下文会作进一步分析。

2. 国际法

在东道国以环境条约为依据证明所采措施为环境措施方面，东道国同样期望其行为在环境条约下环境措施的定性得到投资仲裁机构的认可。鉴于投资条约与环境条约均属于国际法范畴，且无严格的位阶之分，仲裁机构无须应对国内法下的合法行为在投资条约项下是否合法的问题。但是，投资者并非环境条约的缔约方，投资者母国有时也并非特定环境条约的缔约国，因而投资者或其母国并不必然有恪守环境条约的义务。这应当构成仲裁机构认可环境条约关于东道国行为环境措施定性的障碍。但在实践中，东道国声称其依据环境条约所为的行为，大多被仲裁机构界定为环境措施。Parkerings 诉立陶宛案中，立陶宛提出的保护《保护世界文化和自然遗产公约》下的文化遗产维尔纽斯古镇及大教堂的国际义务，被 ICSID 仲裁庭认定为立陶宛不批准 Parkerings 停车场计划的正当理由，该不批准停车场计划的行为因而属于环境措施。[②] Philip Morris 诉乌拉圭案中，ICSID 仲裁庭指出乌拉圭香烟包装的两项指令系乌拉圭履行《烟草控制框架公约》义务的举措，认为乌拉圭无须再行搜集证据来支持所采措施，[③]乌拉圭香烟包装的指令属于环境措施。对此认定，Philip Morris 曾指出其所在国瑞士并非《烟草控制框架公约》缔约方，ICSID 仲裁庭明确指出这对争议措施属于保护人类

① 参见乔慧娟：《私人与国家间投资争端仲裁的法律适用问题研究》，法律出版社 2014 年版，第 116 页。

② See Parkerings v. Republic of Lithuania, ARB/05/8, Award, para. 392.

③ See Philip Morris v. Uruguay, ARB/10/7, Award, para. 396.

健康措施的定性没有影响。[①] Chemtura 诉加拿大案中,加拿大提出的遵守《奥胡斯议定书》和《关于持久性有机污染物斯德哥尔摩公约》项下限制与消灭使用林丹的国际义务,被 NAFTA 仲裁庭界定为对含林丹的杀虫剂进行移除和取消登记的正当理由,[②]该移除与取消登记的行为无疑属于环境措施。在将环境条约作为证据以证明所采措施为环境措施这个方面,环境条约较国内法有更强的证明力,环境条约无疑能为东道国的主张充分助力,仲裁机构也更容易对此类有环境条约支撑的事实在识别和类型化的过程中与环境条约保持一致。

然而,并非依据环境条约的行为就必然会被界定为环境措施,环境条约在此事实认定上的证明力也存在软肋。众所周知,绝大部分环境条约属于软法,软法性质的环境条约对缔约方没有施加硬性的义务,其敦促、宣誓性的措辞使得东道国所采措施没有特别坚实的对抗力。而 Parkerings 案、Chemtura 案以及 Philip Morris 案东道国据以依赖的环境条约恰好属于比较例外的硬法,这也是仲裁庭将东道国履行这些环境条约义务的行为认定为环境措施的重要原因。另外,有些环境条约的硬法义务准许缔约方通过双边协议的方式进行变通。SDMI 诉加拿大案中,SDMI 是一家处理废物的美国企业,为了能从加拿大获得进口的 PCB 废物,SDMI 游说美国当局开放边境准许 PCB 跨境运输,美国环境部对 SDMI 发布了一个实施决定(implementation discretion),准许其在 1995 年 11 月 15 日至 1997 年 12 月 31 日从加拿大进口 PCB 或 PCB 废物至美国处理。[③] 而加拿大环境部则于 1995 年发布了中间性命令和最终命令,禁止加拿大的 PCB 废物出口美国。[④] 关于加拿大发布该出口禁令的意图,究竟是保护本国 PCB 处理产业还是保护环境,争端双方各执一词。加拿大极力辩称禁止 PCB 废物出口是为了保护环境,并声称该项禁令是在履行其加入的《巴塞尔公约》项下的国际义务。《巴

---

① See Philip Morris v. Uruguay, ARB/10/7, Award, para. 401.

② See Chemtura v. Canada, Award, 2 August 2010, paras. 135, 136.

③ See SDMI v. Canada, Partial Award, 13 November 2000, para. 118.

④ See SDMI v. Canada, Partial Award, 13 November 2000, para. 127.

塞尔公约》是国际上关于有毒、危险废物转移的重要国际公约，加拿大签署并批准了该公约，美国签署但至今未批准该公约。其中，《巴塞尔公约》第4(5)条规定，禁止有毒废物从或向非成员方进出口，除非这样的活动受到双边、多边或区域性条约或安排的约束，而其关于有毒废物的管制要较本公约更为严格。[①] 加拿大与美国之间签署了《加拿大—美国间跨境危险废物协定》，该跨境协定第2条规定，准许美加之间有毒废物的跨境进出口（轮船运输）。[②] 关于PCB是否涵盖在美加跨境协议的有毒废物之中，在美国环境部发布了准许自加拿大进口PCB至美国的实施决定之后，加拿大向美国发送了一个外交照会，美国方面作出了肯定的回答。[③] 也就是说，加拿大并没有禁止向美国出口PCB的义务，《巴塞尔公约》准许缔约方就有毒废物的运输达成双边协议，在更严的管制条件下准许缔约方向非缔约方出口有毒废物。美加跨境协议即允许海上运输有毒废物，且该协议中的有毒废物包括PCB废物。据此，加拿大禁止PCB出口美国并不能从《巴塞尔公约》获得支持，该禁令的环境意图因而没有被NAFTA仲裁庭认可。

（二）投资者否定环境措施的证据及其证明力

在涉环境投资争端中，投资者比较常用的否定环境措施的证据有东道国的公开声明、宣示等。

SDMI诉加拿大案中，加拿大称为遵守《巴塞尔公约》下的环境义务而禁止PCB出口的主张没有被仲裁机构认可，所以加拿大的出口禁令不属于环境措施。在此基础上，投资者反复提到，加拿大具有保护和促进加拿大人拥有的从事PCB废物处理业务企业的市场份额这样的意图和目的。在这个问题上，NAFTA仲裁庭认定加拿大当局的保护主义意图在中间性命令和最终命令作出的每一个阶段都有反映。[④] 对NAFTA仲裁庭的此项认定有重要影

---

① See SDMI v. Canada, Partial Award, 13 November 2000, para. 106.

② See SDMI v. Canada, Partial Award, 13 November 2000, para. 206.

③ See SDMI v. Canada, Partial Award, 13 November 2000, para. 190.

④ See SDMI v. Canada, Partial Award, 13 November 2000, para. 162.

响的是一份会谈记录,该记录显示加拿大从事有毒废物设施处理的两个加拿大企业 Chem - Security 和 Cintec 公司代表,曾于 1995 年 7 月会见了加拿大环境部部长,该部长声称加拿大的政策是 PCB 废物应由加拿大人在加拿大处理。[①] 环境部部长在下议院也声明 PCB 废物应由加拿大人在加拿大处理。在该问题上部长在下议院的声明通常被认为具有官方政策宣示的意义。[②] 因此,NAFTA 仲裁庭在否定了加拿大声称的履行《巴塞尔公约》下环境义务的环境意图之后,采纳了投资者提交的关于该项禁令出于保护本国 PCB 废物处理产业的意见,从而认定加拿大禁止 PCB 出口并不是一项环境措施,而是保护主义措施。在 Gold Reserve 诉委内瑞拉案中,加拿大 Gold Reserve 公司在委内瑞拉获得在冲积土进行沙金开采许可以及在沙金开采基础上从坚硬岩石中采金、银、钼的 Unicornio 许可,但 Gold Reserve 申请这两项许可续期遭到委内瑞拉的拒绝,随后其大型沙金开采项目的许可也被撤回。Gold Reserve 主张委内瑞拉的行为违反了加拿大—委内瑞拉 BIT 中的公平公正待遇,并构成征收。委内瑞拉辩称,对 Gold Reserve 的两项开采许可不予续期,是因为其没有在获得许可后规定的年限内开采,同时也没有采取措施保护环境。[③] 关于沙金开采项目许可撤回,委内瑞拉称该项目提出了严重的环境问题,因为它位于环境脆弱的伊玛塔卡(Imataca)森林保护区,其受制于一种特殊的不得恶化环境并保持土著人权利的管理计划。委方在完成一个更加全面的影响评估之后,只授予申诉方在有限的期限内修建道路和实施其他初步活动的权利。当委方认识到错误授予该项许可时,它拒绝授权该工程的启动并马上宣布许可无效。[④] 委方称根据委内瑞拉关于环境的有机法,撤回命令是有法律依据的,其建立在部长有权收回违反委内瑞拉环境法和宪法上关于保护环境规定的无效许可,以及提升可持续发展并保护土著居民权利的基础上。Gold Reserve 则主张,撤回命令本身并没有提到

---

① See SDMI v. Canada, Partial Award, 13 November 2000, paras. 168, 169.

② See SDMI v. Canada, Partial Award, 13 November 2000, para. 171.

③ See Gold Reserve v. Venezuela, ARB(AF)/09/1, Award, paras. 350, 355.

④ See Gold Reserve v. Venezuela, ARB(AF)/09/1, Award, para. 283.

关于环境的有机法或对环境法的违反，这些新的理由不能加入已经发布的撤回命令当中。[①] Gold Reserve 举出证据证明，委内瑞拉对开采许可不予续期以及对沙金开采项目许可后随即撤回，并非基于真正的环境保护意图，而是要将开采权掌握在委内瑞拉控制的企业手中。Gold Reserve 获得的一份委内瑞拉的官方文件指出，政府行动的目标是减少金和钻石开采资本为美国和加拿大跨国公司垄断，并称立即的行动包括终止授予该两国公司的环境许可。[②] Gold Reserve 还出示了一份证据——委方环境部副部长在公开场合称，政府在开采部门的控制上应当将国民的利益置于外国公司之上。[③] ICSID仲裁庭称，2007 年以来委内瑞拉最高层包括总统的公开声明表示，关于对 Gold Reserve 的采矿许可均要由最高层来决定，而不是分管的部委。国家的目标是依据新的国家开采政策恢复委内瑞拉矿产资源开采，2008 年委内瑞拉宣布政府从加拿大开采者 Gold Reserve 手里收回沙金开采许可是恢复该国开采资源国家政策的一部分。这些政策变化对逐步取消 Gold Reserve 采矿权有决定性作用。[④] 该案中，尽管委内瑞拉提出了一系列关于保护环境的抗辩，但投资者提交的委内瑞拉当局的政策性声明有力地证明了其所采措施的保护主义意图。ICSID 仲裁庭认定委内瑞拉对许可续期的不作为，以及授予许可后又撤回的行为，都可归结为该政策意图，进而认定委内瑞拉违反了公平公正待遇。

另外，投资者提交的关于东道国自身行为前后不一致的证据，也有力地反驳了东道国声称的环境保护意图。在 SDMI 诉加拿大案中，投资者提出加拿大对于是否准许 PCB 出口美国经历了一个反复的过程，加拿大在 1995 年 11 月 20 日至 1997 年 2 月禁止 PCB 出口（约 15 个月），在 1997 年 2 月至 7 月又准许 PCB 出口。[⑤] 如若加拿大基于环境意图而发出禁令，为何在没有任何事件发生之后又开放边境，这样前后异化的行为很难解释最初的出口

---

① See Gold Reserve v. Venezuela, ARB(AF)/09/1, Award, para. 318.

② See Gold Reserve v. Venezuela, ARB(AF)/09/1, Award, para. 320.

③ See Gold Reserve v. Venezuela, ARB(AF)/09/1, Award, paras. 599, 600.

④ See Gold Reserve v. Venezuela, ARB(AF)/09/1, Award, paras. 581, 582.

⑤ See SDMI v. Canada, Second Partial Award, 21 October 2002, paras. 88 – 93.

禁令是基于环境意图。在 Gold Reserve 诉委内瑞拉案中，委内瑞拉对沙金开采项目进行许可之后又在没有任何情况发生时予以撤回，也很难以环境意图作为解释该撤回行为的理由。

在投资对环境是否造成损害方面，东道国与投资者都倾向于提交具有一定科学基础的专家报告。Methanex 案美国和 Methanex 都有专家出具的报告。但就目前的涉环境投资争端而言，东道国负主要的举证责任。专家报告较一般的证人证言具有更加广泛的科学基础，可信度更高。然而，当事方单方出具的专家报告，其中立性容易受到对方的质疑。Methanex 诉美国案中，就汽油添加剂 MTBE 及其原料甲醇是否对环境和人类健康存在巨大危害这一问题，Methanex 即对美国方面的专家报告提出了诸多质疑。鉴于该专家报告形成过程透明，内容反映了客观科学规律，NAFTA 仲裁庭最终采纳了美国方面提交的专家报告。因此，当事方单方出具的专家报告应具备科学性、客观性和中立性。同时，专家报告的形成应充分体现公众参与并注重程序正义。

可见，在所采措施是否为环境措施这个事实问题上，东道国负有证明所采措施有环境意图或目的的举证责任，并以国内环境法、环境条约以及专家报告作为证据。投资者则倾向于提交东道国采取措施前后的政策声明，以及东道国前后不一致的行为等证据，证明东道国采取措施并非出于真正的环境目的，而是有诸如保护本国产业等其他意图。表 2 - 1、表 2 - 2 为涉环境投资争端双方就环境措施这一待证事项提供的证据，以及 ICSID、NAFTA 仲裁庭认定的情况。

表 2－1　环境措施正反证据及 ICSID 仲裁庭的认定

序号	案件名称	东道国提交的主要证据及主要观点	投资者提交的主要证据及主要观点	仲裁机构的认定（是否环境措施）
1	SPP 诉埃及 ARB/84/3	《保护世界文化和自然遗产公约》，埃及因保护该公约下的文化遗产而撤销 SPP 项目	埃及依《保护世界文化和自然遗产公约》将 SPP 项目所在地列为文化遗产的时间，发生在撤销 SPP 项目 9 个月后，因而否定《保护世界文化和自然遗产公约》及其保护文化遗产义务与本案的相关性	埃及保护 SPP 项目所在地的国际义务在撤销该项目之后才存在，撤销该项目的行为不属于环境措施
2	CDSE 诉哥斯达黎加 ARB/96/1	扩大 Santa Elena 国家公园面积以保护当地丰富的动植物物种和海龟产卵的场所，此种环境因素应当使该地商业价值降低	对环境措施的性质没有异议，但认为这不应影响征收的补偿数额	认可哥斯达黎加环境措施的性质，但不认可因此而降低征收补偿额
3	Metalclad 诉墨西哥 ARB（AF）/97/1	墨西哥环境法以及民众对该掩埋场的反对，主张市政不予许可是基于保护环境目的	墨西哥生态法规定联邦有权授予建设和经营有毒废物掩埋场的权力，市政不予许可并颁发停工命令并非基于真正的环境目的	墨西哥市政不予许可没有合法依据，不是环境措施；对市政为保护稀有仙人掌而颁布生态法令的环保动机不予考虑
4	Maffezini 诉西班牙 ARB/97/7	西班牙法、欧共体法和国际法，对投资者从事的高度有毒化学行业均要进行环境影响评估	认可环境影响评估的必要性，但西班牙公有主体对该环境影响评估的额外费用导致投资项目停止建设	认可该环境措施的合法性和必要性

续表

序号	案件名称	东道国提交的主要证据及主要观点	投资者提交的主要证据及主要观点	仲裁机构的认定（是否环境措施）
5	Tecmed 诉墨西哥 ABR/(AF) 00/2	垃圾掩埋场对环境与公共健康的威胁，垃圾掩埋场周围社区居民的反对	拒绝垃圾掩埋场许可续期是基于政治和社会压力，垃圾掩埋场的经营并未对公共健康、生态平衡或环境造成真正的威胁	墨西哥拒绝续期的真正原因是社区压力而非环境考虑，因而不属于环境措施
6	MTD 诉智利 ARB/01/7	智利国内法要求投资项目进行环境影响研究	对环境措施性质无异议	是环境措施
7	PCL 诉保加利亚 ARB/03/24	保加利亚环境法的修改并非针对 PCL，该修改是对世界银行所作建议的执行	认为环境法的修改使其为私有化以前的环境损害负责，因而受到了歧视性待遇，且未被告知保加利亚环境法即将修改及修改的内容，但未提供有力证据	是环境措施，保加利亚并没有作出不修改环境法的承诺，其有权修改本国环境法
8	Parkerings 诉立陶宛 ARB/05/8	Parkerings 所计划的多层停车场较多延伸至文化遗产维尔纽斯古镇和大教堂，维尔纽斯市政有合理的环境、文化理由而拒绝批准该计划	没有否认立陶宛拒绝 Parkerings 计划的环境、文化理由，但认为自身受到歧视性待遇	是环境措施
9	Marion Unglaube 与 Reinhard Unglaube 诉哥斯达黎加 ARB/08/1 ARB/09/20	哥斯达黎加建设国家海滨公园是为保护濒危革龟，该项义务已经载入宪法和《美洲保护海龟公约》中	主张哥斯达黎加措施对其财产的影响，对是否属于环境措施未进行抗辩	是环境措施

续表

序号	案件名称	东道国提交的主要证据及主要观点	投资者提交的主要证据及主要观点	仲裁机构的认定（是否环境措施）
10	Gold Reserve 诉委内瑞拉 ARB（AF）/09/1	委内瑞拉环境法、宪法关于保护环境、提升可持续发展与保护土著居民权利的规定	委内瑞拉官方发表的公开声明，称要减少开采资本为加拿大等跨国公司垄断。委内瑞拉确立了恢复矿产资源开采的国家政策	委内瑞拉不予续期和撤回许可的行为基于保护主义目的，不是环境措施
11	Al Tamimi 诉阿曼 ARB/11/33	阿曼法要求投资项目获得必要的环境许可	主张应由阿曼证明投资项目对环境造成损害	是环境措施
12	Philip morris 诉乌拉圭 ARB/10/7	乌拉圭对香烟颁布的SPR（同种包装要求）和80/80指令（包装盒80%面积应用于传递健康警示信息）是乌拉圭为遵守加入的世界卫生组织《烟草控制框架公约》下的义务	投资者母国瑞士不是《烟草控制框架公约》缔约方，乌拉圭不能依据该对瑞士不生效的公约来豁免其BIT下的义务	是环境措施

数据来源：根据联合国贸发会和ICSID官方网站资料整理

表2-2 环境措施正反证据及NAFTA仲裁庭的认定

序号	案件名称	东道国提交的主要证据及主要观点	投资者提交的主要证据及主要观点	仲裁机构的认定（是否环境措施）
1	SDMI 诉加拿大	加拿大缔结的《巴塞尔公约》对PCB等有毒废物进出口进行严格控制	加拿大环境部部长会见加拿大企业家的会谈记录，以及部长在下议院的声明，称PCB废物应当在加拿大由加拿大企业处理，因而认为禁止PCB出口是为了保护本国产业	《巴塞尔公约》、美加跨境协议有条件地准许加拿大向美国出口PCB废物，加拿大该出口禁令是保护本国产业措施，不属于环境措施

续表

序号	案件名称	东道国提交的主要证据及主要观点	投资者提交的主要证据及主要观点	仲裁机构的认定(是否环境措施)
2	Methanex诉美国	加利福尼亚州法案与执行命令;UC报告,证明以甲醇为原料的MTBE对人类健康和环境有巨大危害	通过专家报告否定UC报告的科学性,否认甲醇对地下水及环境的污染,指出加利福尼亚州法案等属于歧视性措施	认可UC报告的科学性,认为美国相关法案属于环境措施
3	Glamis诉美国	美国联邦和加利福尼亚州对位于联邦本土且有特殊文化关注的开采金矿项目进行规制的各项环境法案和规制措施	否认美国联邦和州采取措施的环境性质,并认为各项审批以及要求回填是要达到使该项目不可行的目的,但未提供充分证据	是环境措施
4	Chemtura诉加拿大	加拿大加入的《奥胡斯议定书》与《关于持久性有机污染物斯德哥尔摩公约》中限制和消灭林丹使用的义务,成为加拿大对林丹杀虫剂产品进行审查、移除与取消登记的理由	主张加拿大对林丹产品的特殊审查基于恶意,但未提供充分证据	是环境措施

数据来源:根据联合国贸发会和NAFTA官方网站资料整理

三、环境措施的证明标准

所谓证明标准,是指当事人为说服裁判者相信其主张,对其主张形成心证而必须达到的最低证明程度。[①] 以此推之,环境措施的证明标准,指的是东道国须证明到何种程度,才能使仲裁机构足够确信而将其所采措施界定为环境措施。

国际裁决机构在证明标准上还没有形成一致的做法或者达成共识。涉

---

① 参见王学棉:《证明标准研究——以民事诉讼为中心》,人民法院出版社2007年版,第41页。

环境国际投资仲裁对于环境措施的证明标准虽然没有非常明确的表述,但已然形成一定的可循的进路。首先,东道国应当证明所采措施有合法的国内法或环境条约依据。对于这个方面的证明标准,东道国主要须证明所采措施与合法依据之间的关联性。当合法性依据为国内法时,国内法对有权机构在环境方面的立法、执法、司法权应有明确授权,有权机构在采取措施的形式、内容上都应当完全符合国内法的要求。当合法性依据是环境条约时,东道国的立法、执法和司法行为应当完全符合该环境条约的要求。没有国内法或环境条约依据的措施,不是环境措施;没有严格按照国内法或环境条约而采取的措施,则会被界定为伪装的环境措施。这是对证明标准的合法性要求,也是第一层次的标准。

其次,东道国应证明所采措施为环境法或环境条约,并为保护环境所必要。对于这个方面的证明标准,东道国须证明所采措施与宣称的环境法或环境条约有比较紧密的联系,并且与保护环境目的之间具有一定的关联性。对于前者,如若所采措施与环境法或环境条约的关系松散,遵守环境法或环境条约并无必要采取此类措施,或者所采措施与保护本国产业等有更为必然和密切的联系,则所采措施不是真正的环境措施。对于后者,如若为了保护环境,东道国可以采取其他对投资没有或更小限制的措施,则所采措施也不属于环境措施,或者为伪装的环境措施。Tecmed 诉墨西哥案中,墨西哥官方并没有进行调查而得出垃圾掩埋场对公共健康、生态平衡或环境造成巨大的危险这样的结论。[①] Tecmed 经营掩埋场过程中对社区的侵犯要么可以补救,要么可以通过少量的罚金弥补。[②] ICSID 仲裁庭因而认为,社区对 Tecmed 运送废物的反对还没有严重到构成紧急形势、真正的社会危机或公共紧急事件的程度,以至于墨西哥有权机关要通过终止合同或否定许可的方式来应对。[③] 因此,无证据证明该垃圾掩埋场的经营对环境或公共健康构成真正或潜在威胁,无大规模的反对,从而限制了"社区压力"演变为一系列

---

① See Tecmed v. Mexicon, ARB (AF)/00/2, Award, para. 129.

② See Tecmed v. Mexicon, ARB (AF)/00/2, Award, para. 148.

③ See Tecmed v. Mexicon, ARB (AF)/00/2, Award, para. 137.

事件，并不构成一个真正的（与采取拒绝许可续期相对应的）成比例的危机或灾难。[①] 也就是说，ICSID 仲裁庭在此案运用了比例性分析，认为墨西哥采取拒绝续期许可的措施与垃圾掩埋场对环境造成的影响，以及社区反对的程度是不成比例的，墨西哥拒绝续期的措施是没有必要的，因而没有将该措施界定为环境措施。在 SPP 诉埃及案中，SPP 指出《保护世界文化和自然遗产公约》的任何条款都没有要求埃及撤销 SPP 项目，该公约项下保护文化遗产的义务直至 1979 年才生效，而此前 9 个月埃及就撤销了该项目。SPP 称即使埃及项下的公约义务生效，也并不必然要求其撤销项目，在不撤销项目的情况下 SPP 也可以采取与公约一致的措施保护这些文化古迹。[②] 在ICSID 仲裁庭看来，公约本身并不能使被告撤销项目的措施正当化，也不能排除申诉方获得补偿的权利。直至 1979 年，在埃及指定金字塔地区并为文化遗产委员会接受之后，源于公约的国际义务对埃及才有约束力。[③] SPP 的主张也注重分析遵守国际公约与撤销项目的关系，认为遵守国际公约的义务并不必然以撤销项目这样的方式才能实现。可见，在少数的涉环境投资仲裁中，ICSID 仲裁庭或投资者已经提到所采措施与保护环境之间的关联性要求，及其在环境措施认定中的地位。该必要性标准可被认为属于环境措施界定的第二层次的标准。

但是，环境措施的证明标准不宜过于苛刻，尤其是第二层次的必要性标准，东道国只需证明所采措施与保护环境目标存在成比例的、合理的关系即可，该种比例性要求不应当严苛到一般例外条款中的必需性标准。因为过高的证明标准至少有如下危害：其一，与投资者举证责任标准明显不对称。众所周知，现代国际投资条约对于“投资”的外延呈现泛化的态势。[④] 因而，相当措施可冠以“与投资有关的措施”而为投资条约所调整。投资者亦只需

---

① See Tecmed v. Mexicon, ARB (AF)/00/2, Award, para. 144.

② See SPP v. Egypt, ARB/84/3, Award, para. 153.

③ See SPP v. Egypt, ARB/84/3, Award, para. 154.

④ 投资条约中对投资的定义可分为：以资产为基础、以公司为基础的定义，以及参照“商业存在”的定义。See UNCTAD, *Scope and Definition: A Sequel*, *UNCTAD Series on Issues in International Investment Agreements II*, UNCTAD/DIAE/IA/2010/2, p. 21 – 23.

证明东道国的行为违反投资条约即可启动国际投资仲裁。对于东道国而言，其诸多行为均可能因投资措施的属性而为投资条约所调整，进而在投资仲裁中成为被挑战的对象。从这个角度来看，应当准许东道国对自身行为性质给予宽严相当的界定。换言之，对东道国主张环境措施的标准要放宽。其二，与此程序上的证明标准相对，如若东道国很难证明所采措施为环境措施，法律适用阶段投资仲裁机构必然不会将环境因素并入投资条款的解释当中，也不会适用投资条约中的环境条款，更不会考虑其他环境法或环境条约。而这些都无异于将国际投资仲裁或者国际投资法封闭在自我编织的网络当中，不但无法与其他体制或体系互通有无，而且容易故步自封，被贴上非包容、非开放的标签。事实上，国际投资法属于后进的体制，在实体法和程序法规则上都呈现非自足的特点，对外来规则有较为旺盛的供给需求。因此，只要其他体制或体系并非过分侵入国际投资法的领地，而是恰当地弥补国际投资法的漏洞，则国际投资仲裁不应持排斥立场。对东道国证明环境措施的合法性兼较低程度的必要性标准，即适当的标准，为法律适用阶段将环境因素涵摄到投资条约中的投资条款和环境条款预备了条件。

第三节　国际投资仲裁事实认定中的环境问题之评价

国际投资仲裁事实认定中的环境问题，实为仲裁机构界定东道国所采措施是否为环境措施的问题。更直观地说，仲裁机构要为环境措施确定适当的审查标准。进一步分解则为，东道国所采措施是否存在环境意图或目的，多大程度的环境意图或目的才能被界定为环境措施。作为国际投资仲裁事实认定中环境问题的前置条件，仲裁庭认为有必要审查东道国所采措施背后的目的，而非单纯关注此类措施对投资者或投资的效果。

众所周知，以 NAFTA 为代表，其规定“措施”时不是明确指向“投资措施”，而是指向“与投资者或投资相关的措施”。早期 NAFTA 仲裁庭倾向于对“措施”作宽泛、单一的解释，使得美国、加拿大在 NAFTA 下频频被诉。到了 Methanex 案仲裁庭才首次深入分析东道国所采措施与投资者之间的关联性,进而要求被指控的措施对投资者或投资须存在重大的法律关联。① 而仲裁庭界定东道国所采措施与投资者或投资是否存在重大的法律关联,则转化为审查东道国所采措施的真正目的。为此,事实认定过程中之所以有可能去界定东道国所采措施是否属于环境措施,源于仲裁庭对争议措施与投资之间关联性趋于严格的审查模式。如若仲裁庭恪守广义解释或单纯的效果分析,则在其看来事实认定中的问题均为投资问题,不存在环境问题。

在国际投资仲裁规则以及一般法律原则关于证据的规则比较有限和抽象的前提下,ICSID 和 NAFTA 仲裁庭对于环境措施的认定,在举证责任、证据的证明力和证明标准的掌握上,总体比较客观公正。ICSID 和 NAFTA 仲裁庭发展了自成一体的环境措施的认定标准并有所突破。其中,东道国欲证明所采措施为环境措施的前提在于,这样的措施有合法的依据。不论这样的合法性依据是国内法还是环境条约,都要满足可适用性这一要求。此处的可适用性并非法律适用阶段的适用,而是指其有效性或可用性。国内法并未赋予东道国有关机关职权,或者环境条约并未对东道国课以国际义务,则东道国不能在这样的国内法或环境条约项下寻求合法性理由。SPP 诉埃及案中,埃及将撤销 SPP 项目时尚不存在的对 SPP 项目所在地应尽的国际义务,作为撤销该项目的理由,没有被 ICSID 仲裁庭认可,这样的措施不属于环境措施。Metalclad 诉墨西哥案中,圣路易斯波托西州市政以投资者没有取得环境许可为理由拒不许可其经营有毒废物掩埋场,属于明显的越权行为,根本不是合法的环境措施。SDMI 诉加拿大案,加拿大援引的《巴塞尔公约》并没有禁止加拿大向美国出口 PCB,《巴塞尔公约》并非环境措施认定上可适用的环境条约。东道国所采措施的合法性还可以从投资对环境可能或已经造成损害的事实而获得正当性。鉴于环境问题的科学属性,投资对环境造成损害的因果关系往往难以确证,Methanex 诉美国案东道国通过专家报告证明二者的因果关系。Al Tamimi 诉阿曼案的 ICSID 仲裁庭则更

① See Methanex v. United States of America, First Partial Award, Aug 7, 2002, para. 130.

进一步,要求投资者进行举证,这构成涉环境投资争端在环境措施这一待证事项举证责任上的突破。应当说,在东道国所采措施的合法依据的可适用性上,仲裁庭还是较容易识别的。比较难以跨越的是所采措施的关联性要求,一方面东道国须证明所采措施为国内法或环境条约所必要,另一方面须证明该措施为保护环境所必要。对于前者,仲裁机构需要将真正的环境措施与有其他意图的措施相区分。对于后者,在少许的案件中 ICSID 仲裁庭已经开始适用比例性原则的分析方法。应当说,将比例性原则中的必要性标准应用于环境措施的事实认定,有一定的合理性。但是该必要性标准的严格程度应当如何把握,还处于探讨的阶段,这里涉及比例性原则是否以及如何适用于事实认定这样一个更大的命题。

国际投资仲裁事实认定中的环境问题,投资者与东道国争辩的是东道国所采措施是不是环境措施。东道国期望环境措施的界定将对仲裁机构选择和解释投资规则产生有利于自身的影响。具体来说,东道国认为仲裁机构会适用不同的投资规则,对投资条款将作出不同的解释,或者在选择环境条款时作出对己方有利的解释。对投资者而言,其期许即便仲裁庭将东道国所采措施界定为环境措施,仲裁庭仍然应当适用投资条约中的投资规则,并且认为仲裁机构不应当作出不同的解释。无论如何,涉环境投资仲裁对属于环境措施的东道国行为应当主要适用投资条约的投资规则。重要的问题在于,环境措施的定性将对仲裁机构选择投资规则中的投资条款或环境条款产生怎样的影响。

第三章

国际投资仲裁法律适用中的环境问题：规则的选择

国际投资仲裁在事实认定阶段通过证据和证据规则而将争议措施界定为环境措施之后，仲裁机构即面临着如何适用法律的问题。国际投资仲裁机构适用什么样的实体法会实质性地影响投资仲裁的结果？对此，投资仲裁规则和投资条约都有不同程度的规定。

《华盛顿公约》第42条规定，仲裁庭应依照双方可能同意的法律规则对争端作出裁决。如无此种协议，仲裁庭应适用作为争端一方的缔约国的法律(包括其冲突规则)及可能适用的国际法规则。联合国贸易法委员会仲裁规则(1976年版)第33条规定，仲裁庭应适用当事各方指定的适用于争议实质的法律。当事各方未作此项指定时，仲裁庭应适用它认为适用的法律冲突规则所确定的法律。该仲裁规则2010年版、2013年版首先确立当事各方指定法律规则的优先适用效力。各方当事人未作此项指定的，仲裁庭应适用其认为适当的法律。国际投资条约以及投资条约范本对投资仲裁的法律适用也有详略不同的规定。中国—乌兹别克斯坦BIT第12.6条规定，仲裁庭应依据争议双方协议的法律规范处断争端。如无此种协议，仲裁庭应适用作为争端缔约方的法律(包括冲突规范)，以及可适用的国际法规范，尤其是本协定。NAFTA第1131条明确规定，仲裁庭应当适用NAFTA和“可适用的国际法规则”。美国2004年、2012年BIT范本规定，根据投资仲裁提起的依据是投资条约还是投资授权或投资协议，仲裁机构适用的法律有所区别。对于投资者提起的东道国违反投资条约可诉条款(范本第 3 条至第 10 条)的投资争端,投资仲裁机构可适用本投资条约以及可适用的国际法。当投资仲裁因投资授权或投资协议而提起,投资仲裁机构可适用投资授权、投资协议,被诉方包括冲突规范在内的国内法,以及可适用的国际法。因此可见,投资仲裁机构根据投资仲裁规则、投资条约,将在当事人指定的法律、缔约方国内法(包括冲突规范)、投资条约、可适用的国际法等中进行法律选择。但是,鉴于本书将研究范围限定于投资者依据投资条约或者基于与东道国的合意而提请 ICSID、NAFTA 仲裁庭仲裁的涉环境投资争端,绝大部分争端中投资者所属国与东道国之间有投资条约,因而,投资条约当然地成为此类争端最主要的法律渊源。

事实上,仲裁机构也多次强调投资条约在解决投资争端中的重要地位。在 ICSID 受理的亚洲农产品公司(Asian Agricultural Products Ltd.)诉斯里兰卡案(以下简称 AAPL 诉斯里兰卡案)中,ICSID 仲裁庭认定该案基于 BIT 而提起,且争议双方在各自诉请中同意援引斯里兰卡—英国 BIT,该 BIT 当然应当得到适用。[1] 同时,仲裁庭也表示,双边投资协定不是一个自我封闭的法律体系,它应该在一个更广泛的体系内被看待。在这个体系中,其他的法律渊源或被合并适用,或被补充适用,而不论是国际法还是国内法。这样的可适用的法律体系的延伸在斯里兰卡—英国 BIT 第 3.1 条、第 3.2 条和第 4 条中都有明确的规定。[2] 在 Tecmed 诉墨西哥案中,Tecmed 依据西班牙—墨西哥 BIT 对墨西哥提起仲裁,ICSID 仲裁庭依次对墨西哥的行为是否构成该 BIT 的征收以及是否违反该 BIT 的公平公正待遇条款进行审查。也就是说,BIT 成为仲裁机构主要的法律渊源。对此,涉环境的投资仲裁庭面临的最主要法律选择问题是适用投资条约的何种条款。鉴于这样的投资争端与环境相关,投资仲裁庭首先应当厘清投资条约中投资条款与环境条款的关系,进而界定包含环境因素的环境措施对其适用投资条款或环境条款的影响。

---

① See AAPL v. Sri Lanka, ARB/87/3, Final Award, para. 24.

② See AAPL v. Sri Lanka, ARB/87/3, Final Award, para. 21.

第一节　国际投资条约中投资条款与环境条款关系界说

国际投资条约中投资条款与环境条款的关系，隶属于国际规则关系这一大命题。但是，鉴于投资条款与环境条款归属于同一国际条约项下，其除了具备国际规则关系的共性，还具有自身特有的个性。应当说，投资条款与环境条款的关系丰富并发展了国际规则关系的理论。

一、国际规则关系的理论

众所周知，《国际法院规约》第38条规定了国际法院的主要渊源：条约、习惯国际法和一般法律原则。通常而言，鉴于国际社会并无统一的立法机构，该三种渊源之间并无严格的位阶。具体到国际条约之间亦是如此，明显的例外体现于《联合国宪章》《维也纳条约法公约》的特别规定。《联合国宪章》第103条规定：各会员国在宪章下的义务与它们依照任何其他国际协定所负的义务相冲突时，其在宪章下的义务应居优先。这样一来，宪章在国际法的协定规则的体系内就建立了一个重要的等级制度。宪章构成了一种可以称为"高一级法律"的东西。[①]《维也纳条约法公约》第53条、第64条确立了与"一般国际法强制规律"相抵触的国际条约无效的规则。对于一般的国际条约之间，则有第30条的"后法优于先法"，以及第31条的一国际条约作为"上下文"而对其他国际条约进行解释的关系。2006年国际法委员会工作组作出了一个名为《国际法不成体系问题：国际法多样化和扩展引起的困难》的报告，并对最常援引的具有强制法地位的规范进行了列明：禁止侵略性地使用武力；自卫权；禁止灭绝种族；禁止酷刑；危害人类罪等。[②] 强制法

---

① 参见[英]劳特派特修订：《奥本海国际法》（上卷·第2分册），石蒂、陈健译，商务印书馆1972年版，第322页。

② 参见国际法委员会：《国际法不成体系问题：国际法多样化和扩展引起的困难》，A/CN. 4/L. 682，2006，p. 118。

的规范分量甚至高于《联合国宪章》。[①] 早在2001年,《国家责任条约条款(草案)》即提到了整体性的国际义务,并将其与互惠性条约义务相对。根据菲茨莫里斯的观点,"互惠性"的多边条约是指那些"规定缔约国之间进行利益的相互交换,每一国的权利和义务涉及单独出于其他各国之具体待遇及单独指向其他各国的具体待遇"的条约,而"整体性"的多边条约是指那些"义务的力量是自我存在的,它对每一国都是绝对的和固有的"。[②] 换言之,互惠性条约的义务具有对人性,整体性条约的义务具有对世性。国际法委员会亦认为,对"整个国际社会"创设的义务属于普遍义务,所有国家在遇有违犯该类规范的情况时都有权援引国家责任。虽然在实践中公认具有普遍效力的规范无疑规定了重要义务,但这种重要性并没有转化为等级优先。[③] 作为一般性的结论,国际法委员会工作组认为,对某一情况有效和适用的两项或多项规则和原则之间的精确关系可界定为:解释的关系和冲突的关系。一规范构成对另一规范的适用、澄清、刷新或者修订,二者可同时适用,则为解释关系。两个都有效和适用的规则指向不一致的决定,因此必须在两者之间作一选择,则规范之间为冲突关系。[④] 鲍威林就国际规则的相互关系有更进一步的界分,其认为国际规则之间均以渐进或冲突的方式发生作用。如果两个规则可以同时适用,并且在任何情况下都不发生抵触,即属于渐进,反之则属于冲突。[⑤] 如果一个规则构成、导致或者可能导致对另一规则的违反,那么这两个规则就处于冲突关系当中,其可分为固有的冲突和适用法的冲突。后者又分为必然的冲突和潜在的冲突,所谓必然的冲突,指的是

① 参见国际法委员会:《国际法不成体系问题:国际法多样化和扩展引起的困难》,A/CN.4/L.682,2006,p.128。

② 参见杰拉尔德·菲茨莫里斯伯爵关于条约问题的第三次报告,U.N. doc. A/CN.4/115,YBILC 1958,Vol.2, Arts 18,19。

③ 参见国际法委员会:《国际法不成体系问题:国际法多样化和扩展引起的困难》,A/CN.4/L.682,2006,p.121。

④ 参见国际法委员会:《国际法不成体系问题:国际法多样化和扩展引起的困难》(结论),A/CN.4/L.682,2006,第6页。

⑤ 参见[比]约斯特·鲍威林:《国际公法规则之冲突——WTO法与其他国际法规则如何联系》,周忠海等译,法律出版社2005年版,第188页。

遵守一规则必然违反另一规则；所谓潜在的冲突，则指当行使某一权利时将构成对另一规则的违反。[①] 鲍威林的该著作主要着眼于国际规则之间的冲突关系并试图解决之，其中渐进关系处于附属的地位。

（一）渐进、冲突关系的条件与影响要素

鲍威林关于国际规则的渐进和冲突关系的理论有较强的说服力。对国际规则关系进行研究，其更重要的价值在于就同一事项进行调整的国际规则之间的关系如何界分。为此，本书确立这样的国际规则除了须具备相关国际规则对相同的成员有约束力、相关国际规则均已生效这两个条件，相关国际规则应当基于同一事项而进行调整。"同一事项"这一概念出自《维也纳条约法公约》第30条，但其本身以及缔约文件均没有关于"同一事项"界定的统一标准。理论上有狭义解释和广义解释之分，狭义解释的代表观点认为，国际法规则往往有特定的调整领域，如国际贸易法、国际人权法、国际环境法等，应根据规则的整体性质（如属于贸易法还是人权法等）而非个别条款来判断其是否属于"同一事项"。[②] 换言之，国际规则所属的不同领域决定其不会调整"同一事项"，这些规则各自为政、互不相干，可在各自领域内独立适用，不可能发生冲突。该种观点有抹杀不同领域国际规则对同一问题进行调整的事实并回避进行解决的嫌疑，可能导致国际法的进一步碎片化。相较而言，广义解释更加契合国际法的现实和未来需求。持此种标准的观点认为，若针对一组事实或行动能够援引两条或两套不同的规则，如果导致互不相容的结果，则"同一事项"的标准将得到满足。[③] 国际法委员会也赞同此种观点，认为检验两项条约是否处理"同一事项"，要看履行一项条约规定的义务是否会影响履行另一项条约规定的义务。这"影响"也许是直接

---

① 参见[比]约斯特·鲍威林：《国际公法规则之冲突——WTO法与其他国际法规则如何联系》，周忠海等译，法律出版社2005年版，第205～207页。

② See Anthony Aust, *Modern Treaty Law and Practice*, Cambridge University Press, 2000, p. 183.

③ See E. W. Vierdag, *The Time of the "Conclusion" of a Multilateral Treaty: Article 30 of the Vienna Convention on the Law of Treaties and Related Provisions*, BYBIL Vol. 59 (1988), p. 100.

妨碍了履行另一项义务,也许是以某种方式损害其目标和宗旨。[①] 对“同一事项”宜从广义上来界定,当同一行为或事实为两个或两个以上规则调整,即满足“同一事项”的要求,至于是否导致相冲突的结果在所不问。就国际条约而言,存在调整“同一事项”的同体制规则之间的关系(如国际贸易法体制条约之间)、跨体制规则之间的关系(如国际投资法与国际环境法条约之间)以及以 FTA 为代表的跨章节规则之间的关系(如投资章与环境章之间)。通常而言,处理“同一事项”的同体制规则的关系较跨体制规则之间的关系要简单一些,前者在解决冲突的任务时,更容易找到相互支持的解决办法。譬如,解决 GATT 与 GATS 之间的冲突,就比解决 GATT 与国际环境条约的冲突要容易得多。FTA 各章规则之间的关系,既可能同属一个体制,也可能跨体制,但无论如何都归在同一个协定项下,FTA 对国际规则的关系提供了全新的素材,也提出了不小的挑战。

那么接下来的问题在于,究竟国际规则的什么要素或特性会影响其在适用过程中与其他规则的关系,即会影响到规则的渐进或冲突关系?首先,国际规则的规范类型是否会影响规则之间的关系?就法律规范的功能而言,国际规则与一般的法律规范一样,主要以命令性规则、禁止性规则、免责性规则和授权性规则而存在。那么,命令性规则、禁止性规则必然与免责性规则、授权性规则相冲突吗?前两种规则相较于后两种规则必然具有优先的地位或效力吗?笔者认为不尽然。如若以上两个问题的答案均为肯定,则相当于承认在国际法中义务与权利相冲突,且义务优于权利,事实显然不是如此。在存在例外条款或非排除措施条款的国际条约中,这类免责性规则与命令性或禁止性规则之间并非为冲突关系,且后两种规则并无优越的地位。换言之,不同功能的国际规则之间既可能为渐进关系,也可能为冲突关系。其次,国际规则的性质是否会影响规则的关系?如上所述,依据规则调整的利益是否具有整体性或强制性,可以将国际规则分为互惠性、普遍性

① 参见国际法委员会:《国际法不成体系问题:国际法多样化和扩展引起的困难》,A/CN. 4/L. 682,2006,p. 82。

以及强制性三种。《维也纳条约法公约》、国际法委员会确立了强制性国际规则的优先效力,但强制性国际规则的具体范围,则属于习惯国际法的范畴。《联合国宪章》第103条确立了宪章义务相较于一般国际义务的优先地位,但通常认为强制性国际规则应优于《联合国宪章》义务。对于普遍性国际规则是否必然优先于一般国际规则,目前还没有确定的论说和做法,除非其已经转化为强制性国际规则并为习惯国际法所认可。由此可见,规则调整利益的性质或范围,只能部分影响规则之间的关系。影响调整"同一事项"国际规则的渐进或冲突关系,除了《维也纳条约法公约》《联合国宪章》以及关于强制法的习惯国际法规则,规则之间的关系取决于调整"同一事项"后的结果,如果是相容的、并存的,则为渐进关系;若为不相容、不一致的,则为冲突关系。比较特殊的是一般与例外条款之间的关系,其就"同一事项"的不同情形分别调整,而这些不同情形一并构成"同一事项"的所有样态。基于这些不同情形的相互补充性,即使其各自调整的结果不同甚至相反,一般与例外条款仍不失为渐进关系。支持一般与例外条款系渐进关系的另一论据在于,若推定其为冲突关系,则一事实或行为要么适用一般条款,要么适用例外条款,然而,例外条款往往是在一般条款适用之后再行适用。换言之,一般条款与例外条款得到了并行(但非同时)适用。

(二)渐进、冲突关系的解决

就互为渐进关系的国际规则而言,因其在适用过程中和适用结果上不会发生抵触,似乎不会对国际裁决机构法律适用造成困扰。然而,国际规则之间的渐进关系并非如理论上所区分得那么泾渭分明,国际裁决机构有时会挣扎在规则的渐进或冲突关系界限的边缘。国内外的理论研究成果,包括鲍威林的上述著作,对于渐进关系的法律适用均没有单列或予以充分重视。国际规则之间的渐进关系之所以复杂,原因之一在于国际条约中存在例外条款。这类例外条款具有免责的性质,但并非纯粹对缔约方进行授权,该种授权对缔约方施加的限制事实上构成对缔约方的义务要求。譬如普遍存在于加拿大 BIT 中的一般例外条款,"为保存可用竭的生命或非生命的自然资源所必需”的目标、关联性要求,以及序言中“不得以一种在投资或投资者之间构成任意的或无端的歧视的方式实施,或对国际贸易或国际投资构成变相限制……”[①]事实上对援引此种条款的东道国课以义务,并且使得其与一般条款的关系变得复杂和难以界分。欲解决互为渐进关系的国际规则之间的适用关系,条约解释是根本。《维也纳条约法公约》第 31 条“解释之通则”,确立了特定国际条约之间互为“上下文”的地位。而在存在一般例外条款或非排除措施条款的条约当中,则应当通过约文解释、主观解释、目的解释甚或有效解释等方法将一般条款与例外条款各自的适用范围廓清,并使之共处于同一国际条约当中。

就互为冲突关系的国际规则之间,国际裁决机构只能在两个或两个以上的国际条约中择其一而适用之,那么国际规则或条约的何种特质会导致其得以优先适用? 通常来说,条约具备以下法定特殊性之一的,都应当得到优先适用:其一,如某条约或其内容具有公认的强制性国际规则的性质,或者属于《联合国宪章》项下的义务,则无疑应当被优先适用;其二,属于《维也纳条约法公约》第 30 条的“后法”,则可依后法优于先法原则而获得优先适用;其三,依据特别法优先的法律原则而发展起来的特别法优于一般法,特别法得以优先。[②] 条约在具有约定或自认条款的情形之下,亦可解决条约之间的冲突,前者是以明确的冲突条款的形式存在,后者则以本条约优于或劣于其他条约的形式而存在。有学者提出,可以通过约文解释甚或探寻条约的缔约准备资料而将表面上冲突的条约解释为不冲突。[③] 在笔者看来,通过条约解释,裁决者固然可以界定条约的文义或探寻缔约者的缔约意图,从而为条约作出确当解释奠定基础。然而,如若条约解释的结果是条约之间并无冲突,则这类条约互为渐进而非冲突关系。所谓的冲突关系,应当是条约经由条约解释后产生不一致或者相悖这种法律后果的关系类型。因而,笔者并不认为条约解释是解决条约冲突的主要途径,其仅在厘定条约本旨,进

---

① 参见加拿大 2004 年 BIT 范本第 10.1 条。

② 参见廖诗评:《国际法中的特别法优先原则》,载《法学研究》2010 年第 2 期。

③ 参见廖诗评:《条约解释方法在解决条约冲突中的作用》,载《外交评论》2008 年第 5 期。

而界定规则之间是否为冲突关系中发挥基础作用。

二、国际投资条约中投资条款与环境条款的关系

国际投资条约中投资条款与环境条款的关系,从属于国际规则关系这一大的范畴,但具有自身个性,主要表现在:其一,投资条款与环境条款同属一个投资条约项下的规则或条款;其二,由于同属一个投资条约的有效组成部分,投资条款与环境条款互为渐进关系毫无疑义,但其也可能存在冲突关系。在冲突类型上,则排除存在固有的冲突的可能,只存在必然的冲突和潜在的冲突。在解决冲突的方法上,后法优于先法原则显然不足取,只能求诸特别法优于一般法原则以及冲突条款。

综观 BIT 中的投资条款与环境条款,其基本上为渐进关系。因 BIT 中实质性的环境条款主要以例外条款和除外条款这两种形式存在,而如上所述,这类例外或除外条款与一般的投资条款互为渐进关系。对于序言中声明环境保护目标等非实质性的环境条款而言,则主要起到解释投资条款,进而平衡投资者与东道国利益的作用。

既包含投资章又包含环境章的 FTA 中投资条款与环境条款的关系,应当说对国际规则关系的理论提出了进一步发展的需求。具体而言,FTA 投资章中的环境条款与投资条款的关系可以渐进关系来界定,因其与 BIT 中的此两类条款关系同质。关键的问题在于,FTA 环境章中的环境规则与投资章中投资条款的关系为何?以体制这一视角观之,既难以用同一体制下不同规则的关系,也无法以跨体制国际规则间的关系来界定之。因环境章中充满了缔约方对环境的规制权,缔约方在环境条约项下的义务等内容,这些无疑属于国际环境法这一体制范畴。如若就此认为二者分属不同体制,则又以二者同在一个 FTA 项下并为 FTA 统一调整为障碍。因此,用体制这一框架,目前还难以界定 FTA 投资章与环境章的复合关系。而更进一步的问题,投资章中投资条款与环境章中环境规则是互为渐进还是冲突关系?作为同一个 FTA 的组成部分,二者互为条约解释之“上下文”当无疑义。那么,环境章中主要对缔约方授以环境规制的权利或课以保护环境的义务,亦

有可能与其在投资章中的投资义务相冲突,且应属于必然的冲突或潜在的冲突类型。那么,投资者以东道国违反投资义务为由诉诸国际投资仲裁,东道国以环境章中的环境规则抗辩,则投资仲裁机构应当优先适用何者?对此应当分情况讨论。如 FTA 投资章中存在像美国 FTA 中代表性的冲突条款,①则环境章中的实质性环境规则显然可以得到优先适用。问题在于,如若 FTA 投资章中并无此类具有让渡性质的冲突条款,则环境章中的环境条款仍可以得到优先适用吗?换言之,此类环境条款是否可因特别法的地位而得以优先适用?一般认为,国内法中特别法优先适用的基本条件在于冲突的确实存在,②国际法学者一般认为,国内法的该项适用原则同样适用于国际法。在此个案中,关键是确立环境规则是否属于特别法。如若投资仲裁机构确立了东道国的争议行为系环境措施,则环境章中的环境规则相较于投资章中的投资规则,在调整环境这一事项上显然更为具体和特殊,环境章中的环境规则应当作为特别法而具有优先适用效力。

第二节　涉环境国际投资仲裁法律适用中规则选择的困境与出路

投资争端因投资者援引投资条款而启动,仲裁机构适用投资条款是毫无疑义的。然而,投资仲裁机构在事实认定中将东道国所采措施界定为环境措施之后,该种环境因素可能对仲裁机构规则选择产生一定的影响。如若 BIT 中并无环境条款,东道国将竭力说服仲裁机构对投资条款进行环境并入解释。如若 BIT 或 FTA 中有环境条款甚至实质性环境条款,或者 FTA 中有专门的环境章,则仲裁机构必须确定相应的规则选择标准。从投资条

---

① 如 CAFTA 第 10.2 条(投资章中的条款)规定:当本协定第 10 章(投资章)与其他章的规定不一致时,在不一致的范围内其他章的规定优先。

② 对此,有学者在有关论著中还提到"同一事项"要素,如德国学者卡尔·拉伦茨在其《法学方法论》中所论述的。但在笔者看来,规则之间冲突,本身表明规则调整的系同一事项,因而冲突要素已然包含其处理同一事项。参见[德]卡尔·拉伦茨:《法学方法论》,陈爱娥译,商务印书馆 2003 年版,第 272 页。

款与环境条款相互作用来看，若投资条款与环境条款相互冲突，则仲裁机构只能择其一而适用。若投资条款与环境条款互为渐进关系，则有两个方向的问题值得探讨：其一，仲裁机构选择投资条款对适用环境条款的影响。投资条款的适用应不构成环境条款适用的阻却因素，此时关键要厘清二者的适用边界。同时，就 BIT 中实质性环境条款而言，其主要以例外条款形式出现，因此有必要确立环境条款的适用条件。其二，仲裁机构选择环境条款将对适用投资条款的影响。在环境这个具体问题项下，则具体化为：环境因素在环境条款中的考量与在投资条款中的考量是否此消彼长，前者会否抵消或阻止后者对环境因素的考量？

投资条约中的投资条款与环境条款为渐进或者冲突关系，这相较于一般的国际规则关系而言并不具有太多的特殊性。然而，以投资条款与环境条款的关系应对具体的环境问题之时，投资仲裁机构已经或即将遭遇特殊的困境。无论如何，投资仲裁机构必须求得破解这项“魔阵”的秘籍。

一、最惠国待遇：投资条约中的环境条款付诸东流

在 Spence 投资公司等诉哥斯达黎加案中，申诉者提出，2012 年 5 月 ICSID仲裁庭对 Marion Unglaube 与 Reinhard Unglaube 诉哥斯达黎加案作出的裁决，两名德国人要求哥斯达黎加就建设国家海滨公园这同一行为而对其财产造成的损失进行补偿，该补偿款项很快就得以支付。申诉者认为，哥斯达黎加应当同样对其进行补偿，否则就违反了多米尼加—中美洲—美国 FTA 第 10.4 条的最惠国待遇条款。[①] 至此，申诉者提出了一个值得探讨的问题：东道国的同一个环境措施在一个 BIT 中被界定为征收，则在其他投资条约中是否也应当被界定为征收？这两个案件有诸多方面的相似之处：其

---

① 在本案中，申诉方在提起仲裁之后将国民待遇、最惠国待遇诉请予以撤回。See Spence International Investments LLC etc. v. Costa Rica, UNCT/13/2, Claimants' Memorial on The Merits, para. 299. 尽管如此，本书认为申诉方在起诉通知中提到的关于最惠国待遇适用的问题仍然很有研究价值。CAFTA 第 10.4 条规定，缔约一方就投资的设立、并购、扩大、管理、维持、运营、出售或投资的其他处置所赋予缔约另一方投资者及在其境内的投资的待遇不得低于在相似情形下给予在其领土范围内的其他投资者及其投资的待遇。

一,申诉者投资均位于哥斯达黎加格兰德(Playa Grande)海岸,申诉者的投资均因哥方宣布建设国家海滨公园而遭受影响,具体而言是没有通过环境许可而无法转让和发展。其二,两个案件均涉及哥方为保护当地动植物物种和海龟,所采措施影响到投资者的利益,体现了环境保护与投资保护之间的冲突。其三,申诉者均请求哥方就其违反公平公正待遇或最低标准待遇、构成征收的行为而进行补偿。应该说两个案件的基本案情类似,但申诉方作为诉请依据的投资条约内容存在差异,本案依据的是 CAFTA,后者依据德国—哥斯达黎加 BIT;本案 CAFTA 中包含一系列环境条款,尤其是环境征收除外条款,而德国—哥斯达黎加 BIT 中则不包含任何环境条款。以 CAFTA中的环境征收除外条款为例,其实质是赋予东道国明确的环境规制权,这相当于对投资者权利进行限制。那么,包含环境征收除外条款的 CAFTA 投资者享受到的投资待遇,较不包含这类条款的德国—哥斯达黎加 BIT 更劣。如依据 CAFTA 最惠国待遇条款,[①]CAFTA 投资者则有权享受与德国—哥斯达黎加 BIT 投资者相当的待遇。以此推之,投资条约中的实质性环境条款基本属于限制投资者权利的条款,如若投资者以包含这类环境条款的投资条约中的最惠国待遇条款为依据,要求享受不包含此类环境条款限制的其他投资条约待遇,则实质上阻却了环境条款的适用,环境条款是否就此形同虚设? 这显然并非环境条款设计者的初衷。以最惠国待遇条款的适用条件,以及最惠国待遇条款与环境条款的关系进行分析,这些环境条款的适用能否以及如何跨越最惠国待遇的鸿沟?

(一)最惠国待遇条款适用条件的限定与适用范围的例外

最惠国待遇条款是投资条约的核心条款。最惠国待遇条款在理论和实务中的主要争议在于其适用范围是否涵盖争端解决程序,对此理论和实务界中有肯定派与否定派之分,迄今没有统一的界定和做法。

---

① CAFTA 第 10.4 条最惠国待遇条中,投资者可享受的待遇不低于缔约方给予其他投资者的待遇,包含将来与已经给予的待遇,即该最惠国待遇条具有前瞻性和回溯性属时效力。

1. 适用条件的限定

无论如何，最惠国待遇条款的适用条件如何，本身是对最惠国待遇条款进行解释的过程。为此，《维也纳条约法公约》应当对解释最惠国待遇条款发挥主导作用，具体而言是其第31条和第32条。仲裁机构在对最惠国待遇进行解释时，应把握个性和共性两方面的问题。个性的问题有：最惠国待遇的具体适用范围，包括属事和属时适用范围，这应依赖于最惠国待遇本身的措辞。在属事适用范围上，譬如最惠国待遇条款明确将争端解决程序排除或涵盖。中国—乌兹别克斯坦BIT第4条第3款，即明确将争端解决程序排除在最惠国待遇的适用范围之外。在属时适用范围上，最惠国待遇有前瞻性或回溯性适用。CAFTA第10.4条规定，缔约一方就投资的设立、并购、扩大、管理、维持、运营、出售或投资的其他处置所赋予缔约另一方投资者及在其境内的投资的待遇不得低于在相似情形下给予在其领土范围内的其他投资者及其投资的待遇。该投资条约规定的最惠国待遇则兼具前瞻性和回溯性。最惠国待遇共性的问题有：相同原则检验。只有第三方条约含有相同或同类事项，两者同属一类时，才能引起请求优惠的权利。英国一位著名大法官诙谐地说，"不能引用贸易条约的最惠国条款作为引渡罪犯的理由或根据"[①]。所谓相同原则，首先应明确争议事项具有可比性，可比性原则源自传统国际法，但可以适用于国际投资法。[②] 相同原则与差别待遇密切相关，相同原则构成差别待遇的前置条件。只有具有可比性的事项，才能通过比较得出存在"更优待遇"或"更劣待遇"。因此，相同原则隐含的另一个要素是"更优惠性检验"，[③]在可比事项上不同条约的规则有所不同，如果导致的待遇分不出优劣，也不能适用最惠国待遇原则。譬如投资条约中规定不同的仲裁机构管辖投资争端，由ICSID管辖并不必然优于由国际商会管辖。

国际投资条约在规定最惠国待遇条款的适用条件时，大多规定了"相似

① 赵维田：《最惠国与多边贸易体制》，中国社会科学出版社1996年版，第38页。

② See Martins Paparinskis, *MFN Clauses and International Dispute Settlement: Moving Beyond Maffezini and Plama?* ICSID Review—Foreign Investment Law (2011), Vol. 26, Number 2, p. 50.

③ 参见朱明新：《最惠国待遇条款适用投资争端解决程序的表象与实质——基于条约解释的视角》，载《法商研究》2015年第3期。

情形”，如NAFTA、《欧洲能源宪章条约》（ECT）等。其他投资条约则使用其他用语，如中国—荷兰BIT第4条第1款规定：缔约任何一方对缔约另一方投资者根据本协定规定在其领土内的投资或收益所给予的待遇，在同样情况下，不应低于其给予任何第三国的投资或收益的待遇。通常认为，不论投资条约最惠国待遇的措辞是用“相似情形”，还是“相同情况”，其立法意旨是在强调最惠国待遇适用的相同原则。“相同或类似情形下”的表述表明了缔约方对“同类规则”的认同。①

当然，最惠国待遇适用条件的机理远非如此简单，本书仅通过其基本的适用原理来反观最惠国待遇对适用投资条约环境条款的可能影响。在笔者看来，投资者不能依据最惠国待遇而“选购”不包含环境条款的投资条约。首先，最惠国待遇要求争议事项具有可比性，表现在投资条约中的最惠国待遇即为表述上基本一致的“相似情形”，对于该“相似情形”究竟包含哪些内容，立法文本语焉不详，仲裁实践做法不一。本书认为应当以投资所处的宽泛规制背景来界定“相似情形”，且环境因素应当成为重要的规制“上下文”而影响争议措施是否处于“相似情形”，但这只是一种定性而非定量的分析。“相似情形”涵盖内容的多元化，以及各要素所占权重的不确定增加了最惠国待遇所指事项之间是否可比的不确定性。其次，最惠国待遇在投资条约中并非自动适用。与国际贸易法领域不同，投资条约分散于数以千计的BIT和FTA中，投资条约的内容是缔约方在不同实体和程序领域谈判的结果。如若准许最惠国待遇自动适用，那么所起的效果可能是取代双方的约定内容，而不是预想的增强合作关系。② 因而，国际投资条约中最惠国待遇的适用是有条件的。以此为前提，如果允许投资者援引最惠国待遇条款，则完全违背缔约者加入环境条款的初衷，也无法达致平衡投资者利益和东道国规制权的目的。众所周知，最初的环境条款在20世纪80年代才出现，新一代投资条约中呈现形式多样的实质性环境条款，如若最惠国待遇适用于新一

① 参见张宏乐：《国际投资协定中的最惠国条款研究》，经济科学出版社2016年版，第126页。

② 参见［德］鲁道夫·多尔查、［奥］克里斯托弗·朔伊尔编：《国际投资法原则》，祁欢、施进译，中国政法大学出版社2014年版，第218页。

代投资条约的环境条款，则缔约者试图加强东道国环境规制权的努力将付诸东流。

2. 适用范围的例外

BIT 中存在一般条款与例外条款之分，最惠国待遇条款属于典型的一般条款，征收除外①、一般例外条款②属于例外条款，这些条款也构成最惠国待遇条款的例外。这些条款将最惠国待遇条款的适用约束在特定的范围，最惠国待遇不能超越那些将某一方从条约义务中整体排除的条款，如美国—阿根廷 BIT 第 11 条的安全例外条款。BIT 中实质性环境条款主要以征收除外与一般例外条款两种形式存在，因而最惠国待遇也不能适用于这些具有例外性质的条款。换言之，这些例外条款界定了最惠国待遇的适用范围，并起到"冻结待遇"的作用，即对例外条款所规定的事项，缔约方之间的待遇只能是本条约中的待遇，不能再有更优惠的待遇，除非经过缔约方的重新约定。③ 投资者不能因在环境征收除外条款、环境一般例外条款项下获得更劣的待遇，而通过援引最惠国待遇条款适用其他不包含环境条款的投资条约。因这些例外条款系缔约方通过谨慎协商而作出的特别安排，意在将投资者享受的待遇进行固化，防止缔约方对这些例外事项的规制权因最惠国待遇的适用而变得不稳定，这是缔约方担忧自身基于主权的规制权被"侵蚀"而作的设防。

事实上，早在 AAPL（亚洲农产品公司）诉斯里兰卡案中，即涉及最惠国待遇是否适用于例外条款这个问题。亚洲农产品公司系中国香港的一家公司，与斯里兰卡的某些机构合资经营一个农场，该农场在斯里兰卡政府武装

---

① 典型的如加拿大 2014 年 BIT 范本附件 B. 10(c)项即为征收除外条款：除非特别情况，譬如当一项措施或一系列措施依其目标极其严厉，以至不能被合理认为系善意采取之时。缔约一方旨在保护正当的公共福利，如公共健康、安全及环境而制定及实施的非歧视规制行为，不构成间接征收。加拿大 2004 年 BIT 范本附件 B. 13(1)、(c)项也有类似规定。

② 如加拿大 2014 年 BIT 范本第 18 条规定，只要这样的措施并非以一种在投资或投资者之间任意或无端的方式实施，或者未对国际贸易或国际投资造成变相限制，该协定不得解释为阻止一缔约方采取或实施以下措施：(a)为保护人类、动植物生命或健康必需的；……(c)为保护可用竭的生命或非生命的自然资源所必需的。加拿大 2004 年 BIT 范本第 10 条也有类似的规定。

③ 参见张宏乐：《国际投资协定中的最惠国条款研究》，经济科学出版社 2016 年版，第 150 页。

力量组织的镇压中被征用而遭遇毁灭性破坏。1987 年该公司在 ICSID 提起仲裁,主张斯里兰卡政府违反了斯里兰卡—英国 BIT(扩展适用于中国香港)中的“完全保护和安全”义务,要求其补偿因武装冲突而给农场造成的损失。本案中,斯里兰卡政府抗辩称,农场损失是由于军事行动这一意外情况造成的,而两国 BIT 中包含一个战争和国内叛乱的例外。亚洲农产品公司则称,斯里兰卡—瑞士 BIT 不包含战争和国内叛乱例外条款,投资者在该 BIT 中享受的待遇更优。根据斯里兰卡—英国 BIT 的最惠国待遇条款,该种更优的待遇应当适用于英国投资者。[①] 斯里兰卡政府称,其他 BIT 中不包含如斯里兰卡—英国 BIT 中的战争和国内叛乱例外条款,表明投资者因政府叛乱等遭受的损失应当在诸如“公平公正待遇”或习惯国际法下得到救济。[②] 仲裁机构认为,其没有理由相信斯里兰卡—英国 BIT 采取了“严格责任”标准,条约中就特定事项没有特别法规定的情况下,一般国际法应当作为其一般法。据此,斯里兰卡—瑞士 BIT 中没有规定战争和国内叛乱例外本身,并不表明其存在更优惠的待遇,因而拒绝了申诉方的主张。[③] 仲裁机构没有就最惠国待遇适用范围特别阐明立场,但从其有限的措辞中可推知,战争和国内叛乱等例外属于特别法,在有此条款的 BIT 中可以得到适用,在并无该类例外条款的 BIT 中,则应当适用一般法。进一步推论,例外条款不得因投资者援引最惠国待遇而不予适用。本案可作为环境等例外条款所指事项在最惠国待遇适用范围之外的一个例证。

(二)最惠国待遇条款与环境条款的关系

BIT 中实质性环境条款主要以例外条款的形式出现。就此,最惠国待遇条款作为一般条款,与这些实质性的环境例外条款系一般与例外条款的关系。而根据国际规则的一般理论,这些条款因适用范围相互补充而互为渐

---

① See AAPL v. Republic of Sri Lanka, ARB/87/3, Final Award, para. 26(D).

② See AAPL v. Republic of Sri Lanka, ARB/87/3, Final Award, para. 33(D).

③ See AAPL v. Republic of Sri Lanka, ARB/87/3, Final Award, para. 54.

进关系。[①] 也就是说,最惠国待遇规定了投资者在一般情形下可享受最优待遇,在诸如征收这一事项上因环境保护目的而对投资者施加的限制则不在此最惠国待遇的适用范围之内。而从互为渐进关系规则的适用后果来看,一项规则不应导致另一规则不能适用。如果准许投资者援引最惠国待遇条款并适用于具有环境因素的征收事项,则实质上将导致征收除外条款无适用的余地。而这显然违背了同一国际条约各条款应同时被解释为有效的有效性原则。以此推论,最惠国待遇条款与环境一般例外条款也互为渐进关系。

对于FTA环境章中实质性赋予缔约方环境规制权的环境规则而言,则有可能与最惠国待遇给予投资者最大化的优惠发生冲突,如前所述,不论投资章中是否存在冲突条款,在环境这一事项上,环境章中的环境规则均应获得优先适用效力。

可见,不论最惠国待遇条款与环境条款是渐进或冲突关系,投资者均不能通过援引最惠国待遇而拒不适用环境条款尤其是实质性环境条款。在渐进关系中,因彼此适用范围不一而相互隔离;在冲突关系中,因环境条款为特别法而应得到优先适用。

最惠国待遇在某种程度上相当于投资条约中的冲突条款,目的在于确保投资者享受到最优的待遇,这意味着东道国须让渡更多的主权,承担更多的义务。从权利义务平衡,以及当下国际投资法体制加强政府规制权的改革取向来看,应当限制这类对东道国主权进行"侵蚀"的最惠国待遇的扩大适用。以最惠国待遇条款与实质性环境条款的关系视角,此种互为补充的渐进关系的分界线,应当尽可能地停留在传统的最惠国待遇适用范围之内,而非无休止地向代表政府规制权的环境条款推进。因而,投资者不得以适用不含环境条款的投资条约将获得更优待遇,而拒绝适用包含环境条款的

---

① 关于一般条款与例外条款之间的渐进关系性质,在鲍威林的著作中有深入的阐述,本书认同鲍威林的观点,认为一般条款与例外条款的后果不同本身,并不表明二者互为冲突关系。因而,以二者适用范围不同进而导致不同结果的解释更为合理。当然,此时的关键在于厘定一般条款与例外条款各自的适用边界。

投资条约。换言之,投资者不得通过援引最惠国待遇,而将东道国经由环境条款以实现环境规制的正当权利消弭得荡然无存。

二、投资仲裁机构适用环境条款态度的转变:被动滑向主动

原则上,鉴于国际投资仲裁程序不告不理,仲裁机构受理投资仲裁案件具有被动性;在适用法律上仲裁机构具有较大的主动性。然而,为聚焦争议以及司法经济考虑,仲裁机构通常仅围绕争端各方争议的条款展开。实质性环境条款,主要为缔约方规制环境预留空间,不论其以权利、义务或权利义务混合类型条款出现,均与缔约方保护投资者的义务相对。因而,从援引环境条款的主体及其援引的意图来看,其与投资条款援引主体及意图形成对抗关系,同时具有防御性。环境条款的援引方绝大部分情况下为东道国。从涉环境投资仲裁法律适用的情况看,仲裁机构对环境条款的适用总体上持保留态度。譬如,NAFTA 第 1114 条环境条仅在 Metalclad 诉墨西哥案中被仲裁庭提及,该案中墨西哥主张应当将 NAFTA 第 1114 条环境条[①]以及序言关于环境保护的措辞作为解释征收条、最低待遇标准条的上下文,[②]ICSID 仲裁庭主张墨西哥 SLP 市政在否定掩埋场许可的不适当性时提到了第 1114 条,认为即使将第 1114 条进行考虑,仲裁机构的结论(认为墨西哥违反公平公正待遇)也不受影响。第 1114 条允许缔约方保证其投资活动以一种对环境关切的方式进行,墨西哥联邦许可的发布清楚地表明,该项目满足了墨西哥所要求的与环境关切保持一致,并对环境关切敏感这些要求。[③] 但是在 Methanex 诉美国案、Glamis 诉美国案以及 Chemtura 诉加拿大案中,NAFTA 仲裁庭对 NAFTA 环境措施条第 1114 条均未提及。

---

① NAFTA 第 1114 条为环境措施条,第 1 款规定:本章的任何规定不应被解释为阻止一缔约方采取、维持或实施其认为合适并与本章相一致的任何措施以保证在其境内的投资以一种意识到保护环境重要性的方式实施。第 2 款规定缔约方通过放松环境措施以鼓励投资是不适当的。如一缔约方认为另一缔约方提供了此种鼓励,可请求磋商,双方应当协商避免此类降低环境标准的鼓励投资做法。

② See Metalclad v. Mexican, ARB(AF)/97/1, Mexico's Counter - memorial, para. 838.

③ See Metalclad v. Mexican, ARB(AF)/97/1, Award, para. 98.

ICSID 以及 NAFTA 仲裁庭对环境条款这种被动甚至拒绝适用的态度，在新近的涉环境国际投资仲裁中有很大的改观。Al Tamimi 诉阿曼案中，申诉方提到美国—阿曼 FTA 附件 10 - B 环境征收除外条款，①东道国阿曼在应诉时提到该条、第 10.10 条②以及环境章第 17 章的相关性。③ 仲裁机构在审查投资者的征收诉请时，指出第 10.6 条征收补偿条须经过附件 10 - B 4 (b)环境征收除外条的验证；④指出第 10.10 条构成对第 10.5 条最低待遇标准条的明确限制；⑤对于国民待遇诉请，仲裁机构认为投资者证明东道国违反国民待遇有较高的门槛，首先应确保缔约方在第 10.10 条和第 17 章项下能有效地实施其环境法律法规。⑥ 换言之，在本 ICSID 仲裁庭看来，缔约方环境规制的权利和义务被置于国民待遇等投资者权利之上。此外，仲裁庭还就环境章第 17 章及其第 17.2.1 条，与投资章的关系进行探讨，强调作为上下文的第 17 章在解释投资条款时的效力以及保护环境的优先地位。⑦ 该案仲裁庭完全是在环境条款的语境之下适用、解释投资条款，仲裁庭适用环境条款已然带有很强的进攻性。这是环境条款适用地位提升的标志，也更加契合法律适用中规则选取的逻辑。

三、国民待遇、最惠国待遇中"相似情形"与环境一般例外：环境因素的双重考量

一般而言，投资条约中包含环境条款，投资仲裁机构在对其他条款进行解释时，应当更加顾及环境因素的影响。那么，对于包含或不包含环境一般例外条款的投资条约，仲裁机构在对国民待遇、最惠国待遇中的"相似情形"进行认定时对环境因素的考虑应不应当有所差别？尽管目前还没有围绕环

① See Adel A Hamadi Al Tamimi v. Oman, ARB/11/33, Award, para. 172.

② See Adel A Hamadi Al Tamimi v. Oman, ARB/11/33, Award, para. 178. 美国—阿曼 FTA 第 10.10 条与 NAFTA 第 1114.1 条措辞相当。

③ See Adel A Hamadi Al Tamimi v. Oman, ARB/11/33, Award, para. 135.

④ See Adel A Hamadi Al Tamimi v. Oman, ARB/11/33, Award, para. 368.

⑤ See Adel A Hamadi Al Tamimi v. Oman, ARB/11/33, Award, para. 387.

⑥ See Adel A Hamadi Al Tamimi v. Oman, ARB/11/33, Award, para. 458.

⑦ See Adel A Hamadi Al Tamimi v. Oman, ARB/11/33, Award, paras. 388 - 389.

境一般例外条款的投资争端,但环境问题或环境因素在两类条款中是竞合、冲突还是其他关系,值得探讨。

有观点认为,包含一般例外条款的投资条约,表明该投资条约要保护的非投资目标应仅限于一般例外明确列明的子项,并进一步认为,对公共利益种类进行有限列明,这种方式将被证明缺乏灵活性。[①] 换言之,如若投资条约中不包含一般例外条款,则不特定的非投资目标均能得到考虑。这种看法有失偏颇,一般例外条款所列明的保护目标,应当属于缔约方特别关注的价值。不在一般例外条款的范围之内并不意味着仲裁机构就无须考虑。从涉环境投资仲裁法律适用角度,即使一般例外条款没有环境子项,投资仲裁机构同样有可能将环境因素融入投资规则中进行解释,只要事实认定中东道国所采措施被界定为环境措施。譬如,环境因素应当成为国民待遇、最惠国待遇"相似情形"中独立而重要的考量要素。也就是说,不论投资条约中有没有环境一般例外条款或其他环境条款,只要仲裁机构认可了东道国所采措施的合法性和必要性,仲裁机构都应当将此种环境因素解释到国民待遇、最惠国待遇的"相似情形"当中。投资条约中包含环境一般例外,更不应剥夺或减损环境因素在其他投资条款中被考虑的机会,否则投资条约中的环境一般例外条款将起到贬损而非正面强化环境保护的效应。那么,接下来的问题是,在环境一般例外条款中解释环境子项,与在国民待遇、最惠国待遇"相似情形"中解释环境因素,标准是否存在差异。如若标准完全一致,则环境一般例外条款将变得无效或者没有价值。因为在实践中,环境因素在国民待遇、最惠国待遇"相似情形"与一般例外条款双重考量的情形通常为,东道国证明环境因素导致相关投资不属于"相似情形",或者构成区别对待的正当理由未被仲裁机构认可,东道国转而求诸环境一般例外条款。如若环境因素在"相似情形"与一般例外条款中的考量标准完全一致,东道国对前项主张不成立,也就意味着不能成功援引一般例外条款。如此一来,在

---

① See Andrew Newcombe, *The Use of General Exceptions in IIAs: Increasing Legitimacy or Uncertainty*, in A. De Mestral and C. Le' vesque, eds., Improving International Investment Agreements (Routledge, 2012), p. 268 -283.

环境这个问题上,两类条款有重复之嫌,这显然有违条约的有效解释原则。

关于环境因素在国民待遇、最惠国待遇与一般例外条款中的地位和考量标准,早在 WTO 的美国汽油标准案中已有所涉及。美国汽油标准案上诉机构即指出,该案专家组错误地对 GATT 第 3.4 条和 GATT 第 20 条序言适用了相同的标准来判断是否构成歧视,这使得第 20 条序言变得毫无价值,也违背了《维也纳条约法公约》中的解释通则,即解释必须能保证条约所有条款具有意义和效力,解释者不能自由采取导致条约整个条款或段落多余或无用的理解。[①] 欧共体石棉案专家组和上诉机构更进一步进行讨论,且二者观点有明显不同。在该案中,欧共体指出,对产品物理特性的考查应涵盖该产品对人类健康的风险。专家组则认为,适用欧共体提出的风险标准是不适当的。专家组适用产品相似性的四要素标准,认为法国自加拿大进口的石棉产品与法国本国使用的石棉替代物属于相似产品,禁止自加拿大进口石棉而允许法国本国石棉替代物的使用有违国民待遇。专家组进一步指出,如若在相似性考查上融入对人类健康的风险要素,将大大减损 GATT 第 20 条(b)项的效力。[②] 专家组认为法国禁止石棉产品进口的做法违反国民待遇,但法国援引 GATT 第 20 条(b)项,以该项贸易禁令"为保护人类生命健康所必需"为理由最终获得专家组的支持。该案上诉机构推翻了专家组的此观点。上诉机构认为,在考察产品的相似性上,专家组应当对相关的所有证据进行评估,与一产品对健康的风险相关的证据显然应当与 GATT 第 3.4 条项下的相似性相关。上诉机构同时指出,与石棉产品相关的健康风险相关的证据无须作为一个单独的标准考量,因其可以在现存的物理特性与消费者喜好和习惯项下进行考量。[③] 将产品对健康的风险作为相似性的证据,是否会减损 GATT 第 20 条(b)项这个问题上,上诉机构也持有不同观点。上诉机构认为,GATT 第 3.4 条与 GATT 第 20 条(b)项是不同和相互独立的条款,应当被分别解释。上诉机构进一步指出,该两条中产品对健康

---

① See WT/DS2/AB/R, p. 23.

② See WT/DS135/R, paras. 8.132, 8.130.

③ See WT/DS135/AB/R, para. 113.

的风险服务于不同的目的,在第 3.4 条中用于评价声称属于相似产品的市场竞争关系,而在 GATT 第 20 条(b)项则在人类健康基础上用于评价一成员是否有充分的理由“采取并实施”与 WTO 不相一致的措施。[①] 综合考虑包括产品对人类健康风险等涵盖在相似产品的各项指标,上诉机构最终作出自加拿大进口的石棉产品与法国本国使用的石棉产品不属于相似产品的结论,因而没有必要对 GATT 第 20 条(b)项再行审查。

上述两个 WTO 案件上诉机构的观点有可取之处。其一,环境因素应当成为国民待遇中相似产品的考量因素,欧共体石棉案上诉机构进一步指出其可依附于产品的物理特性与消费者喜好、习惯项下。鉴于投资对东道国本土环境影响的可能性更大,且投资条约基本采用了更为宽泛的“相似情形”措辞,环境因素应当在“相似情形”考量中成为一个独立而非附属的因素。其二,环境因素在国民待遇、最惠国待遇与在一般例外条款中的地位不同,因而相应的考量标准存在差异。根据有效解释原则,作为同一国际条约的组成部分,上述两类条款均应当被解释为有效的条款。[②] 所谓有效解释,指的是对于一些个别规定的解释，应使其具有与词语通常意义和约文的其他部分相一致的最为完全的效果，并使约文每一部分都具有理由和意义。[③] 为此,如果环境因素在国民待遇、最惠国待遇中的解释标准与一般例外条款中的非歧视标准完全一致,则后者纯属多余。欧共体石棉案上诉机构认为环境因素因服务目标不一,因而应当被分别解释。在国际投资条约中,环境因素应当内嵌于国民待遇、最惠国待遇的“相似情形”当中,环境因素应当构成东道国对投资进行规制的“上下文”甚至重要“上下文”。若相关投资对环境的影响相当,东道国对其环境限制相当,则不构成歧视待遇;若因投资对环境的影响有明显差异,东道国因而采取不同环境限制措施,则因其不处于“相似情形”而可以作区别对待。在国民待遇、最惠国待遇条款中,环境因素

---

① See WT/DS135/AB/R, para. 115.

② 除非在该条约中有明确的冲突条款。

③ 参见唐青阳:《规则的解释与解释的规则——WTO 规则的法解释研究》,西南政法大学 2005 年博士学位论文。

是衡量相关投资是否处于“相似情形”的重要指标。并且通常而言,此处的歧视是较为严格的,只要投资仲裁机构认为有关投资受到的差别待遇与投资对环境造成的客观影响不成比例,即可认为东道国违反了国民待遇和最惠国待遇条款。与之相对,环境因素在一般例外条款中属于价值目标要素,其不以相关投资是否处于“相似情形”为必要条件。东道国欲成功援引该类环境子项,必须证明东道国的措施满足相应的关联性要求,如“为……所必需”“与……相关”“针对……”等。而在歧视的程度上,不能达到任意的或者无端的歧视程度。换言之,鉴于以上环境目标的重要性,东道国可以以其他的、更为轻微的歧视对待相关投资。概言之,包含环境因素的“相似情形”对东道国的歧视标准更为严格,轻微的或者不成比例的歧视均构成国民待遇、最惠国待遇当中的歧视;一般例外条款中序言的歧视标准需达到任意或无端的程度,轻微的甚或不成比例的歧视是可以容忍的。但是,一般例外条款若以“为……所必需”为关联性要求,东道国则须证明环境目标的极其重要性,且所采环境措施是对投资限制最小的措施,须对环境利益与投资利益进行充分的衡量。

因而,环境因素在国民待遇、最惠国待遇与一般例外条款中考量的侧重点不同,很难以何者更容易通过测试而一言以蔽之。如前所述,两类条款互为渐进关系,前者属于主动性条款,即投资者据以启动投资仲裁的主要依据;后者属于防御性条款,是东道国在对抗国民待遇、最惠国待遇条款受挫之后的最后一道防线。因此,在适用顺位上,环境因素先行在国民待遇、最惠国待遇条款中被考量,如若环境因素并不构成“相似情形”进行区别对待的正当理由,则东道国仍可以环境一般例外抗辩,理论上仍有成功的可能。随着投资条约中越来越多的环境一般例外条款的出现,围绕该类条款,更确切地说,围绕环境一般例外条款与国民待遇、最惠国待遇条款适用关系的争端必然会出现。WTO 专家组和上诉机构在此问题上的观点值得借鉴。

涉环境国际投资仲裁在将东道国主张的环境问题界定为环境措施之后,通常难以回避选择具体的投资规则的问题。仲裁机构对于投资条款的选择通常没有悬念,因为投资者均以东道国违反投资核心条款而提起仲裁。

然而，在同时存在环境条款的情形下，鉴于投资条款与环境条款之间的适用关系，仲裁机构适用投资条款不得不受到一定限制。Spence 投资公司等诉哥斯达黎加案即提出，在存在环境征收除外条款的投资条约中，最惠国待遇可否适用的问题。这实质上是对最惠国待遇适用范围的又一次检视，并涉及最惠国待遇条款与例外条款的关系这个更大的命题。而在适用环境条款的条件上，东道国的援引不应成为唯一的要件，仲裁机构应有适用环境条款的主动权。投资仲裁机构适用投资条约的环境条款，实质是对环境因素单独的、特殊的考量。而仲裁机构在对投资条约的投资条款解释时，东道国期许此种环境因素能成为投资条款中独立的、例外的要素，达到一般措施所不能达到的效果。在前一种情况下，环境因素依托于外置的环境条款（主要指例外条款）而被考量；在后一种情况下，环境因素依托于投资条款内嵌式的例外而被考量。作为例外的例外，环境条款包含的环境因素不应减损或弱化投资条款内含的环境因素，二者应得到双重的、不同的考量。

第四章

国际投资仲裁法律适用中的环境问题：投资条款的解释

涉环境国际投资仲裁的法律适用在历经规则的选择，并确定适用投资条款之后，该阶段的环境问题就转化为如何对投资条款进行解释的问题。投资者通常主张，即便东道国的行为被界定为环境措施，该种环境因素不应当改变仲裁机构解释投资条款的方式与结果；东道国则认为，该种环境因素应当深入投资条款的内核，仲裁机构应当对投资条款作出不同的例外解释，从而得到不同的结果。换言之，双方争议的焦点在于仲裁机构是否应当以及如何对投资条款进行环境并入解释。如若仲裁机构仅对投资条款作纯粹的与其他案件相同的解释，则投资条约本身的规定可能构成东道国采取环境保护措施的阻却因素。如若仲裁机构确立“环境友好型”立场，并对投资条款作一种涵盖环境因素的不一样的解释，则裁决结果将出现很大程度差异甚或完全的“反转”。

第一节　环境因素之于“相似情形”：概括主义的应有之义

综观已有的涉环境投资争端，当事方主要在东道国的环境措施是否违反国民待遇、最惠国待遇、公平公正待遇，以及东道国的行为是否构成征收上存在分歧。环境因素作为法律事实对这些投资条款的解释产生了一定作用甚至重大影响,环境因素在很多情况下构成投资条款的例外解释情形。以此来看,环境因素对投资条款的解释效果不可小觑。

国际投资条约中的国民待遇、最惠国待遇条款在具体表述上存在差异,但有共同的适用前提,即只有处于"相似情形"(in like circumstances)的投资或投资者,才能享受国民待遇或最惠国待遇。

一、"相似情形"的解释标准

对于"相似情形"作何解释,不同的投资仲裁机构有不同的界说。各投资仲裁机构认定标准上的分歧主要体现在:其一,是否应当照搬 GATT 相似产品标准。WTO 争端解决机构对 GATT 非歧视待遇中相似产品的认定,已然形成较为固定的竞争测试四标准,即产品的物理特性、最终用途、消费者喜好和习惯以及产品的关税分类。[①] 在具体操作上,SDMI 诉加拿大案仲裁庭采取与 GATT 相似产品相同的认定标准,认为美国处理 PCB 废物的投资者与加拿大处理 PCB 废物的投资者具有竞争关系,因而处于"相似情形"。与此形成鲜明对比的是,"Methanex 诉美国案"仲裁庭则明确宣称不适用 GATT 中的相似产品标准。该案仲裁庭称,NAFTA 作为一个条约应当依据《维也纳条约法公约》第 31 条和第 32 条进行解释,而第 1102 条[②]没有使用 GATT 中的相似产品,第 11 章均没有出现该措辞,[③]文本和缔约意图均表明,国际贸易条约中的条款不能简单移植到国际投资条约当中,第 1102 条应根据其自身措辞,而非按"相似的,直接竞争或替代产品"标准来解释。[④] 在对 GATT 相似产品的竞争测试标准进行否定之后,该仲裁庭转而采纳了相同经济或商业部门这一传统标准。仲裁庭在此"相似情形"上对本案的结论

---

① 欧共体石棉案有明确界定,WT/DS135/R,paras. 8. 117 - 8. 118。

② NAFTA 第 1102. 1 条和 1102. 2 条国民待遇条规定,在相似情形下,一缔约方对另一缔约方的投资者或投资在投资的设立、扩张、管理、经营、运行、售卖或其他处置方面给予不低于其自身投资者的待遇。

③ See Methanex v. United States of America, Final Award, 3 August 2005, Part IV, Chapter B, para. 29.

④ See Methanex v. United States of America, Final Award, 3 August 2005, Part IV, Chapter B, para. 37.

为，Methanex 生产的作为 MTBE 原料的甲醇产业与美国国内的甲醇产业处于“相似情形”，甲醇与乙醇产业并非处于“相似情形”。在欧共体石棉案中，基于竞争关系而确立的相似产品的四要素都比较客观，而且着眼比较的产品之间具有替代性。经济或商业部门也很容易识别，处于相同经济或商业部门的投资或投资者从市场的角度看也具有替代性。因此，Methanex 案仲裁庭尽管声明拒绝适用 GATT 相似产品的竞争关系标准，但就经济或商业部门的实质而言，与前者有诸多相通之处。

其二，对“相似情形”的狭义、广义和中间性解释。狭义解释以 Bayindir 诉 Pakistan 案为代表，ICSID 的裁决表明，两个从事相同业务甚至相同项目的投资者，基于实体构成、经验或专业水平等不同，仍不属于“相似情形”。[①] 广义解释以 Occidental 案为代表，该案仲裁庭将所有从事出口业务的投资者或投资均视为处于“相似情形”。[②] 介于二者之间的中间性解释通常将“相似情形”局限于属于相同经济或商业部门的投资或投资者，以 Methanex 案为代表。鲍威林在对 WTO 非歧视待遇中的相似产品与国际投资条约非歧视待遇中的“相似情形”进行对比分析时，对 Methanex 案仲裁庭就“相似情形”的认定进行批判，主张应当根据政府对投资者或投资进行规制的上下文来认定“相似情形”。经济或商业部门只是投资者或投资的外在特征，“相似情形”的审查标准应当关注政府规制背后的事实支持，即“规制上下文”测试是更优的标准。[③] 事实上，Parkerings 案和 SDMI 案中，仲裁庭在分析歧视待遇的“相似情形”时，也是以相同经济或商业部门作为前置条件。换言之，只有属于相同经济或商业部门的投资者或投资，才可能属于“相似情形”。如若两个投资者或投资不属于相同经济或商业部门，则不可能属于“相似情形”。

① See Bayindir Insaat Turizm Ticaret ve Sanayi A S v. Pakistan, ARB/03/29, Award, paras. 402, 403 – 411.

② See Occidental Exploration and Production Company v. Republic of Ecuador, LCIA Case No UN3467, 1 July 2004, Final Award, para. 173.

③ See Nicholas DiMascio & Joost Pauwelyn, *Non – discrimination in Trade and Investment Treaties: Worlds Apart or Two Sides of the Same Coin?* The American Journal of International Law, Vol. 102 (2008), p. 85.

诚然,两个案件的仲裁庭分别就投资对环境或古文物的影响作了分析,但这些分析都建立在上述相同经济或商业部门的前提之下。投资条约使用的"相似情形",在内涵和外延上较 WTO 涵盖协定中的相似产品更为宽泛,因而照搬 WTO 争端解决机构对相似产品的认定要素显然不妥。投资条约使用"相似情形"这一措辞,本意应当是将可能影响政府规制投资或投资者的政策背景作为考量因素,因此鲍威林在有关文献中提到的以"规制上下文"标准来界定"相似情形"的观点更为可取。

二、环境因素应内嵌于"相似情形"之中

将政府规制投资或投资者的政策背景作为"相似情形"的上下文,相当于将"相似情形"的考量要素主观化。主观化的标准相较于相同经济或商业部门的客观标准而言加大了仲裁机构认定的难度,但综合政府政策的具体背景,才能对相关投资是否具有可比性作出更加公正的判定。并且,该类看似主观的意图或目的,往往有客观的外在行为得以展现。就"相似情形"的具体要素而言,只有对政府决策有重要影响的因素,才有可能为"相似情形"所涵盖。

传统投资条款具有框架、原则的特征,"相似情形"也通常以简约而概括的形式存在,富于弹性。依据对"相似情形"作政府规制背景解读这一认知,在国际社会普遍关注环境保护,且投资对环境影响的必然性和客观性的整体背景之下,环境因素极有可能成为政府决策的重要考量因素。也就是说,环境因素可能成为投资条约中"相似情形"的重要"上下文"。具体理由为:与国际贸易对产品进行边境管制不同,国际投资活动完全在东道国国内进行,其对东道国环境的影响无可忽视。在国际贸易法领域,各国对进口产品的管制已经开始延伸至生产制作过程,典型的如美国海龟海虾案,美国禁止自未对海龟采取保护措施的国家进口海虾,从相似产品的标准衡量,相当于认为这类海虾与捕捞过程中对海龟采取了保护措施的海虾不属于相似产品,因而可以进行区别对待。而曾经引起国际社会热议的碳关税,其合理性基础在于,高碳排放产品与低碳排放产品,即使成品的物理特性、最终用途

等完全符合 WTO 争端解决机构对相似产品的认定标准,其因制作过程对环境的污染程度不同,仍然可以被区别对待。国际贸易领域尚且如此,国际投资领域更不能置投资活动对环境的影响于不顾。

在 Methanex 案中,美国提出了欧共体石棉案的四要素,指出一产品对健康的危害是检验相似性的一个相关因素,并引用了 MTBE 危害性的证据。但是 NAFTA 仲裁庭就该产品对健康和环境的影响是否构成"相似情形"认定的因素,并没有表明立场。① Parkerings 诉立陶宛案中,ICSID 仲裁庭指出,申诉者和 Pinus Proprius 本属于相同经济或商业部门,但申诉者所计划的多层停车场规模更大,更多延伸至联合国教科文组织所定义的古镇,特别是在大教堂所在的历史遗址附近,因而与 Pinus Proprius 计划的停车场不属于"相似情形"。② 在此,ICSID 仲裁庭将处于相同经济或商业部门作为"相似情形"的前置条件,在此基础上再将投资对历史遗址的影响作为其是否属于"相似情形"的考量因素。该仲裁庭同时表示,维尔纽斯市政拒绝申诉者方案而批准 Pinus Proprius 计划的停车场有各种正当理由,尤其是历史、考古以及环境保护方面的考虑。③ 据此,ICSID 仲裁庭从差别待遇的结果反推造成此种区别对待的环境保护理由的正当性。因而,Parkerings 诉立陶宛案仲裁庭在对"相似情形"的认定上,将相同经济或商业部门的投资或投资者作为属于"相似情形"的前提条件,仍然没能摆脱狭义主义之窠臼。该狭义主义存在不合理之处,譬如,在餐饮和钢铁行业均使用了对环境有严重污染的燃料,则完全可以其对环境的破坏作用为由而采取同样严格的限制措施。而对于不同的钢材生产企业而言,使用碳排放量明显不同的燃料会导致这些钢材生产企业不处于"相似情形",从而受到不同待遇。因此,Parkerings 诉

---

① See Methanex v. United States of America, Final Award, 3 August 2005, Part Ⅳ, Chapter B, para. 25.

② See Parkerings v. Republic of Lithuania, ARB/05/8, Award, para. 385. 事实上,在本案争议的挪威—立陶宛 BIT 第 4 条最惠国待遇条款的规定为,一缔约方在另一缔约方领土内为投资者所进行的投资,应被授予不低于任何第三方投资者所进行投资的待遇。也就是说,该最惠国待遇条款并没有限定最惠国待遇的前提为相似情形。但即便如此,仲裁机构在裁决时还是将其作为享受最惠国待遇的前提。

③ See Parkerings v. Republic of Lithuania, ARB/05/8, Award, para. 396.

立陶宛案尽管在“相似情形”考量中融入了环境因素,但环境因素只是在相同经济或商业部门的前提之下方才发挥作用。易言之,在决定是否处于“相似情形”的要素中环境因素只起到次要和辅助的作用。

基于国际投资对资本输入国的广泛影响,以及投资条约采用“相似情形”的宽泛措辞,环境因素应当在相关投资是否处于“相似情形”的考量中成为一个独立的、重要的因素,而非屈居于相同经济或商业部门的标准之下。当然,对于环境因素成为“相似情形”要素的应然性分析,并不表明环境因素在任何情况下都可以成为“相似情形”的应有之义。东道国宣称的伪装的环境措施,因其包含的环境因素并非政府决策的真正关注,而不能成为“相似情形”的考量要素。因此,环境因素为“相似情形”所涵盖应当具备以下条件:其一,环境因素是真实存在的。东道国单方宣称的环境因素应以有效的国内法或环境条约为合法依据,东道国政府应对环境有真正的关切。也就是说,东道国所采措施只有被仲裁机构界定为环境措施之后,环境因素才能成为东道国规制行为的重要“上下文”。其二,差别待遇的方式及对受到差别待遇投资者的影响,与该投资对环境的影响应呈比例关系。歧视不能是不合理或缺乏比例的,其必须是为了实现环境保护目标适当且非过度的。这是用歧视与环境目标的合比例性来反推环境因素在“相似情形”中的重要性。Parkerings 诉立陶宛案即提到差别待遇理由的客观性和比例性原则要求。该案仲裁庭指出,不能依据主观要求如非善意来认定歧视,国际法上的歧视必须是不合理或缺乏比例的,正当的差别待遇必须是为了实现其他合法目标而适当和非过度的。一个客观的理由才能证明差别待遇的正当性,因此有必要在每个案件中评价准确的情形和上下文。[①] 本案仲裁庭认为,立陶宛为履行保护维尔纽斯古镇和大教堂的国际义务作出不批准 Parkerings 停车场计划并终止协议的决定,维尔纽斯市批准了 Pinus Proprius 计划的停车场且未终止与其签署的协议,这样的差别待遇并非不合理,其与 Parkerings 投资将对文化遗产造成的影响是成比例的。

---

① See Parkerings v. Republic of Lithuania, ARB/05/8, Award, para. 368.

应当说,将环境因素内嵌于投资条约国民待遇、最惠国待遇的"相似情形"之中,是立法上概括主义的应有之义,或者是立法者有意保留的漏洞。如果这种概括主义如正义象征的"普罗透斯之脸"而让仲裁机构难以捉摸,则可寻求在立法上的列明主义。事实上,已经有投资条约将环境因素列入"相似情形"的考量范围,如《东南非共同市场投资协议》第17.2(b)条国民待遇条,指出"相似情形"应逐案、总体审查投资对当地或国家环境的影响,包括所有投资在环境的管辖范围内的累积影响。这应当是现代投资条约的发展方向。对于此类国民待遇条款,仲裁机构就无须对"相似情形"是否涵盖环境因素进行论证,直接适用法律即可。当然,在对目前大量的不包含此类显明规定的"相似情形"进行解释时,投资仲裁机构将真正的环境因素并入"相似情形"中进行解释既不会与条约的文义相悖,也契合国际投资法整体发展的上下文。

第二节　环境因素之于"治安权":间接征收的边界

区分治安权与间接征收,是现代国际投资法的一个重要命题。从性质上而言,治安权行使与间接征收均属于合法规制行为,①但二者作用的结果截然不同,前者无须补偿,后者如根据赫尔三原则②应当得到充分、及时、有效的补偿。为此,如何将特定行为区分为治安权行使或者间接征收,成为现代投资争端围绕间接征收争议最多的问题,也是摆在无数投资仲裁机构面前的一道难题。

---

① 在此将非法规制行为排除在间接征收的范围之外,即不具备合法目的,违反了法律规定或正当程序,具有歧视性的做法等,而并不仅仅是没有进行补偿的行为属于非法规制行为,有学者将其界定为"本身非法"的征收。参见彭岳:《国际投资中的间接征收及其认定》,载《复旦学报》(社会科学版)2009年第2期。

② OECD Working Papers on International Investment No. 2004/4, "Indirect Expropriation" and "The Right to Regulate" in International Investment Law, footnote 1, September 2004, p. 2.

一、治安权与间接征收的概念界定

治安权（police power）这一概念，较早由美国实务界和学界提出。该概念并未规定于美国联邦宪法，而是司法界与理论界根据第五宪法修正案、第十四宪法修正案而提出的，最早针对人民权利之“有害的行使”。国会及立法者为了维护公共安全、公共福祉、社会安宁、秩序及道德可以对人与事采取一切必要之限制及管理措施来限制人的财产权。联邦最高法院通过侯登诉哈迪案（Holden v. Hardy，169U. S. 336［1898］）等，支持了州治安权的存在及行使。[①] 治安权的范围后扩及环境保护、生态维护等方面，政府行使治安权而对传统财产权利予以拒绝或给人民造成损害的，可以不予赔偿。美国《对外关系法重述》（第三次）明确提到治安权，声称一国无须为征税、规制、对财产的没收或其他通常被接受为一国治安权范围之内的行为，并因此造成财产的丧失或经济不利后果而承担责任，只要其不是歧视性的，并设计为导致外国人放弃其财产给国家或以一种不合理（distress）的价格处置。[②] 1961 年的《国家对外国人造成损害的国际责任公约草案》第 10. 5 条，承认“为了维护公共秩序、健康或道德而由相应职权的政府机构实施的行为”等，不应被认为是不法行为。[③] 经合组织在 1967 年《保护外国财产公约草案》中将治安权界定为：为追求国家在政治、社会或者经济上的自由而实施的措施，不会构成可以要求支付补偿的征收。[④] 可见，治安权的权力内容包括征税、规制、对财产的没收等，合法性基础在于国家主权行使与公共秩序维护。治安权行使的后果将使得相对人的财产丧失或者被没收。因而，治安权自始即与征收有着千丝万缕的联系。

---

① 参见［美］保罗·布莱斯特等编著：《宪法决策的过程：案例与材料》（第 4 版·上册），张千帆、范亚峰、孙雯译，中国政法大学出版社 2002 年版，第 323 ~ 334 页。

② See *Restatement* (*Third*) *of Foreign Relations of the United States*, Section 712, Comment(g).

③ See Louis B. sohn & R. R. Baxter, *Responsibility of States for Injuries to the Economic Interests of Aliens*, the American Journal of International Law, Vol. 55(1961), p. 554.

④ OECD Draft Convention on the Protection of Foreign Property(12 October 1967), The International Lawyer, Vol. 2, No. 2 (January 1968).

继20世纪70年代大规模国有化或直接征收的浪潮之后,东道国因保护环境、维护公共健康、经济调整等采取的措施频频被投资者以间接征收为由提出控诉,间接征收因而成为投资条约的重要调整对象。然而,传统的投资条约或其他国际文件对于间接征收并无明确的界定。1992年世界银行《外国直接投资待遇指南》中提到征收,以及"其他产生类似效果的措施"。1992年NAFTA将间接征收解释为"相当于国有化或征收的行为"。1994年《欧洲能源宪章条约》将其表述为"效力等同于国有化或征收的措施"。1998年OECD《跨国投资协议(草案)》中称间接征收为"有类似效果的措施"。① 美国2004年BIT范本,则在其第6.1条对间接征收作了详细规定,将政府行为的经济影响、对投资预期的影响和政府行为的性质作为考察的关键因素,附件B则将以公共健康、安全及环境等公共福利为目标的非歧视规制措施排除在间接征收的范围之外。UNCTAD在2011年关于征收的研究报告中,认为投资仲裁实践认定间接征收主要考察的因素有:措施的影响;对投资者预期的干预;措施的性质、目标和特征,并且将其与政府为公共利益而进行规制的治安权相区别。②

与之相对,罗莎琳·希金斯(Rosalyn Higgins)法官在1982年的《海牙演讲》一书中对区分无补偿政府善意管制行为(治安权行使)和公共目标导向的征收的做法提出异议,认为区分二者不具有可行性,根据国际法规则,如果国家的一项管制行为实际造成征收,则该行为必须是"出于公共目的",并应支付应有的补偿。③ 也有学者认为,国际法尚未以一种全面而限定的方式辨识什么是公认的在一国治安权范围内的规制,进而无须补偿。换言之,在治安权与间接征收之间,目前还没有一个明确而容易辨别的边界。④ 由于二

① 参见[德]鲁道夫·多尔查、[奥]克里斯托弗·朔伊尔编:《国际投资法原则》,祁欢、施进译,中国政法大学出版社2014年版,第103页。

② See Expropriation, *Series on Issues in International Investment Agreements II*, UNCTAD/DIAE/IA/2011/7, p. 78 – 108.

③ 参见[德]参见鲁道夫·多尔查、[奥]克里斯托弗·朔伊尔:《国际投资法原则》,祁欢、施进译,中国政法大学出版社2014年版,第105页。

④ See L Yves Fortier, CC, QC and Stephen L Drymer, *Indirect Expropriation in the Law of International Investment: I Know It When I See It, or Caveat Investor*, 13 Asia Pac. L. Rev. 79(2005), p. 85.

者认定的极不确定性,有些学者甚至放弃在此问题上归纳出一般性判断标准的努力。[①] 尽管存在以上质疑和困难,不可否认的事实是,现代投资条约与投资仲裁基本认可了治安权与间接征收的并存,并试图厘定二者之间的界限。发达国家已经开始重构投资核心条款以增强规则的精确性,力图将非歧视的公共福利措施(规制措施)与需对投资者进行补偿的措施相隔离。[②] 环境措施即属于典型的公共福利措施,很多情形下东道国将包含环境因素的行为归结为治安权的行使,与投资者提出的间接征收诉请进行对抗。可以说,环境因素对于治安权与间接征收的界分发挥着越发实质的效应。

二、治安权原则尚未成为一项习惯国际法

治安权原则在国内法和财产保护方面的条约中都有实践,如上提到的美国《对外关系法重述》(第三次)、《国家对外国人造成损害的国际责任公约草案》、《保护外国财产公约草案》均对治安权有明确的规定。在《多边投资协定》(MAI)谈判过程中,OECD 部长发表声明,称 MAI 必须与政府实施国内政策的主权责任相一致,MAI 应当创设互利合作的国际规则,这样的国际规则不应阻止政府正常的非歧视规制权的实施,该种政府规制权的实施不能界定为征收。[③]

国际投资条约在治安权原则的缔约实践以两种形式显现:第一种是间接征收除外条款,第二种是一般例外条款。间接征收除外条款,以美国、加拿大 2004 年 BIT 范本发端,主要以对间接征收条款进行解释的附件形式存在,如美国 2004 年 BIT 范本附件 B 规定:除非特别情形,缔约一方旨在保护正当的公共福利,如公共健康、安全及环境而制定与实施的非歧视规制行为,不构成间接征收。2009 年比利时—卢森堡经济联盟与哥伦比亚 BIT 更

---

① See Max Gutbrod & Steffen Hindelang, *Externalization of Effective Legal Protection against Indirect Expropriation*, Journal of World Investment & Trade, Vol. 7, No. 1(2006), p. 63.

② See Caroline Henckels, *Protecting Regulatory Autonomy through Greater Precision in Investment Treaties: The TPP, CETA, and TTIP*, Journal of International Economic Law, 2016, 19, p. 32.

③ See Expropriation, *UNCTAD Series on Issues in International Investment Agreements* Ⅱ, UNCTAD/DIAE/IA/2011/7, p. 113.

加强调“善意”，第9.3(c)条规定：除非特别情形，譬如当一项或一系列措施依其目标是如此严厉，以至于不能被合理认为是善意采取并实施，缔约方非歧视的，并为公共健康、安全、环境保护等公共目标而设计并实施的措施，不构成间接征收。哥伦比亚—英国BIT第6.2(c)条则更加明确：缔约方基于公共目标或社会利益，包括公共健康、安全和环境保护等理由，非歧视、善意、非武断，并依据其目标并非不成比例而采取的措施，不构成间接征收。

第二类体现治安权原则的国际投资条约模仿GATT第20条一般例外条款，其允许与投资条约不一致措施的合法性，合法性基础在于一系列公共政策目标的实现，因而也可以纳入治安权行使的范畴。一般例外条款在投资条约中有一定的涵盖率，如2009年中国—东盟投资协议第16.1条，2008年秘鲁—新加坡FTA第18.1(2)条、2009年马来西亚—新西兰FTA第17.1(1)条、2009年日本—瑞士经济合作协定第95条等，加拿大的相当数量的BIT中都包含一般例外条款。至2011年，约10%的投资条约中出现了一般例外条款。[①] 据联合国贸发会的统计，1990年至2014年的880个BIT中，有90个包含公共健康和环境例外条款，69个包含公共秩序或文化例外条款。[②]

投资仲裁机构也公开宣称政府的该项治安权。在Chemtura诉加拿大案中，NAFTA仲裁庭在认定加拿大的林丹产品所采措施尚未构成对申诉方投资的实质性剥夺的基础之上，指出：加拿大相关政府机构在其权限范围内所采取的措施，是以非歧视的方式，并以人们日益认识到的林丹对人类健康和环境造成的危险为动机来实施。在此情形下所采取的措施是政府治安权的有效行使，因而不构成一项征收。[③] 有些投资仲裁机构明确宣称治安权原则已经成为一项习惯国际法。在Feldman诉墨西哥案中，ICSID仲裁庭提出，政府在宽泛的公共利益方面的行为是自由的，譬如采取环境保护措施、修改

---

① See Jose' E. Alvarez & Tegan Brink, *Revisiting the Necessity Defense: Continental Casualty v. Argentina*, in Karl P. Sauvant, ed., Yearbook on International Investment Law and Policy 2010 - 2011, Oxford University Press, 2011, 319, 357.

② See UNCTAD, *World Investment Report 2012 - 2015*, Chapter Ⅲ. 当然，有些投资条约同时包含公共健康、环境、公共秩序或文化一般例外条款。

③ See Chemtura v. Canada, Award, 2 August 2010, para. 266.

税收体制、授予或放弃政府补贴、减少或增加关税水平等，并称该类合理的政府规制不可能通过对受其负面影响的商业寻求补偿来实现。可以保险地说，习惯国际法已认可这一点。[①] 在 Methanex 诉美国案中，NAFTA 仲裁庭认定加利福尼亚州禁止 MTBE 销售和使用的措施是一项无须补偿的合法规制行为，并指出：作为一般国际法的当然内容，一项基于公共目标、非歧视并依据正当程序实施的措施，即使影响到了外国投资者或外国投资，亦不视为征收，除非政府对特定的外国投资者作出了特定承诺，该政府将克制此种规制行为。[②] 在 Saluka 诉捷克案中，仲裁机构同时提到政府的治安和规制权：一国没有实施征收，因而无须对外国投资者进行补偿而负责，当其采取的是一项通常被接受为属于政府治安权范围之内的一般规制措施时，这在今天已经构成习惯国际法的一部分。[③] 在 Philip Morris 诉乌拉圭案中，ICSID 仲裁庭提到了 Chemtura 诉加拿大案仲裁庭关于治安权的论述。[④] 同时提到美国 2004 年、2012 年 BIT 范本，加拿大 2004 年、2014 年 BIT 范本关于征收除外的规定，以及欧盟—加拿大全面经济贸易协定、欧盟—新加坡 FTA 中的相应规定。[⑤] 在仲裁机构看来，这些规定，不管有没有以命令性的方式引入，都反映了治安权在一般国际法中的地位，[⑥]进而认为乌拉圭所采措施是为保护公共健康而有效行使治安权，不应构成对投资者的征收。[⑦]

尽管有为数不少的投资条约体现了治安权原则，也有一些国际投资仲裁机构明确提及并确认治安权原则，宣称其已经发展成为一项习惯国际法。但是，就国际投资法这一领域而言，治安权原则尚未成为习惯国际法。众所周知，习惯国际法有国际通例和法律确信两个要素。国际通例通常以时间

---

① See Feldman v. Mexico, ARB(AF)/99/1, Award, para. 83.

② See Methanex v. United States of America, Final Award, 3 August 2005, Part Ⅳ, Chapter D, para. 7.

③ See Saluka v. Czech Republic, Partial Award, 17 March 2006, para. 262.

④ See Philip Morris v. Uruguay, ARB/10/7, Award, para. 299.

⑤ See Philip Morris v. Uruguay, ARB/10/7, Award, para. 300.

⑥ See Philip Morris v. Uruguay, ARB/10/7, Award, para. 301.

⑦ See Philip Morris v. Uruguay, ARB/10/7, Award, para. 307.

的持续性，做法的一致性、连贯性以及一般性等作为考量要素，[①]且大多以国内立法和国际条约为实践基础。法律确信是一个富有争议的问题，通常倚赖于国际裁决机构的立场来推定其存在。治安权原则在国际投资法中的这两个方面均没有达到习惯国际法应有的高度，具体理由为：其一，现有投资条约中，涵盖征收除外条款或者一般例外条款的总体数量不占绝对优势，更无明确宣称治安权的条款。其二，治安权原则体现了国家主权。在国际投资法中，关于治安权的争议实质为东道国的主权权力是否以及多大程度上为投资仲裁机构所认可。这是理论上国际法与国内法关系论争的具体体现。如第二章所述，目前该种争论尚未尘埃落定，这注定治安权原则不具备特别确定的内涵。其三，治安权与间接征收之间的界限并非泾渭分明，仲裁机构对二者界分并无一致的做法，拥有较大的自由裁量权。投资条约文本中征收的构成要件通常包括：对投资的剥夺或实质性剥夺的效果；基于公共目标；遵循正当程序、非歧视；补偿。投资仲裁机构裁决东道国行使治安权则以基于公共目标、非歧视、善意并公正行使为要素，对投资或其预期造成的影响居于次要地位。因而，与间接征收的构成要件相比，行使治安权欠缺补偿这一要素。这里的一个循环命题在于，政府是因行使治安权而无须补偿，还是因为没有补偿而构成治安权行使，从而不构成间接征收？在国际投资领域，不是因为发生间接征收导致补偿，而是因为需要补偿而将某种规制行为命名为间接征收。鉴于是否决定给予补偿的决定权往往在法院和仲裁庭，这种分析思路实际上赋予了裁判者以较大的自由裁量权。[②] 而对投资仲裁机构给予补偿的决定发挥主导作用的究竟是措施的效果、性质还是目标？当投资仲裁机构认定所采措施系行使治安权，进而作出无须补偿的决定时，又是何种因素在主导？从目前的投资条约和投资仲裁来看，这些问题都没有确定的答案。为此，投资仲裁机构操作的空间较大，其可以自身对治安权的不同理解而将特定行为界定为合法的政府规制行为或者间接征收。

① 参见[英]伊恩·布朗利：《国际公法原理》，曾令良、余敏友译，法律出版社 2007 年版，第5～6页。

② 参见彭岳：《国际投资中的间接征收及其认定》，载《复旦学报》(社会科学版)2009 年第2期。

关于投资条约中的一般例外条款,迄今尚未有以这类条款为争议焦点的仲裁案件。对投资条约一般例外条款的解释有参考价值的,一个是GATT第20条,另一个是美国—阿根廷BIT第11条安全例外条款。争端当事方大多在此两条的关联性要求上存在重大分歧,投资仲裁机构应当以何者作为参考标准,目前还处于理论研究的阶段,根本没有达到法律确信的程度。因此政府通过一般例外条款实现其治安权也未到达习惯国际法的高度。关于投资条约一般例外条款的性质,及其在解释过程中应采取何种标准,本书将在第五章中作进一步论述。

综上,鉴于治安权原则在国际投资条约中的非普遍性,其内涵的颇富争议性,尤其是与间接征收的难以界分等特性,治安权原则尚未成为国际投资法中公认的习惯国际法。

三、环境因素在治安权原则的权重:兼与间接征收相界分

政府治安权行使的合法性源于背后目标的正当性,环境保护即属于此类公共目标。那么,一项东道国宣称保护环境的措施,究竟有多大可能被认定属于治安权行使,又有多大概率被认为构成间接征收呢?表4-1、表4-2是以间接征收为争议焦点之一,且与治安权行使有关的涉环境案件的基本情况。

表4-1 ICSID仲裁庭裁决的涉治安权涉环境投资仲裁案件

序号	案件名称	裁决结果	争议的环境问题
1	CDSE诉哥斯达黎加/ARB/96/1	环境措施构成征收	哥斯达黎加保护动植物物种的目的能否降低征收补偿额
2	MTD诉智利/ARB/01/7	环境规制权不构成征收	智利政府要求投资项目通过环境影响评价是否属于正当环境规制权的行使,是否构成征收
3	PCL诉保加利亚/ABR/03/24	环境法的修改不构成征收	保加利亚环境法的修改是否构成征收

续表

序号	案件名称	裁决结果	争议的环境问题
4	Philip Morris 诉乌拉圭/ARB/10/7	环境措施不构成征收	乌拉圭对香烟包装的指令是否构成对投资者商标权的征收

数据来源：根据联合国贸发会和 ICSID 官方网站资料整理

表 4－2　NAFTA 仲裁庭裁决的涉治安权涉环境投资仲裁案件

序号	案件名称	裁决结果	争议的环境问题
1	Methanex 诉美国	环境措施不构成征收	基于公共目标，非歧视且程序正当的美国加利福尼亚州法令是否构成征收
2	Glamis 诉美国	环境措施不构成征收	美国政府要求审查金矿开采项目的环境影响研究以及要求回填是否构成征收
3	Chemtura 诉加拿大	环境措施不构成征收	加拿大对林丹杀虫剂产品的审查措施是治安权行使还是征收

数据来源：根据联合国贸发会和 NAFTA 官方网站资料整理

综观这些涉环境的投资仲裁，有 7 个案件同时涉及间接征收、环境保护和治安权（或政府规制权）。① 除 CDSE 诉哥斯达黎加案外，其余 6 个案件仲裁机构对东道国环境保护方面的治安权予以充分肯定，这与治安权原则在投资条约以及投资仲裁中不确定的地位形成鲜明对比。该 6 个案件的投资仲裁机构对于以政府规制权为内核的治安权原则的优越地位有明确立场，

① 事实上，同时涉及间接征收和环境保护的案件不只表 4－1 和表 4－2 列明的案件。ICSID 裁决的案件中，SPP 诉埃及案、Parkerings 诉立陶宛案、Marion Unglaube and Reinhard Unglaube 诉哥斯达黎加案，当事方争议的主要是东道国依加入的国际条约而采取的环境措施是否构成征收，且仲裁机构未提到治安权行使，故表 4－1 不予列明。此外，鉴于将争议措施认定为环境措施，是环境因素作用于投资条款解释的前置条件。因而，对于在事实认定阶段认定所采措施不属于环境措施的以下案件：Metalclad 诉墨西哥案、Tecmed 诉墨西哥案、Gold Reserve Inc 诉委内瑞拉案，表 4－1 也不予列明。NAFTA 仲裁庭裁决的 SDMI 诉加拿大案，在事实认定阶段认定所采措施不属于环境措施，表 4－2 不予列明。此外，Al Tamimi 诉阿曼案尽管也涉及治安权，但其围绕美国—阿曼 FTA 第 10.10 条、附件 10－B 4(b) 等环境条款以及环境章第 17 章展开，与本章所讨论的适用投资条约中的投资条款不同，因而不列明。

较其他涉环境的投资仲裁有实质性突破。譬如 Tecmed 案中,ICSID 明确声称,依国内法的行政规制行为并不排除在 BIT 调整之外。换言之,国内法上合法的治安权行使应当在投资条约这一国际法下进行考量,国内法中的合法行为在国际法下未必合法,国家仍应为此承担责任。

环境因素对于间接征收与治安权的界分,发挥着不可忽视且越来越重要的作用。以实证案例的结果分析,越来越多的投资仲裁机构认定以环境保护为价值目标的治安权,应优于投资条约间接征收条款中投资者保有的权利。究其实质,可归结为投资仲裁机构在间接征收认定上更加倾向于目的主义。联合国贸发会总结投资仲裁实践中间接征收的考量因素有:措施的影响(或效果),对投资者预期的干预,以及特定措施的性质、目的和特征。措施的影响(或效果)与对投资者预期的干预属于效果范畴;措施的性质指其是否属于善意的规制行为,措施的目的指其是否基于真正合法的公共政策目标,措施的特征则包含非歧视、正当程序和比例性。[①] 措施的性质由其目的和特征决定,措施的特征则为其目的服务。概言之,性质、特征、目的三者的核心为目的要素。事实上,效果和目的在任何措施中都会存在,效果标准具有确定性和容易识别性,属于客观主义范畴。目的标准趋于不确定,属于主观主义范畴。投资者依客观主义的效果标准,会坚持将特定措施定性为间接征收而要求补偿;东道国依主观主义的目的标准,则会主张措施系行使合法的治安权而无须补偿。为此,在认定间接征收方面,依据对效果和目的的不同理解,西方学者提出了纯粹效果标准、目的标准以及效果与目的兼顾标准三种判断标准。[②] 研究间接征收的权威专家多尔查,曾经是坚定的效果主义的支持者,其认为东道国关于其意图的事后解释不具有任何决定性作用。但基于投资仲裁案件的影响,多尔查转而认为特定情况下政府的意

① See Expropriation, *UNCTAD Series on Issues in International Investment Agreements* Ⅱ, UNCTAD/DIAE/IA/2011/7, p. 78 – 108.

② 参见蔡从燕:《效果标准与目的标准之争:间接征收认定的新发展》,载《西南政法大学学报》2006 年第 6 期。

图较政府的效果更为重要。[①] 换言之,目的标准有逆转效果标准而主导特定措施性质的趋向。在判断特定措施是基于规制目的而非征收目的方面,以下两点对仲裁机构的司法认知将产生一定影响:其一,措施系普遍适用而非单独适用于特定投资者,措施专向性的缺失将构成非歧视的有效证据,但也不排除政府以规则甚至法律的形式变相对特定投资者进行征收的可能。由此,依据国内法的行为或者与国内法一致的做法,并不必然构成间接征收的豁免理由。其二,政府不得滥用其权力,权力滥用往往会导致投资者的不公正待遇。[②]

东道国要想让投资仲裁机构的天平偏向环境保护的规制目的,则须证明所采措施有真正的环境目标,且为实现该环境目标有必要采取此类措施。这样的证明责任与东道国证明所采措施系环境措施发生重叠。东道国必须排除所采措施不是环境措施或者仅仅为伪装的环境措施的嫌疑。东道国首先要证明所采措施的合法性,即其属于环境立法行为,或者严格实施国内环境立法的执法或司法行为。在环境执法和司法的合法性方面,程序的公正性、透明度以至于效率性都是重要的考量指标;若要证明国内环境立法的合理性,还可举出其他国家的类似做法,国际通行标准,以及加入的环境条约的具体条款。国际投资仲裁实践表明,事实认定中东道国所采措施被界定为环境措施之后,仲裁机构更加倾向于认定东道国的环境措施为治安权行使,表 4 - 1 正好说明了这一点。当然,在涉环境投资争端中,也有仲裁机构虽然认可了东道国环境措施的性质,但仍将这样的环境措施界定为征收。这样的裁决以 CDSE 诉哥斯达黎加案为代表,并为同样认可环境措施的 Marion Unglaube 与 Reinhard Unglaube 诉哥斯达黎加案仲裁机构所援引。对

---

① See Rudolf Dolzer, *Indiret Expropriations : New Development*? New York University Environmental Law Journal, Vol. 11(2002), p. 80.

② See Expropriation, *UNCTAD Series on Issues in International Investment Agreements* Ⅱ, UNCTAD/DIAE/IA/2011/7, p. 123 - 126.

于此种做法,可以从曾经盛行的征收纯粹效果标准得到合理解释。[①] 在所采措施的必要性方面,东道国实际上需要强调的是所采措施环境目的的重要性,仲裁机构需要在所采措施对投资者的效果与追求的环境目的之间进行权衡。值得一提的是,Tecmed 诉墨西哥案,ICSID 仲裁庭在认定墨西哥拒绝掩埋场许可续期的行为是否属于环境措施以及是否构成征收问题上,都采用了比例性分析方法。ICSID 指出,在决定是否构成征收时,要考虑所采措施对保护的公共利益与合法授予投资者的保护是否是成比例的,认为对外国投资者所施加的影响与追求的目标之间必须有合理的比例关系,并援引了欧洲人权法院的判决。[②] 但是在此之前,仲裁机构指出,在判断是否构成征收这个问题上,政府的意图不如其采取措施的效果重要,夺取财产的形式不如实际效果重要。ICSID 仲裁庭强调墨西哥的决定对于该掩埋场长期经营的最终和有害影响,并声称其不打算就该决定的理由或动机进行审查以决定其是否合法,还援引了 CDSE 诉哥斯达黎加案关于环境不影响征收及其补偿的经典论述。[③] 由此可见,Tecmed 诉墨西哥案仲裁机构在效果与目的的取舍上呈现矛盾的做法。在强调纯粹的效果主义之后,又就效果与目的的比例关系进行分析。因而,该案被学者认为是更加倚重效果的比例性原则的运用,实质上降低了间接征收的门槛,因而该种比例性原则不宜在间接征收与治安权行使的界分中进行推广。[④] 无论如何,投资仲裁机构在间接征收的认定上已经很难再恪守纯粹效果主义,一味强调征收的客观要件而忽视主观要件。在国际投资法体制普遍呼吁政府规制权回归,以及可持续发展成为改革方向的当今社会,国际投资仲裁机构轻率地否定东道国环境措施的主张,或者不加论证而认定包含环境因素的投资措施为间接征收,必

---

① CDSE 诉哥斯达黎加案仲裁机构经典的表述为:征收环境措施,不论多么值得称赞或对社会有益处,在这个方面与其他征收没有区别,只要财产被征收,即使是因为内国或国际的环境目的,该国要进行补偿的义务依然存在。(ARB/96/1, Award, para. 72.)该种立场在涉环境因素的国际投资仲裁中有一定的代表性,并影响到以后的类似案件。

② See Tecmed v. Mexicon, ARB(AF)/00/2, Award, para. 122.

③ See Tecmed v. Mexicon, ARB(AF)/00/2, Award, paras. 116, 120, 121.

④ 参见蔡从燕、李尊然:《国际投资法上的间接征收问题》,法律出版社 2015 年版,第 52 页。

定会遭致东道国以及国际社会的唾弃。因而，即便目前对治安权的范围，治安权与间接征收的边界还没有确定的和一体化的规范，但治安权的张力确实是不争的事实。就措施的动机而言，间接征收与治安权行使或非补偿的政府规制行为都是为了公共利益，公共利益的维护需要成本的支持，二者划分的意义在于界定由何种主体分担该部分成本。① 因此，很难以是否为了公共利益作为界分两种行为的依据，只能以公共利益的大小进行区分。公共利益越大，政府的该种规制措施被认定为征收的范围就越小。② 在条约实践中，美国、加拿大 BIT 范本确立了间接征收除外条款，即以环境保护等公共利益为目标的措施通常情况下并不构成征收。这意味着以环境保护为内涵的治安权原则已然成为东道国对抗间接征收的一大砝码，这样的条款也引导投资仲裁机构在对以环境保护为合法目标的政府措施进行定性时，应当以治安权行使或非补偿的政府规制为逻辑起点。在仲裁实践中，投资仲裁机构对环境保护目的已有明显的偏向。在可预见的未来，此类环境因素在间接征收认定中的对抗效应还会进一步释放。

第三节　环境因素之于“公平公正待遇”：程序正义实体化

公平公正待遇作为后起的投资条约核心条款，因其措辞宽泛、原则，以及与最低待遇标准的关系，曾经受到广泛讨论。

一、公平公正待遇的内涵

众所周知，公平公正待遇条款作为兜底条款，近年来几乎在所有的投资争端中被投资者援引，有取代征收条款的趋势。目前，公平公正待遇的最重

① 参见曹晴：《浅析间接征收与非补偿性政府管制措施的界限》，载《环球法律评论》2008 年第 6 期。

② 参见曹晴：《浅析间接征收与非补偿性政府管制措施的界限》，载《环球法律评论》2008 年第 6 期。

要关注点在于其自身的具体内容。有仲裁员指出,公平公正待遇是一个国际性的模糊的概念,设计该条款是赋予裁决者一种准立法权,用于澄清在特定争议中为实现条约目的和目标所必需的多样化规则。投资仲裁机构对于发展该标准的内容有很大的责任。正是基于此,在相当的投资争端中,投资者视其为"万能钥匙",倾向于以此为据提出诉请。联合国贸发会将投资仲裁机构发展的违反公平公正待遇条款的内容,概括为以下内容:挫败投资者的合理预期;对公平公正程序的否定;决定作出过程中明显的武断;歧视;明显滥用的待遇。其中对公平公正程序的违反,包括司法途径的拒绝、程序中不合理的迟延、对外国当事方的歧视、未给予程序的通知、未给予申诉的机会等。[①] 也就是说,公平公正待遇的宽泛内涵是以程序正义为核心的。从这个意义上来说,公平公正待遇作为投资条约的实体条款,容易与注重程序的环境因素产生共鸣。

二、环境因素与公平公正待遇的共鸣:程序正义实体化

与其他案件一样,在涉环境投资争端中公平公正待遇条款频频被援引,ICSID 裁决的案件中有 6 个案件以公平公正待遇条款为诉请依据之一,ICSID 在 2 个案件中支持了投资者。NAFTA 仲裁庭裁决的案件中有 3 个以公平公正待遇条款为争议焦点之一,仲裁庭驳回了投资者的全部诉请。表 4－3、表 4－4 是以公平公正待遇为诉请的投资仲裁案件分布情况。[②]

---

① See UNCTAD: *Fair and Equitable Treatment: A Sequel*, *UNCTAD Series on Issues in International Investment Agreements* Ⅱ, UNCTAD/DIAE/IA/2011/5,2012,p. 62,80.

② 与前面的表格类似,表 4－3 同样没有将事实认定阶段未界定争议措施为环境措施的 Metalclad 诉墨西哥案、Tecmed 诉墨西哥案以及 Gold Reserve Inc 诉委内瑞拉案予以列明。表 4－4 没有将事实认定阶段未界定争议措施为环境措施的 SDMI 诉加拿大案予以列明。Al Tamimi 诉阿曼案也涉及最低待遇标准的争议,但其围绕美国—阿曼 FTA 中该条与第 10.10 条、第 17 章环境章而展开,与本章讨论的适用投资条款不同,因而也不予列明。

表 4 –3　ICSID 仲裁庭裁决的涉公平公正待遇投资争端分布

序号	案件名称	裁决结果
1	Maffezini 诉西班牙/ARB/97/7	西班牙当局对 Maffezini 的贷款交易不透明，违反了公平公正待遇
2	MTD 诉智利/ARB/01/7	智利政府不同部门对是否批准该项目态度不一，违反公平公正待遇
3	PCL 诉保加利亚/ARB/03/24	保加利亚并未作出僵化其环境法的承诺，其修改环境法的行为可通过公开途径获得，因此不构成对投资者公平公正待遇的违反
4	Parkerings 诉立陶宛/ARB/05/8	立陶宛修改法律使 Parkerings 预期从与维尔纽斯协议中获得的停车费减少，但立陶宛并没有作出不修法的承诺，因而不违反公平公正待遇
5	Marion Unglaube 与 Reinhard Unglaube 诉哥斯达黎加案/ARB/08/1，ARB/09/20	哥斯达黎加建设国家海滨公园的行为没有违反公平公正待遇
6	Philip Morris 诉乌拉圭/ARB/10/7	乌拉圭两项关于香烟包装的法令是其履行《烟草控制框架公约》义务的举措，对投资者而言是合理的，不属于无端、不公平、不公正、歧视性或不成比例的措施

数据来源：根据联合国贸发会和 ICSID 官方网站资料整理

表 4 –4　NAFTA 仲裁庭裁决的涉公平公正待遇投资争端分布

序号	案件名称	裁决结果
1	Methanex 诉美国	依据 UC 报告，美国禁止 MTBE 销售的法令基于公共目标，非歧视且程序正当，不构成征收，也不违反公平公正待遇
2	Glamis 诉美国	对 Glamis 开发的金矿项目的审查程序透明、公正，没有违反投资者预期，不违反公平公正待遇
3	Chemtura 诉加拿大	对林丹杀虫剂产品进行审查是加拿大履行其在《奥尔斯议定书》项下的义务，没有违反公平公正待遇

数据来源：根据联合国贸发会和 NAFTA 官方网站资料整理

环境因素投资争端在公平公正待遇上的主要争点体现在：东道国对投资的环境影响评估或环境许可的程序是否公平公正，批准是否迟延，批准权的归属是否透明，政府对环境项目的态度前后是否一致等。换言之，一国的环境执法、司法体制的科学与否，环境执法、司法程序是否公正、高效，与涉环境争端中投资者是否享受到公平公正待遇有密切的联系。值得一提的是，在常设仲裁法院（PCA）裁决的 Bilcon 诉加拿大案中，加拿大斯科舍省和加拿大联邦对 Bilcon 申请的白点项目进行环境评估，在斯科舍省和联邦联合审查举行的听证会上，明显地忽视 Bilcon 的应有权利，在长达 90 个小时的听证会中，Bilcon 仅被给予 90 分钟的陈述。而 Bilcon 为此环境评估报告付诸了大量的人力物力，并请了大量专家出席听证会，却没有机会就该项目对于环境影响提出技术性和建设性意见。相反，加拿大当局将带有偏见甚至激进的环保主义者请到听证会中并任其发表具有诋毁性质的言论，使得整个听证会更像是对 Bilcon 及其白点项目的批斗大会，远非公平，带有很强的政治偏见。[①] 该案仲裁机构最终以加拿大进行环境影响评估程序上的严重瑕疵等认定其违反公平公正待遇。

公平公正待遇属于投资条约的实体条款，该条款发展的宽泛内涵包括对政府行为的正当程序要求，投资者在具体行政行为中的程序权利在投资条约中被实体化。环境问题比较注重程序，环境影响评估、环境风险评价、环境听证等成为环境投资项目得以许可的必经环节，这些程序的缺失或不公都会成为东道国违背公平公正待遇的有力证据。如若涉环境案件与科学实验、科学检测等相关，则程序上的细微瑕疵有可能导致程序的严重违反。为此，程序权利实体化了的公平公正待遇，极易与注重程序正义的环境问题发生共鸣。涉环境投资争端的东道国将有更大概率被诉违反公平公正待遇，投资者也更容易在公平公正待遇这一诉请上获得支持。据此，与认定投资是否处于“相似情形”、保护环境措施是否构成征收相比，环境因素往往不

---

① See Bilcon v. Canada, PCA Case No. 2009 – 04, Award on Jurisdiction and Liability, paras. 590,591.

是被作为东道国可以免责或例外的情势,而是一个更容易触碰公平公正待遇底线的着火点。涉环境投资争端已经并将继续成为投资者成功援引公平公正待遇条款的争端类型。

环境因素对投资条约中投资条款的解释之所以有可能产生影响,源于投资条款本身的开放性。东道国要求仲裁机构将环境因素并入投资条款进行解释,是期望其将环境因素作为投资条款的一种例外因素,从而达到其他因素或措施所不能达到的解释效果。具体而言,东道国要求仲裁机构在国民待遇、最惠国待遇的"相似情形"中单独考虑环境因素,是期望仲裁机构认定包含环境因素的投资与没有环境因素的投资不处于"相似情形",从而得出,东道国对包含环境因素投资所采措施与对其他投资的措施不同,并非存在歧视。东道国基于环境目的对投资进行限制或控制,期望仲裁机构将其界定为治安权行使而非间接征收。相比之下,环境因素对于公平公正待遇的解释不具有任何特殊性,东道国难以因所采措施是环境措施而不遵守公平公正待遇或者豁免违反公平公正待遇的责任。因为公平公正待遇的宽泛内涵主要指向程序正义,而环境措施有较为复杂的程序、形式要求,这刚好落入公平公正待遇的调整范围。因此,同样是将环境因素并入投资条款解释,东道国倾向于将其并入国民待遇、最惠国待遇的"相似情形" 以及间接征收进行解释,而投资者则倾向于将其并入公平公正待遇中进行解释。

如果说环境因素属于投资条款中的隐形要素,需要投资仲裁机构通过符合国际条约和习惯国际法的解释活动而将其并入国际投资仲裁中,该种范式可能导致环境因素对投资条款解释的影响有较大的不确定性。当环境因素以显性的环境条款的形式存在,且投资者和东道国亦围绕这类环境条款展开讨论时,此类以确定规则为载体的环境因素将对国际投资仲裁有更加直接而深入的影响。下一章即开始探讨投资仲裁机构如何适用投资条约中环境条款这一特殊的环境因素。应当说,这是投资仲裁机构已经并将持续应对的重要问题。

第五章

国际投资仲裁法律适用中的环境问题：环境条款的解释

在已有的绝大部分涉环境投资争端中，环境因素主要通过作用于投资条款的解释而对国际投资仲裁产生影响。随着投资条约中环境条款的兴起，围绕这类环境条款争议的投资争端已经出现，投资仲裁机构将更多地去应对环境条款本身解释的问题。该种解释模式的转变，标志着法律适用中的环境问题对国际投资仲裁发生作用进入全新的阶段。

第一节　国际投资条约中环境条款的嬗变

2012 年《世界投资报告》确立"面向新一代投资政策"这一主题，其第 4 章"可持续发展的投资政策框架"定位新一代投资政策为：为吸引投资并受益于投资，将包容性增长和可持续发展作为努力的重心。新一代投资政策的特征是以负责任的投资去追求可持续发展，该种负责任投资将社会目标与环境目标置于与经济增长和发展目标同等重要的地位。投资政策的核心原则包括可持续发展的投资原则，政府对外国投资的规制权原则等。[①] 此后在 2013 年、2014 年、2015 年《世界投资报告》中均包含一项内容，即对当年签署的投资条约中政府为追求可持续发展目标而保障其规制权的条款进行

① See UNCTAD, *World Investment Report 2012*, Chapter Ⅳ.

总结与提炼。2016 年至 2020 年《世界投资报告》一以贯之,进一步明确了各国以可持续发展和政府规制权为内容,以修订投资条约范本为形式的国际投资法的改革路径。为此,投资条约中的环境条款与政府对环境的规制权相伴而生,互为表里。

投资条约中的环境条款经历了从无到有,从少到多,从单一到多元,从以非实质条款为主向以实质性条款为主的发展历程。简言之,环境条款在不断演进完善之中。

一、1985 年至今环境条款的演化轨迹

凯瑟琳·戈登(Kathryn Gordon)与约阿希姆·波尔(Joachim Pohl)通过 OECD 官网发布其研究成果,对参加了投资自由化圆桌会议的 49 个国家①截至 2010 年 7 月对外签署的 1593 个 BIT 和 30 个 FTA 中的环境条款作了一些分析。其阶段性的研究结论为:其一,随着时间的推移,越来越多的投资条约中包含环境条款。自 1985 年中国—新加坡 BIT 首次出现环境条款②以来,到 20 世纪 90 年代包含环境条款的投资条约已有相当数量,至 2000 年前后增速减缓。但到 2005 年,包含环境条款的投资条约占到该年签署的投资条约总数的 50%,该比例在 2008 年上升至 89%。环境条款的年份情况及占样本总量的比例见图 5-1。其二,只有 133 个投资条约中包含环境条款,占样本总数比例仅为 8.2%,其中 BIT 的该比例为 6.5%,所有 FTA 都包含环境条款。其三,投资条约中环境条款的国别分布很不均匀,49 个国家中有 19 个国家的任何投资条约均不包含环境条款。涵盖这类条款的其余 30 个国家在分布上很不平衡,其中埃及、英国、德国只有一个投资条约包含环境

① 该 49 个国家为:奥地利、阿根廷、澳大利亚、比利时、巴西、加拿大、智利、中国、捷克斯洛伐克、丹麦、埃及、爱沙尼亚、芬兰、法国、德国、希腊、匈牙利、冰岛、印度、印度尼西亚、爱尔兰、以色列、意大利、日本、韩国、拉脱维亚、立陶宛、卢森堡、马来西亚、墨西哥、摩洛哥、荷兰、新西兰、挪威、秘鲁、波兰、葡萄牙、罗马尼亚、俄罗斯、沙特阿拉伯、斯洛伐克、斯洛文尼亚、南非、西班牙、瑞典、瑞士、土耳其、英国和美国。

② 1985 年中国—新加坡 BIT 第 11 条(禁止和限制)规定,本协定的规定不应以任何方式约束缔约任何一方为保护其根本的安全利益,或为保障公共健康,或为预防动、植物的病虫害,而使用任何种类的禁止或限制的权利或采取其他任何行动的权利。

条款。而加拿大有多达 83% 的投资条约包含环境条款,新西兰的比例为 75% ,日本、美国、芬兰则分别为 61% 、34% 和 26% 。其四,环境条款的具体表述各异。包括序言中提到的环境关注;在整个条约中为环境规制保留政策空间;在专门的履行要求、国民待遇上为环境规制保留政策空间;非歧视的环境规制不构成间接征收;不降低环境标准;环境事项与争端解决;提升环境保护与环境合作。其五,投资条约中所包含的环境语言仅涉及传统的环境问题,气候变化、生物多样性等新型环境议题极少出现在投资条约中。①

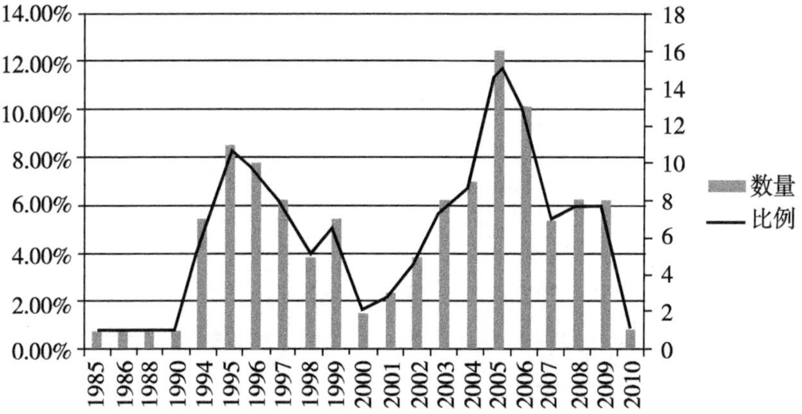

图 5－1　包含环境条款的 BIT 和 FTA 年份及比例情况

数据来源:http://www. oecd. org/investment/workingpapersoninternationalinvestment. htm.

此后,投资条约中的环境条款在保持 2010 年之前总体态势的基础上又有新的发展。包括环境保护在内的可持续发展目标在投资条约和其他投资政策中的地位日益凸显。自 2012 年《世界投资报告》提出新一代投资政策以来,各国在国内和国际层面上的实践使得新一代投资政策框架正在显现。促进投资并保证投资为可持续发展服务,成为所有国家的优先选择。② 平衡投资者与东道国的权利义务,保障东道国的规制权成为很多国家缔结投资

① See Kathryn Gordon, Joachim Pohl, *Environmental Concerns in International Investment Agreements: A Survey*, OECD Working Papers on International Investment(No. 2011/1), http://www. oecd. org/investment/workingpapersoninternationalinvestment. htm.

② See UNCTAD, *Investment Policy Framework for Sustainable Development*, 2012, p. 6.

条约的一个基点。2012 年美国 BIT 范本对于不得放宽本国环境法律的行为限制，从劝诫上升为有法律约束力的义务。2012 年美国和欧盟发表共同声明称，应保持政府对公共利益进行规制的权力，要避免为吸引投资而减损或不实施规制措施。南部非洲发展共同体（SADC）的 BIT 范本中，包含环境和社会影响评估等条款。由 54 个国家组成的共同体秘书处准备的题为“将可持续发展并入投资条约：发展中国家指引”的手册，旨在为发展中国家签署更好提升可持续发展的投资条约提供帮助。① 表 5 – 1 展示了 2011—2015 年签署的可查的投资条约②中环境条款的分布。

表 5 – 1　2011—2015 年投资条约中环境条款的分布

年份	投资条约总数	序言	环境措施③	企业社会责任	一般例外/履行要求例外	征收除外	专家报告
2011	30	13	8		7	8	2
2012	17	12	7	1	10		
2013	18	13	12		15		
2014	18	12	14		14		
2015	16	7	8	2	3	3	2

数据来源：根据 2012—2016 年《世界投资报告》以及联合国贸发会的官方网站资料整理

与以往投资条约中的环境条款相比，2011 年以后投资条约基本都涵盖环境语言，在类型上除了出现企业社会责任条款外，并无大的变化。但是，2012—2014 年环境条款的总体特征是，总数较大，实质性环境条款的数量和

① See UNCTAD, *World Investment Report 2012*, Chapter Ⅲ, p. 89.

② 该表是通过联合国贸发会等官方网站对可查到文本的投资条约进行的汇总，由于有些投资条约的文本不可查，因此表中显示的条约数量与各年实际签署投资条约数量有差异。如 2016 年《世界投资报告》显示 2015 年一共签署了 31 个投资协定，包括 20 个 BIT 和 11 个其他投资协定，而能查到文本的投资条约只有 16 个。

③ 根据以下对环境条款的分类，该类“环境措施”条款也属于非实质条款，包括为吸引投资不得降低环境标准条款；保证在其境内的投资以一种意识到保护环境重要性的方式实施条款。这类条款以 NAFTA 第 1114 条发端，其完整的表述为：本章的任何规定不应被解释为阻止一缔约方采取、维持或实施其认为合适的，并与本章相一致的任何措施以保证在其境内的投资以一种意识到保护环境重要性的方式实施。

所占比重明显增加,这些都体现了各国对环境规制权的重视。

二、国际投资条约中环境条款的既有态势和未来趋势

综观包含环境条款的投资条约,有一个态势值得关注,即包含投资章的FTA中的环境条款在质和量上都为BIT所不及。FTA可谓区域经济一体化的产物,与多边贸易体制相伴而生。迄今区域经济一体化运动出现了三次高潮。第一次高潮发生于20世纪50—60年代,以1958年成立欧洲经济共同体为标志。第二次高潮发生于20世纪80—90年代,标志是欧洲统一市场的形成,北美自由贸易区和亚太经合组织的诞生。20世纪90年代末,全球区域经济一体化掀起了第三次高潮,其特点是区域贸易协定特别是双边FTA涌现。[①] 在以美国主导的TPP和跨大西洋贸易与投资伙伴关系协定(TTIP)的高标准FTA引领之下,区域贸易协定的地位再次凸显。在国际投资法体制,截至2019年BIT总数为2895个,包括FTA在内的其他投资协定总数为389个。[②] 但是2001年至2011年,除2009年BIT数量有所回升之外,其余年份BIT签署量均呈下降趋势。[③] 2012年至2015年,除2013年BIT数量增加以外,其余年份起伏不大。[④] 2016年至2019年,2017年仅缔结9个BIT。[⑤] BIT年缔结数量的下降与有些国家终止BIT有关,如2008年匈牙利与意大利BIT终止,捷克也在此年开始终止所签署的23个BIT的程序。该终止BIT的行为与签署新的FTA有关,如摩洛哥与美国FTA取代了之前签署的BIT。[⑥] 因此,与BIT签署数量的下降趋势相比,FTA呈现明显

① 参见沈丹阳、李光辉、李伟:《区域经济一体化第三次浪潮与构筑"泛亚洲经济共同体"》,载《国际经济合作》2004年第6期。

② See UNCTAD, *World Investment Report 2020*, Chapter Ⅲ, p. 106.

③ See UNCTAD, *Recent Development in International Investment Agreement*(2008 - June 2009), UNCTAD/WEB/DIAE/IA/2009/8. UNCTAD, *World Investment Report*(2009 - 2011).

④ 2012年BIT数量20个,2013年30个,2014年18个,2015年20个。数据源自World Investment Report(2013—2016)。

⑤ 2016年缔结的BIT数量为30个,2017年9个,2018年30个,2019年16个。数据源自World Investment Report(2017—2020)。

⑥ See UNCTAD, *Recent Development in International Investment Agreement*(*2008 - June 2009*), UNCTAD/WEB/DIAE/IA/2009/8.

的上升态势。而就经济意义而言,FTA 有向国际投资条约中心发展之势。环境规制方面,很多 FTA 中有专门的环境章,以往分散在投资章或其他章中的环境条款为环境章所吸纳,这些条款系统全面,以美国为代表的 FTA 环境章还适用统一的争端解决机制,被并入 FTA 环境章的环境条约开始向硬法化方向发展。根据《维也纳条约法公约》第 31 条的解释通则,环境章的内容无疑可以成为解释投资章条款的上下文。在除去该部分通过环境章中介的环境条款而外,FTA 投资章中纯粹的环境条款所占比例也远远高于 BIT。如凯瑟琳·戈登与约阿希姆·波尔所统计的样本,投资章中包含环境条款的 FTA 达 100%,而 BIT 则不到 10%。因此,包含投资章的 FTA 中的环境条款成为本研究的重点。FTA 中环境章与投资章的关系,对投资仲裁机构如何适用投资条款和环境条款提出了全新的问题。

现有 FTA 环境条款的第二大趋势在于,对环境事项指向越来越具体,美国签署的 FTA 环境章中明确提到了生物多样性、危险废物处置、海洋环境保护、臭氧层保护等国际条约。其中,ECT、《西部非洲国家经济共同体(Economic Communtiy of West African States,ECOWAS)能源议定书》、欧盟 FTA 有一个新的动向,即将气候变化从先前概括的环境问题中凸显与单列出来。欧盟 2010 年以后签署的 FTA 堪称典型,其将《联合国气候变化框架公约》《京都议定书》《巴黎协定》等气候变化公约明确纳入各方应当遵守的多边环境协定范畴。在欧盟—韩国 FTA(2011)第 13.5 条、欧盟—中美洲联合协定(2012)第 287.2 条、欧盟—哥伦比亚—秘鲁贸易协定(2012)第 270.2 条以及欧盟—新加坡自由贸易协定第 13.6 条中均作了这样的规定。该类条款一方面表明国际社会对气候变化的特殊关注,气候变化已然从一般的环境问题“脱颖而出”而进行特别规制;另一方面表明欧盟在气候变化治理策略上的又一次调整。国际社会对气候变化治理向来采取多边主义路径,然而众多国家对减排责任分歧严重,利益关系错综复杂。欧盟向来在气候变化议题上持积极态度,此次通过 FTA 一并规制气候变化有其政治、经济、法律等多重考量,系欧盟争夺气候话语权的新实践。①

第三大趋势体现在,环境条款日渐以例外形式出现,且这些例外条款逐渐形成内在的统一性。2020 年 7 月 1 日生效的《美墨加协定》(USMCA)堪称典范,在 14.4 条"国民待遇"第 4 款与第 14.5 条"最惠国待遇"第 4 款中特别规定,"相似情形"的界定有赖于整体情形,将对投资者或投资间作相关对待建立于合法公共福利目标基础之上。如此,环境目标有望被纳入该两类条款的"相似情形"而被作为整体考量的因素甚至重要因素。在附件 14 – B 第 3 条(b)项间接征收例外明确将环境目标列入其中,14.10 条则在履行要求禁止例外将"人类、动植物生命健康""可用竭自然资源"作为子项。2020 年 11 月 15 日正式签署的《区域全面经济伙伴关系协定》(Regional Comprehensive Economic Partnership,RCEP)第 10.3 条投资章"国民待遇"与第 10.4 条"最惠国待遇"明确,"相似情形"须视整体情形而定,包括相关待遇是否基于合法的公共福利目标而在投资者或投资之间进行区别对待。第 17 章"一般条款和例外"第 12 条"一般例外"规定,就第 10 章投资而言,GATT 第 20 条经必要修改后纳入本协定并构成本协定的一部分。在第 10 章附件 2 中,将环境目标明确作为间接征收除外情形。加拿大签署的诸多 BIT 中包含一般例外条款,这样的一般例外条款涵盖具体环境目标,且该类一般例外条款位于正文的不在少数。加拿大有些 BIT 还存在一般例外条款与间接征收除外条款同时并存的情形。因此,新近投资协定中一般例外、具体条款例外共生现象明显,且将环境目标作为重要因素,形成日渐完整的环境例外条款体系。

另外,根据 2015 年《世界投资报告》,至少 50 个国家或地区正在着手或已经修订其 BIT 范本,此次 BIT 范本修订浪潮波及面广,至少涵盖了 12 个非洲国家,10 个欧洲和北美国家,8 个拉丁美洲国家,7 个亚洲国家以及 6 个转型经济体。至少 4 个区域性组织正在或已经审查其 BIT 范本。此次 BIT 范本修订还涉及国际投资法体制的深层次改革,欧盟提出要在投资条约的

---

① 参见陈红彦:《自由贸易协定:提升我国全球气候治理制度性话语权的新路径》,载《法学》2020 年第 2 期。

核心条款中进一步明确政府的规制权,设立投资仲裁机构的上诉机构,欧盟—美国拟创设常设的投资法院等。[①] 此次 BIT 范本修订可望对环境条款作出新的安排,其改革对于国际投资仲裁法律适用中的环境问题可能产生一定影响,这也是本研究值得关注的点。

第二节 国际投资条约中环境条款的类型界分:形式上的环境条款及其解释

自投资条约中出现环境语言以来,环境条款从单一走向多样化,从平面走向立体化。环境条款的内容不断充实,具体表现形式也在不断更新,以一个统一的标准难以涵盖投资条约中出现的环境条款类型。为此,本书采用形式与内容两分法对环境条款进行界分,在形式上的环境条款与内容上的环境条款内部再进行细分。

所谓形式上的环境条款,指的是环境条款以何种形式存在。具体而言,指的是环境条款以投资条约何种组成部分出现以及环境条款所赖以存在的投资条约本身的形式为何。之所以探讨形式上的环境条款,是因为环境条款属于投资条约的哪个部分或存在于何种投资条约,会影响环境条款的地位或被解释的方法。

一、正文中的环境条款与附件中的环境条款

NAFTA 开创了将环境条款置于附件的先例。NAFTA 谈判者的初衷是要同时谈成两个具有平行轨道关系的协定,但事实上 NAFTA 于 1992 年结束谈判,《北美环境合作协定》(North American Agreement on Environmental Cooperation,NAAEC)的谈判直至 1993 年 9 月才宣告结束。在 1994 年 1 月 1 日同时生效的两个协定系相互独立的协定,其中 NAAEC 仅为 NAFTA 的环境合作附件。[②]

---

① See UNCTAD,World Investment Report 2015,Chapter Ⅲ,p. 108 – 109.

② See Howard Mann, *NAFTA and the Environment: Lessons for the Future*,Tulane Environmental Law Journal,Vol. 13(2000),p. 393.

（一）NAFTA－NAAEC 模式及评价

NAFTA 第 11 章与 NAAEC 在调整事项上存在交叉。根据 NAAEC 第 10.6 条，在 NAFTA 第 1114.2 条下，因缔约方为吸引或维持一项投资而放弃或减损自身的环境标准，NAAEC 项下的环境合作委员会（CEC）可以为该类事务的咨询提供协助。在预防或解决与环境有关的贸易争端方面，为避免缔约方间发生争端，CEC 可以向 NAFTA 下的自由贸易委员会（FTC）提出避免争端的建议，确定能够向 NAFTA 委员会或其他机构提供信息或技术建议的专家，为 FTC 提供其他与环境相关事项的帮助。① 事实上，自 NAFTA 生效以来，CEC 与 FTC 还没有进行这方面的环境合作，二者的特立独行加剧了两个协定的分立。包括官员在内的主流观点认为，CEC 处理环境问题，而 FTA 则应处理贸易问题，包括那些与贸易协定有关的环境问题。②

NAFTA 第 11 章项下投资者提起了一系列与环境有关的投资争端，NAAEC 只在两个案件中被提及。SDMI 诉加拿大案的仲裁庭在解释章中指出应考虑投资条款的上下文，并依次提到《加拿大—美国间跨境危险废物协定》、《巴塞尔公约》和 NAAEC。在该章的结论部分仲裁机构指出，NAFTA、NAAEC 序言以及为 NAAEC 所承认的国际条约均表明，一国有设定自身环境保护水平的权利，缔约方应避免对贸易造成扭曲，环境保护与经济发展可以相互支持。而所有这些原则都要受到 NAFTA 第 104 条的约束，即一国选定的环境保护水平只能通过同等有效和合理的方式实施，且一国负有选择与开放贸易最相一致途径的义务。③ 换言之，NAAEC 赋予缔约方的环境规制权极为有限，只有与 NAFTA 第 104 条中的贸易义务"最相一致"或"最小限制"的规制行为方为合法。而事实上，进行环境规制的东道国很难证明所采环境措施对贸易构成最小限制。此案还反映了 NAAEC 作为附件，在解释

---

① See Article 10. 6, North American Agreement on Environmental Cooperation, Sept. 14, 1993. Can. －Mex. －U. S. ,32 I. L. M. 1480.

② See Howard Mann, NAFTA and the Environment: Lessons for the Future, Tulane Environmental Law Journal, Vol. 13(2000), p. 402.

③ See SDMI v. Canada, Partial Award, 13 November 2000, Part Ⅵ, paras. 217－221.

NAFTA 投资章时处于从属地位这一现象。另一个案件是 Metalclad 诉墨西哥案,墨西哥在抗辩中称,即便不考虑墨西哥所加入的环境条约,对 NAFTA 第 1105 条、第 1110 条进行解释时应当考虑包括 NAAEC 在内的上下文。[①] ICSID 仲裁庭对 NAAEC 没有提及,对东道国生态法令的环保动机不予考虑,其恣意解释间接征收以及对环境保护毫不掩饰的漠视态度受到批判。据此,NAAEC 附件的形式对 NAFTA 投资条款解释的作用非常有限。要将环境问题并入贸易(包含投资)协定当中,环境问题应当被给予同等的关注。从这个意义来看,NAFTA - NAAEC 模式被认为是不成功的。[②] 此后,美国签署的 FTA 即摒弃了此种正文—附件的模式,环境合作、环境保护问题改由专门的环境章来规制,这应该是对环境问题提高认识的表现。至此,FTA 中的环境条款与投资条款互不隶属,旗鼓相当。

(二)环境一般例外与间接征收除外条款的正文或附件形式

投资条约中的环境一般例外与间接征收除外条款,有些是以附件形式存在。以加拿大为例,迄今其已签署 45 个 BIT(37 个生效),除了早期与俄罗斯、波兰、阿根廷、匈牙利签署的 BIT 中不包含环境条款之外,其余都有环境条款,这个比例超过包括美国在内的其他国家或地区。加拿大 BIT 中的实质性环境条款主要以一般例外和间接征收除外条款体现。包含环境保护内容的一般例外主要出现在正文中,但也有部分 BIT 规定在附件当中。包含环境保护内容的间接征收除外条款主要出现在附件中,但也有个别 BIT 在正文中明确了环保征收除外,表 5 - 2 即是加拿大 BIT 中环境保护一般例外和间接征收除外条款的具体分布情况。

---

① See Metalclad v. Mexican, ARB(AF)/97/1, Mexico's Counter - memorial, 17 Feb. 1998, para. 838.

② See Howard Mann, *NAFTA and the Environment: Lessons for the Future*, Tulane Environmental Law Journal, Vol. 13(2000), p. 407.

表 5 -2　加拿大 BIT 环境一般例外和间接征收除外条款分布

序号	BIT	签署时间/年	正文	附件
1	加—乌克兰	1994	一般例外	
2	加—菲律宾	1995	一般例外	
3	加—特立尼达和多巴哥岛	1995	一般例外	
4	加—南非(未生效)	1995	一般例外	
5	加—巴巴多斯	1996	一般例外	
6	加—厄瓜多尔(终止)	1996	一般例外	
7	加—埃及	1996	一般例外	
8	加—巴拿马	1996	一般例外	
9	加—委内瑞拉	1996		一般例外
10	加—亚美尼亚	1997	一般例外	
11	加—乌拉圭	1997		一般例外
12	加—泰国	1997	一般例外	
13	加—克罗地亚	1997		一般例外
14	加—黎巴嫩	1997		一般例外
15	加—哥斯达黎加	1998		一般例外
16	加—秘鲁	2007	一般例外	间接征收除外
17	加—罗马尼亚	2009	一般例外	间接征收除外
18	加—约旦	2009	一般例外	间接征收除外
19	加—捷克	2009	一般例外	间接征收除外
20	加—斯洛伐克	2010	一般例外	间接征收除外
21	加—科威特	2011	一般例外 间接征收除外	
22	加—中国	2012	一般例外	间接征收除外
23	加—贝宁湾	2013	一般例外	间接征收除外
24	加—拉脱维亚	2009	一般例外	间接征收除外
25	加—坦桑尼亚	2013	一般例外 间接征收除外	

续表

序号	BIT	签署时间/年	正文	附件
26	加—喀麦隆	2014	一般例外 间接征收除外	
27	加—马里	2014	一般例外	间接征收除外
28	加—尼日利亚(未生效)	2014	一般例外	间接征收除外
29	加—塞尔维亚	2014	一般例外	间接征收除外
30	加—塞内加尔	2014	一般例外	间接征收除外
31	加—象牙海岸	2014	一般例外	间接征收除外
32	加—布基纳法索	2015	一般例外	间接征收除外
33	加—几内亚	2015	一般例外	间接征收除外
34	加—蒙古	2016	一般例外	间接征收除外
35	加—中国香港	2016	一般例外	间接征收除外
36	加—摩尔多瓦	2018	一般例外	间接征收除外

数据来源:根据联合国贸发会官方网站中加拿大 BIT 文本整理

从表 5 -2 可以发现,20 世纪 90 年代加拿大签署的 BIT 只有环境保护一般例外条款,有 10 个位于正文中,5 个出现在附件中。21 世纪签署的 BIT 环境保护一般例外条款均出现在正文,且都新增了环境保护的间接征收除外条款,绝大部分安排在附件当中,包括中国—加拿大 BIT 也呈现此种格局。应该说,2004 年加拿大 BIT 范本起到了很大的示范作用。具体来说,加拿大该范本在第 10.1 条规定,只要该类措施并非以一种在投资或投资者之间构成任意的或无端的歧视的方式实施,或对国际贸易或国际投资构成变相限制,该协定不应被解释为阻止一缔约方采取或维持以下措施:(a)为保护人类、动植物的生命健康所必需的……(c)为保存可用竭的生命或非生命的自然资源所必需的。该范本附件 B13(1)c)项规定,除非特别情形,譬如当一个或一系列措施依据其目的如此严厉,以至于不可能被合理地认为基于善意而采取或实施,一缔约方为保护诸如健康、安全和环境等合法公共福祉目标而设计并实施的非歧视措施，不构成间接征收。[1] 在间接征收除外的形式上，有 3 个近期的协定比较值得关注，加拿大与科威特、坦桑尼亚、喀麦隆的 BIT 将该类除外条款置于正文当中。

原则上，正文中的条约条款比较正式、规范、固定，附件中的条约条款相对灵活，经谈判可以随时被修改或者删除。将投资条约的环境条款置于附件，表明其具有临时性，其重要程度自然劣于正文尤其是核心条款。环境条款有从附件向正文移位的趋势，继 2004 年加拿大 BIT 范本之后，加拿大签署的 BIT 均将环境保护一般例外置于正文中，并且还有将间接征收除外条款移至正文的做法，这是当前 BIT 注重加强政府规制权的表现，环境条款据此被提升到了一个新的高度。

值得一提的是，美国 BIT 以及美国签署的 FTA 投资章中的环境条款，也存在附件形式。美国 2004 年和 2012 年 BIT 范本，均包含环境保护的间接征收除外条款，且都置于附件当中。2004 年以后签署的美国—乌拉圭 BIT、美国—卢旺达 BIT 附件 B 规定了间接征收除外情形。目前美国生效的 BIT 共 40 个，除上述两个 BIT 之外，其余 38 个均在 20 世纪八九十年代签署，这些 BIT 不包含 2004 年范本中的间接征收除外条款。但是，2004 年范本却对美国签署的 FTA 投资章产生重要的影响，继 2004 年美国—智利 FTA 投资章中出现如 2004 年范本的间接征收除外条款以来，2005 年美—澳大利亚、2006 年美—摩洛哥、2006 年多米尼加—中美—美、2009 年美—阿曼、2009 年美—秘鲁、2012 年美—哥伦比亚、2012 年美—韩国、2012 年美—巴拿马 FTA 以及 2015 年签署的 TPP 均在附件中规定了此类环境保护的间接征收除外条款。从间接征收除外条款出现的形式来看，加拿大 BIT 与美国投资协定均以附件为主，加拿大有 3 个 BIT 将这类条款置于正文的做法，表明其对东道国环境等规制权的态度更为“激进”。从两国关于环境保护的间接征收除外的具体表述来看也存在差异。加拿大 BIT 对于“除非特别情形”有具体的规定，主要根据缔约方所采措施的主观状态来进行判断。美国投资条约则

---

① See Agreement Between Canada and – for the Promotion and Protection of Investments, 2004.

徒有“除非特别情形”的规定,具体涵盖哪些内容不得而知。但是两国的该条有一点是相通的,即非歧视的环境措施构成间接征收的例外,只要缔约方能证明所采措施基于环保目标,且非歧视地实施,则不构成间接征收。投资者如要推翻此结论,须证明存在“特别情形”。关于此条的解释,也正是第一章提及的 Spence 投资公司诉哥斯达黎加案争议各方争执的焦点之一,这个问题将在下文继续进行探讨。

二、BIT 中的环境条款与 FTA 中的环境条款

从形式上划分国际投资法,主要有双边投资协定、区域贸易协定以及多边投资协定。

(一)FTA 环境条款的数量优势——FTA 成为日渐重要的投资条约形式

多边投资条约在国际投资法体系中的影响极为有限。早期涉及投资与环境关系的多边投资条约主要有《服务贸易总协定》(GATS)和《与贸易有关的投资措施协定》(TRIMs)。这两个 WTO 文件是在多边贸易体制中调整国际投资关系,对投资与环境的关系主要通过一般例外来规制。OECD 主持下的《多边投资协定》的谈判,因各方对环境标准等分歧较大而以失败告终。

BIT 一直以来都是投资条约的主要表现形式,在数量上明显超过其他投资条约。[①] 但自 2001 年以来,BIT 年签署量开始出现滑坡,一些国家仍在继续终止所签署的 BIT。南非终止了与奥地利、丹麦和德国的 BIT,国内也正在讨论终止其他 BIT 事项。印度尼西亚中断了其签署的 18 个 BIT。博茨瓦纳与纳米比亚正在重新考虑其 BIT 的新途径。[②] 与此次 BIT 终止、中断现象几乎同时进行的是各国对自身 BIT 范本的修订浪潮。2015 年《世界投资报

① 截至 2015 年年底 BIT 总数达 2895 个,其他投资协定仅 389 个。See UNCTAD, *World Investment Report 2020*, Chapter Ⅲ, p. 100.

② See UNCTAD, *World Investment Report 2015*, Chapter Ⅲ, p. 110.

告》显示,至少50个国家或地区已经或正在着手修订其BIT范本,[①]有些国家是在遭遇了一系列投资仲裁之后,希望通过矫正BIT来加强政府的规制权。印度尼西亚因自然资源出口禁令,印度因电信产业政策,南非因种族政策而被投资者起诉,因而纷纷加入此次BIT范本修订的行列。基于目前正处于BIT改革的转型期,在可预见的未来,各国对BIT的签署仍将持谨慎态度,BIT年签署量短期内不可能有大的改观。

相比之下,作为区域经济一体化的产物,FTA可谓一片繁荣景象。继NAFTA之后的FTA覆盖美洲、亚洲、非洲和欧洲等国家或地区,在不同经济发展水平的经济体之间形成了一个空前广阔的网络体系,且协议涵盖并深化了环境、劳工、知识产权等WTO议题。[②] 2015年谈判成功的TPP作为新一代自由贸易协定的标本,高标准、宽范围、跨地域、开放型构成这一全新、超级贸易协定的特色,从整体上看,俨然一个缩略版的多边贸易体制。[③] TPP合计有30章,不仅包括传统的贸易、投资、知识产权、劳工、环境等问题,还涵盖了竞争中立、国有企业、反腐败等重要议题,TPP作为美国重返亚太的重要举措,[④]对后来的《全面与进步跨太平洋伙伴关系协定》(CPTPP)、《美墨加协定》(USMCA)等协定有重要影响。FTA的兴盛与多边贸易体制WTO多哈回合未有实质性进展有密切关系,在WTO多边体制下难以达成的协议,在区域或双边的协定中更容易实现,处于同一地域范围的两国或几国之间基于政治、经济、文化的趋同而容易在贸易等事项上达成一致意见。因此,现有FTA主要采取双边的形式。FTA在涵盖内容上较WTO也有所超越,

---

① See UNCTAD, *World Investment Report 2015*, Chapter Ⅲ, p. 108.

② See WTO, *World Trade Report 2011*.

③ 参见肖冰、陈瑶:《〈跨太平洋伙伴关系协议(TPP)〉挑战WTO现象透视》,载《南京大学学报》(哲学·人文科学·社会科学)2012年第5期。

④ 对于TPP投资章在整个国际投资法中的地位,有学者持保守立场,指出其主体内容(约81%)源自美国先前的投资条约,并认为TPP不可能革新整个国际投资法,欧洲和金砖国家对其持反对态度,认为TPP不可能成为未来多边条约的一个模本。See Wolfgang Alschner & Dmitriy Skougarevskiy, *The New Gold Standard? Empirically Situating the Trans - Pacific Partnership in the Investment Treaty Universe*, the Journal of World Investment & Trade, 17(2016), p. 339 - 340. 特朗普上台后美国立即启动退出TPP程序,但TPP对后来的《全面与进步跨太平洋伙伴关系协定》(CPTPP)以及《美墨加协定》(USMCA)都有实质性影响。

现代 FTA 几乎都包含投资章，投资章的内容较 BIT 有过之而无不及。有些国家因签署 FTA 而终止原有的 BIT，如美国与多米尼加、中美共同市场国家签署 FTA，并终止与中美国家萨尔瓦多、尼加拉瓜的 BIT。从这个意义来说，FTA 有取代 BIT 的态势。因此，现代 FTA 成为投资条约日渐重要的形式，FTA 代表着未来国际投资法的走向。

以投资条款为视角来看，FTA 相比于 BIT 并无变化。譬如，美国 FTA 投资章基本都是 2004 年 BIT 范本的翻版。然而，以环境条款观之，FTA 所占比例更高。Kathryn Gordon 与 Joachim Pohl 统计的样本中所有 FTA 投资章都包含环境条款，其比例远远超过 BIT。以美国 FTA 为例，除不包含投资章的美国—以色列、美国—约旦、美国—巴林 FTA 之外，其他 FTA 投资章中均包含实质性环境条款。加拿大除与哥斯达黎加的 FTA 外，其余 FTA 均包含实质性环境条款。之所以会出现这种现象，可能的原因有：其一，美国 2004 年 BIT 范本对自身 BIT 的示范效应有限，但对之后签署的 FTA 尤其是投资章中的环境条款有重要的影响。美国现行有效的 BIT 只有美国—乌拉圭和美国—刚果 BIT 系 2004 年以后签署，其余均在 20 世纪八九十年代签署，而美国 FTA 基本都在 2004 年以后签署，根据美国的谈判风格和谈判实力，其 FTA 投资章中的环境规则基本照搬 2004 年 BIT 范本。其二，FTA 轴心国的示范作用。与美国、加拿大签署 FTA 的国家，在与其他国家签署 FTA 时也将上述环境规则进行“移植”，表明轴心国的示范效应在增强，如秘鲁—新加坡 FTA，智利—澳大利亚 FTA 等。其三，FTA 投资章与环境章的协调问题。现代 FTA 基本上摒弃了 NAFTA 将环境协定作为附件的立法模式，而代之以专门的环境章。作为 FTA 的组成部分，投资章不可能孤立于其他章而存在，投资章中必然会设置环境条款以与环境章相衔接。

（二）FTA 环境条款的质量优势——以 FTA 环境章与投资章的关系为维度

在对 BIT 中的环境条款与 FTA 中的环境条款进行比较时，不能忽视的重要问题是 FTA 环境章中环境规则相较于 BIT 环境条款的质量优势。

首先，FTA 环境章中的环境规则可以通过 FTA 投资章的冲突条款而得以优先适用。原则上，环境章是整个 FTA 的组成部分，其本身并不专属于投资章。但是，在现代 FTA 的投资章中有一类特殊的冲突条款，这类冲突条款使得环境章中的环境规则可以优先适用于投资章中的投资条款。肇始于 NAFTA，其在第 1112.1 条规定：在该章（投资章）与其他章不一致的情形下，其他章在不一致的范围内优先。之后美国签署的包含投资章的 FTA 都包含这样的条款。综观现代 FTA 的环境章，其间贯穿了不少实质性条款，这些条款广泛赋予了缔约方规制环境的权利，并要求缔约方承担保护环境的义务，与投资章主要对东道国课以保护投资的义务形成鲜明对比，该两类规则有可能发生冲突。当二者发生冲突时，根据诸如 NAFTA 第 1112.1 条的冲突条款，环境章中的环境规则应当得到优先适用。具体而言，东道国可以环境章中设定自身环境保护水平的权力来对抗投资者关于国民待遇、最惠国待遇的诉请，东道国还可能以行使环境规制权来对抗投资者关于征收补偿的诉请。这类诉请在以 BIT 为依据的案件中非常普遍，仲裁机构往往依据其对一般国际法的理解或通过行使自由裁量权而对东道国的环境保护抗辩进行裁决。事实上，一般国际法本身有许多含糊之处，譬如对于治安权的边界，没有一个权威的国际文件进行统一界定，[①]仲裁机构主要是在行使自由裁量权。在没有坚实的规则作为后盾的前提之下，仲裁机构未免感到有些底气不足。另外，FTA 环境章中还涉及缔约方遵守环境条约的义务，该类义务与投资章中的投资保护义务也可能发生冲突。现代 FTA 环境章中也有相应的冲突条款，譬如美国—韩国 FTA 环境章第 20.10 条规定：当发生本协定（FTA）义务与涵盖协定（环境章中列明的环境条约）义务不一致时，缔约方应寻求平衡这些协定项下的义务，但这并不阻止缔约方采取特定措施以遵

---

① 如本书第四章所提到的，美国《对外关系法重述》（第三次）、1961 年的《国家对外国人造成损害的国际责任公约草案》、经合组织 1967 年《保护外国财产公约草案》等对治安权有一些说法，Methanex Corporation v. USA 案等仲裁庭明确宣称治安权属于国际习惯法上的一项原则。而事实上，以上文件关于什么是治安权并没有明确的标准，其是否已经成为国际习惯法，也不确定。本书的观点认为，治安权原则尚未发展成习惯国际法。

守涵盖协定下的义务，只要该措施的首要目的不是对贸易施加变相限制。[①]也就是说，该条款明确了缔约方应当优先遵守环境章所列明的环境条约义务，只要缔约方能证明所采措施的目的不会对贸易构成变相限制，即使因此而违反了投资协定项下的义务也在所不问。由此，FTA 环境章中环境规制权利条款、保护环境义务条款以及遵守环境条约义务条款，均可以通过 FTA 投资章或环境章的冲突条款而得到优先适用。相比之下，BIT 中则没有此类冲突条款，BIT 中的环境条款也并不能获得当然的优先适用效力。

其次，FTA 环境章中的环境规则，通常从正面以积极的语言赋予缔约方环境规制权，或者对缔约方课以保护环境的义务。即使 FTA 中不包含上述的冲突条款，东道国援引此类命令性或禁止性的环境规则，也可能因其特别法的地位而获得优先于投资章中投资条款的适用效力。相比之下，BIT 中的实质性环境条款主要以例外条款的形式出现，其与投资条款为适用范围补充的渐进关系。在适用顺位上，其往往在东道国抗辩核心条款受挫之后得以适用，且需满足相对比较苛刻的条件。为此，从东道国援引这个角度而言，FTA 环境章中的环境规则对其环境抗辩富有更高的价值，成功援引的概率也更高。因而，包含环境章的 FTA 的环境条款，在质量上是 BIT 所无法企及的。

（三）BIT 与 FTA 的并存对国际投资仲裁适用环境条款的影响

通常认为，国际投资法因数量众多且内容不一致的 BIT 与 FTA 的存在而呈现高度碎片化的状态。具体到某个国家，其签署的 BIT 或 FTA 也呈现碎片化的格局，这不仅仅体现在一国与其他国家签署的投资条约不一致这个方面，而且体现在该国与特定国家先后签署不一致的 BIT 与 FTA 这个方面。

这种现象在很多国家存在，如中国与东盟十国均单独签署了 BIT，又在 2008 年与新加坡签署 FTA，2009 年与东盟十国签署了《投资框架协议》。中

① See US – Korea FTA, Chapter 20, 2012.

国—新加坡 FTA 投资章第 84 条明确了该 FTA 与即将达成的中国—东盟《投资框架协议》之间的适用关系。[①]《投资框架协议》第 23 条规定：本协议不得减损一方作为任何其他国际协议缔约方的现有权利和义务。这些可以被视为协调这些 BIT 与 FTA 投资章适用关系的条款。然而，有些国家对该种碎片化的投资条约如何适用没有特别规制。加拿大早在 1996 年与巴拿马签署了 BIT，而后又在 2010 年与巴拿马签署 FTA，FTA 投资章中包含间接征收除外条款而 BIT 中没有该条款。美国在 1985 年与摩洛哥签署 BIT，又在 2006 年与其签署 FTA，1985 年的 BIT 不包含任何环境条款，2006 年 FTA 的环境规则分布在序言、履行要求第 10.8 条，投资与环境第 10.10 条，专家报告第 10.23 条以及间接征收附件 10 - B 当中。根据《维也纳条约法公约》第 30.3 条，先订条约的全体当事国也是后订条约的当事国，而先订条约依照第 59 条并不终止或暂停施行时，先订条约只在其规定与后订条约的规定相容的范围内适用。这是通说的后法优于先法原则的依据。换言之，先订的 BIT 只在与后订的 FTA 投资章相容的范围内适用，对于不相容的内容或 BIT 不包含而 FTA 投资章包含的部分，FTA 投资章具有当然的优先适用效力。那么，如若投资者以在先的 BIT 提起仲裁，仲裁机构究竟是以 FTA 投资章还是以 BIT 作为裁决依据呢？根据以上对《维也纳条约法公约》第 30 条的推论，在二者不相容的部分应以 FTA 投资章作为裁决依据。更进一步的问题，如果这样的投资仲裁案件包含环境因素，BIT 中没有环境条款而 FTA 投资章中有环境条款甚至 FTA 中包含环境章，则东道国是否有权援引 FTA 投资章和环境章中的环境条款为自身措施抗辩？在这种情况下东道国有权援引，仲裁机构也有权以 FTA 中投资章和环境章中的环境条款作为裁决依据。因

---

① 中国—新加坡 FTA 第 84 条（投资）：（1）依照《中华人民共和国与东南亚国家联盟全面经济合作框架协议》第 5 条进行的中国与东盟之间的投资协议（《中国—东盟投资协议》）完成后，除非协议另有规定，其条款经必要修改后应纳入本协定，成为本协定的一部分。（2）认识到《中国—东盟投资协议》谈判正在进行，双方同意共同推动协议尽早达成。（3）为了进一步确定，《中国—东盟投资协议》中与双方无关的任何权利、义务、限制或者例外不在本协定下适用。尽管有第 112 条（与其他协定的关系），如果《中国—东盟投资协议》与本协定不一致，本协定的条款优先适用。（4）本协定生效后的任何时候，应任何一方请求，双方应为鼓励和便利双方之间的投资进行磋商。

此,表面上投资者在提出诉请时似乎存在条约选购倾向,但原则上依据条约适用的规则,无论投资者是以 BIT 还是 FTA 作为起诉依据,均不影响仲裁机构以 FTA 作为裁决依据的权利。当然,基于各国签署 BIT 尤其 FTA 的热情,一国在后订的投资条约中不妨加入与先订投资条约适用关系的条款,或者增设后订投资条约具有终止先订投资条约效力的条款。如此,便不会造成一国签署的投资条约之间再次碎片化甚至混乱的局面。

第三节　国际投资条约中环境条款的类型界分:内容上的环境条款及其解释

内容上的环境条款,指的是从环境条款的实体内容而非存在形式视角对投资条约中的环境条款进行探讨。具体来说,本书将其分为非实质性的环境条款与实质性的环境条款。实质性的环境条款对投资仲裁机构的影响更大。

一、非实质性的环境条款

所谓非实质性的环境条款,指的是环境条款本身没有明确的权利义务内容,或者尽管规定了权利义务,但只有敦促、劝诫性质,投资者不会以这类条款作为起诉依据,东道国通常仅以此类条款进行辅助性抗辩。该类非实质性环境条款的功能主要在于利益平衡,即一方面东道国有保护环境的义务或对环境进行规制的权利,另一方面东道国还有保护投资的义务。应该说,早期投资条约中的环境条款主要以非实质性的环境条款这一形态存在,这也表明环境条款一开始出现时在投资条约中的边缘化地位。

(一)序言中的环保目标条款

第一类非实质性的环境条款,主要是在投资条约序言中加入保护环境或可持续发展目标等措辞。

该类环境条款最早出现在 1971 年的荷兰—摩洛哥 BIT 中。其在序言中写道：

同意这些目标（投资促进和投资保护）不以牺牲健康、安全和环境保护等一般措施的实施来实现。[①]

早期也出现在墨西哥、美国 FTA 或 BIT 中。NAFTA 序言规定：

承诺以上目标以一种符合环境保护的方式实施。

1994 年墨西哥—哥伦比亚—委内瑞拉 FTA 序言称，要促进可持续发展。1994 年美国—格鲁吉亚、美国—特立尼达和多巴哥岛 BIT 序言声明：

以上目标不以放宽健康、安全和环境措施的一般实施来实现。

类似语言还体现在中国、芬兰、日本、韩国、瑞士等 BIT 序言中。2006 年德国—特立尼达和多巴哥岛 BIT 序言称，认识到对保护环境措施不断增长的需求。

不少国家或国际组织 BIT 范本将环境保护或可持续发展目标并入序言中，美国 2004 年和 2012 年范本的序言均规定：

要以一种与保护健康、安全和环境相一致的方式……实现这些目标。

加拿大 2004 年范本提到促进可持续发展。2005 年可持续发展国际机构（IISD）提出的范本中，在序言多处提到可持续发展，并将 1992 年环境与发展里约宣言、2002 年可持续发展世界峰会等并入序言。挪威 2007 年 BIT 范本称：

希望这些目标以一种与保护健康、安全和环境……相一致的方式实现。

欧盟有关 FTA 中将气候变化目标纳入其间，其虽然不出现在整个 FTA 序言中，但在“多边环境条约”项下。欧盟—韩国 FTA 第 13.5 条第 3 款规定：

缔约方再次确认其在《联合国气候变化框架公约》与《京都议定书》中达成的最终目标的承诺。缔约方承诺依据“巴厘行动计划”确立的未来国际气候变化框架进行合作。

---

① Alessandra Asteriti, *Waiting for the Environmentalists: Environmental Language in Investment Treaties*, http://ssrn.com/abstract=2028405. p. 12, 2016 年 5 月 11 日最后访问。

在序言中概括地并入环境保护目标,主要基于以下考虑:其一,防止被指责只追求投资保护与投资促进目标,而忽视对环境的保护;其二,基于投资条约正文有越来越多的环境条款,序言为保持与正文的协调一致而加入环境保护目标。那么,这种原则性地追求环境保护目标的措辞对于国际投资仲裁有何影响呢?

序言的环境保护目标抽象而原则,没有赋予缔约方具体的权利并课以有约束力的义务,根据《维也纳条约法公约》第 31 条,序言可以作为条约的上下文而对条约约文构成解释关系。因此,序言的环境保护语言通常被作为解释投资条约核心条款的上下文。这里的问题可能有,BIT 或 FTA 通常在序言中列明了一系列目标,这些目标之间并无位阶。在具体的投资争端中,仲裁机构如何在诸多目标中进行拣选,作出既符合核心条款内涵,又充分平衡多元的条约目标的解释呢?原则上,就目的解释法而言,仲裁机构对投资条约的“目的”可以有不同的解读,当投资条约核心条款的内涵不确定时,仲裁机构有权依据其对投资条约“目的”的理解而作出其认为合理的解释。在 SGS 诉菲律宾案中,该案关于管辖权反对的仲裁决定称,双边投资协定即是保护和促进投资的协定,在对有关条款进行解释时作有利于投资保护的解释以解决其不确定性,这是合法的。[①] 该决定曾因其片面追求投资保护目标而颇受批评。在 CMS 诉阿根廷案中,仲裁庭在解释公平公正待遇含义时就援引了美国—阿根廷 BIT 的序言,作出了不利于阿根廷的解释,即公平公正待遇要求东道国保持稳定的投资法律框架。[②] 与此形成鲜明对比的是,在 SDMI 诉加拿大案中,NAFTA 仲裁庭却认为 NAFTA 序言、NAAEC 和 NAAEC 所确认的国际条约表明,NAFTA 特定条款应当依据以下原则来解释:缔约方拥有设定高水平的环境保护标准的权利,其没有义务仅仅为了满足其他缔约方的政治或经济利益而牺牲他们的标准……环境保护与经济发

---

① See SGS v. Philippines, ARB/02/6, Decision of the Tribunal on Objections to Jurisdiction, 29 January 2004.

② See CMS v. the Argentine Republic, ARB/01/8, Award, para. 274.

展可以而且应当相互支持。[1] 尽管本案在解释章中列明了与 NAFTA 投资条款相关的环境条约作为上下文,但最终没有作出对东道国有利的裁决。从目的解释法视角评价,仲裁机构依据序言所声明的条约目的来解释投资条款,这是无可厚非的。但事实证明,这样的做法在大多数情况下使得条约解释对投资者有利而对东道国不利。这种做法因而受到批评,有仲裁机构警告在解释条约的过程中不应过分参照条约的目的和宗旨。[2] 仲裁机构的担忧在于,保护投资者权利以及经济发展是投资条约追求的重要甚至唯一目标,目的解释可能成为保护投资者权利的同义语。越来越多的人意识到这种宽泛的解释是不妥当的。[3] 然而,随着投资条约多元目标的确立,尤其是环境保护目标重要性的加强,未来将出现依序言中的环保目标对投资条约核心条款进行解释的裁决。当然,为了防止矫枉过正,最为可取的是裁决机构对序言中的诸多目标进行平衡而非片面解释。在传统的过分强调投资者保护目标的做法之下,减少投资保护目标的分量而增加环境保护目标等重量,这样的做法更加周全且更容易为公众接受。

(二)不得降低环境标准条款

第二类非实质性的环境条款,要求缔约方不得为了吸引投资而降低环境标准。该类条款自 1990 年的加拿大—捷克 BIT 开始出现,以比利时—卢森堡经济联盟 BIT 为典型,其签署的很多 BIT 都包含这类条款:

缔约方认识到,通过放宽本国环境立法来鼓励投资是不恰当的。因此,各缔约方应努力确保,其为了鼓励一项在其领土内投资的设立、维持或扩

① See SDMI v. Canada, Partial Award, 13 November 2000, paras. 220 – 221.

② 参见[德]鲁道夫・多尔查、[奥]克里斯托弗・朔伊尔编:《国际投资法原则》(第 2 版),祁欢、施进译,中国政法大学出版社 2014 年版,第 28 页。

③ See Omar E. Garcia – Bolivar, *The Teleology of International Investment Law: The Role of Purpose in the Interpretation of International Investment Agreements*, Journal of World Investment & Trade, Vol. 6 (2005).

大,没有放弃或减损这样的立法。①

NAFTA 在此基础上增加了磋商程序,具体体现在第 1114.2 条规定:

如一缔约方认为另一缔约方提供了此种鼓励,可要求与另一缔约方磋商,双方应为避免任何此种鼓励而进行磋商。

美国 2004 年 BIT 范本、2012 年 BIT 范本第 12 条"投资与环境"条也有相同的规定。在《美墨加协定》环境章第 24.4.3 条中,则明确规定:

缔约方不应为鼓励贸易或投资,以削弱或减损保护的方法放弃或提出放弃或减损其环境法。

这类条款难以直接发挥实质性作用。该条对缔约方是否接受磋商以及拒绝磋商或磋商未果的后果未作任何规定,NAFTA 第 1114 条下缔约他方能否因此而提交仲裁不得而知。通常来说,投资者不会因为东道国降低环境标准吸引投资而质疑东道国,投资者母国也不会因东道国降低环境门槛而起诉东道国。东道国降低环境标准,吸引的通常是高污染行业的投资,对此最有利害关系的应当是东道国的民众,投资项目可能因市民的激烈反对而被取消,东道国为此要向投资者承担诸如征收的补偿责任。因此,该类条款应当与环境措施的透明度相联系,并在采取环境措施之前给市民参与预留足够的空间。唯有如此,才能使得市民认为的"为吸引投资而降低环境标准"这类诉请不发生或减少发生。

(三)遵守环境法或环境条约条款

第三类非实质性的环境条款,主要是在投资条约中强调缔约方保护环境的权利或义务,以及投资者遵守缔约方环境法的重要性。如 1999 年哥斯达黎加—荷兰 BIT 第 10 条规定:位于另一缔约国境内的一缔约国的投资者

---

① 以下 BIT 均包含该条款:Belgium/Luxembourg – Mauritius BIT (2005), Belgium/Luxembourg – Colombia BIT (2009), Belgium/Luxembourg – Libya BIT (2004), Belgium/Luxembourg – Panama BIT (2009), Belgium/Luxembourg – United Arab Emirates BIT (2004), Belgium/Luxembourg – Barbados BIT (2009), Belgium/Luxembourg – Tajikistan BIT (2009), Belgium/Luxembourg – Ethiopia BIT (2006), Belgium/Luxembourg – Nicaragua BIT (2005), Belgium/Luxembourg – Serbia BIT (2004), Belgium/Luxembourg – Sudan BIT (2005)。

应遵守投资所在国的包括劳工和环境在内的法律法规。[①] 比利时—卢森堡经济联盟 BIT 还提及缔约方的国际环境义务,如在与利比亚 BIT 中规定,缔约方重申其在国际环境条约项下的义务,缔约方应努力确保这些义务被充分认识,并通过国内法来实施。比利时—卢森堡经济联盟签署的 BIT 中广泛存在这类条款。[②] 在其他 BIT 中则进一步增加了磋商的程序条款,如比利时—卢森堡经济联盟与塔吉克斯坦 BIT 第 5 条规定:

缔约方重申其已经接受的国际环境条约项下的义务……缔约双方承认,彼此的合作为提升环境保护水平提供了进一步的机会。一旦收到一缔约方的请求,另一缔约方应同意就本条的任何事务举行专家磋商。

美国 2012 年 BIT 范本第 12 条"投资与环境"条规定:

缔约方认识到其各自环境法律、政策以及加入的多边环境条约在保护环境方面的重要地位。

笔者认为,该类将缔约国环境法与加入的环境条约纳入投资条约中的做法,至少与以上对环境保护目标的追求前后呼应,但是这类条款并没有就环境法或环境条约与投资条约的适用关系进行界定,不涉及环境保护与投资保护义务之间的冲突及解决。因此,在投资争端中,仲裁机构并不能直接以此作为依据裁定应优先考虑环保目标,这类条款只能作为解释其他实质性条款的辅助性条款。

(四)社会责任条款

第四类非实质性环境条款是社会责任条款,在较近的投资条约中才开始出现。2012 年欧盟—哥伦比亚—秘鲁 FTA 的"贸易与可持续发展"章出现了企业社会责任条款。加拿大近期签署的 BIT 有专门的企业社会责任条

---

① See Costa Rica – Netherlands BIT(1999).

② See Belgium/Luxembourg – Barbados BIT (2009), Belgium/Luxembourg – Congo (Democratic Republic) BIT (2005), Belgium/Luxembourg – Ethiopia BIT (2006), Belgium/Luxembourg – Guatemala BIT (2005), Belgium/Luxembourg – Guinea BIT, Belgium/Luxembourg – Libya BIT (2004), Belgium/Luxembourg – Mauritius BIT (2005), Belgium/Luxembourg – Nicaragua BIT (2005), Belgium/Luxembourg – Serbia BIT (2004), Belgium/Luxembourg – Sudan BIT(2005).

款，如2013年与贝宁湾BIT第16条规定：

任何缔约方应鼓励在其领土内营业或受其管辖的企业自愿将国际公认的企业社会责任标准，以及内部政策，诸如为缔约方所赞成或支持的原则性声明等，融入企业的行为当中。

加拿大2014年以来签署的大多数BIT包含此类企业社会责任条款。[①]这些原则通常涉及劳工、环境、人权、社区关系和反腐败。《美墨加协定》第14.17条"企业社会责任"则进一步明确规定：

缔约方重申每一缔约方鼓励在其领土或受其管辖的企业将国际公认的企业社会责任标准、指南和原则纳入其内部政策之中的重要性，这些标准、指南和原则涉及劳工、环境、男女平等、人权、土著人权利和腐败等领域。

将环境问题纳入企业社会责任的范畴，环境保护从此不再被笼罩在公共责任这一虚幻的空间之中。将企业社会责任与企业自身应尽的义务相对应，对企业而言保护环境义务具象化。当然，迄今达成国际共识的ISO 26000社会责任国际标准等尚不具有国际条约的效力，企业社会责任标准目前仅在软法意义上被宣示，但其能起到将企业自我规制义务、投资条约义务、遵守东道国环境法律法规等对接起来的效应，硬法化是其发展的方向。

（五）隐性的非实质环境条款

在美国FTA中普遍存在一类条款，其以NAFTA第1114.1条为发端：

本章的任何规定不应被解释为阻止一缔约方采取、维持或实施其认为合适的、并与本章相一致的任何措施以保证在其境内的投资以一种对环境关注敏感的方式实施。

该条在美国2004年BIT范本、2012年BIT范本都存在，在美国签署的绝大部分FTA中有该条款。[②] 其中，新近的《美墨加协定》第14.16条"投资

---

① 包括加拿大与塞尔维亚、塞内加尔、马里、喀麦隆、尼日利亚、象牙海岸、布基纳法索、几内亚、蒙古BIT。

② 2004年美国—智利FTA、2004年美国—新加坡FTA、2005年美国—澳大利亚FTA、2006年美国—摩洛哥FTA、2006年美国—多米尼加—中美FTA、2009年美国—阿曼FTA、2009年美国—秘鲁FTA、2012年美国—哥伦比亚FTA、2012年美国—韩国FTA、2012年美国—巴拿马FTA。

与环境、健康、安全与其他规制目标”规定：

该章的任何规定不应被解释为阻止一缔约方采取、维持或实施其认为合适的、与本章相一致的任何措施，以保证在其境内的投资以一种对环境、健康、安全或其他规制目标敏感的方式实施。

1996 年加拿大—巴巴多斯 BIT、1996 年加拿大—智利 FTA、2014 年加拿大—韩国 FTA 中也有类似条款。

对于这类条款，究竟是正面赋予缔约方环境规制权，还是因其“不应被解释为阻止缔约方……”的措辞而被认为属于非排除措施条款？从本条的目的来看，似乎要为缔约方的环境规制权提供依据，并通过“其认为合适的”措辞而赋予缔约方较大的自裁权，但是该自裁权要受制于“与本章相一致”的条件。以非排除措施条款的适用范围、政策目标、所采措施与政策目标的关联性三要素衡量，该类条款适用于整章，政策目标为意识到环境保护的重要性，关联性要求为缔约方认为合适的方式。通常而言，投资条约中的非排除措施条款属于例外条款。也就是说，该类条款所涉的措施因其与一般条款不一致，本来应当被排除，但由于有正当理由而不得排除。但是，与非排除措施条款相区别的是，本条的一个前提是“与本章相一致”。所以从这个角度分析，该条又不符合非排除措施条款的基本特性。为此，有学者指出，“与本章相一致”这一措辞使得本条不仅仅是有瑕疵的，而且是毫无意义的。当投资者就东道国采取的与本章不符的措施提出诉请，该条毫无作为。这是美国、加拿大深思熟虑的结果，当投资者诉请东道国违反第 11 章，作为东道国的 NAFTA 任何一个缔约方在进行抗辩时对此条没有寄予任何真正的依赖。① 也有学者认为，该条极易与第 1110 条发生冲突，二者发生冲突时何者优先还不确定。② 具体而言，如若一国为环保目的采取了一项措施而被投

---

① See Howard Mann, *Investment Agreements and the Regulatory State: Can Exceptions Clauses Create a Safe Haven for Governments?* Background Papers for the Developing Country Investment Negotiators' Forum Singapore (October 1 – 2, 2007), http://www.iisd.org/investment/capacity/dci_forum_2007.asp.

② See David A Gantz, *Potential Conflicts between Investors Rights and Environmental Regulation under NAFTA 's Chapter 11. 133 George Washington International Law Review*, 2001, p.679 – 680.

资者指责构成征收，那么应该适用第1114.1条还是第1110条？如果该环境保护的措施构成间接征收，则该措施应当被认为没有遵守该章的规定，进而不能援引第1114.1条。如果该项措施被准许适用第1114.1条，则能推论其“与本章相一致”，据此不能适用第1110条。为此，一些评论者认为，该条仅仅是同义反复的、外交的，而非法律的声明。①

在投资争端中，正如学者所言，NAFTA第1114.1条从未发挥实质性作用。在SDMI诉加拿大案中，加拿大联邦法院在进行审查时指出，NAFTA第1114条允许加拿大在采取合法的环境措施时无须考虑第11章，但仲裁机构却认定加拿大禁止PCB出口不是基于合法的环境目标，而是为了保护加拿大的产业免予美国竞争，因而第1114条不在本案讨论之列。② 然而，与NAFTA第1114.1条形同虚设的解释地位形成鲜明对比的是，美国—阿曼FTA第10.10条与第1114.1条措辞完全一致，但Al Tamimi诉阿曼案仲裁机构对第10.10条的效力给予充分肯定。当论及第10.5条最低待遇标准时，仲裁机构指出，第10.10条明确限定了包括第10.5条在内的其他投资条款的架构。第10.10条的措辞为缔约方采取、维持或实施任何保证投资以一种对环境关切方式进行的措施的权利，提供了强有力的保护，只要这类措施并非与第10章的明确规定不一致。③ 而在界定阿曼的措施是否违反国民待遇时，仲裁机构进一步指出，投资者证明东道国违反国民待遇，须以保证东道国在第10.10条项下有效地实施其环境法律法规作为前提。④ 为此，该案仲裁机构完全将该条视为实质性条款，并将该条所蕴含的环境利益置于投资利益之上。由此可见，不同仲裁机构对措辞相同的该条款及其与投资条款的关系有截然不同的解释。纯粹从约文文本来看，以NAFTA第1114.1条为代表的该平衡条款，在条款的设计上还是存在先天不足。具体而言，该

① See SDMI v. Canada, First Final Award, of November 12, 2000, Separate concurring opinion, November 13, 2000, para. 117.

② See Canada (Attorney General) v. S. D. Myers Inc. (F. C.) Federal Court, Kelen J. - Ottawa, December 1, 2 and 3, 2003 and January 13, 2004, para. 30.

③ See Adel A Hamadi Al Tamimi v. Oman, ARB/11/33, Award, para. 387.

④ See Adel A Hamadi Al Tamimi v. Oman, ARB/11/33, Award, para. 458.

条表面上赋予了东道国一定程度的环境规制权，且以东道国“认为合适”的措辞而预留了裁量空间，但这种规制权只能在遵守投资条款的范围内行使。因此，为了使本条赋予东道国的环境规制权更为纯粹或彻底，则要么界定与间接征收条款的适用关系，要么向非排除措施条款转化，而这里的关键问题，就是要取消“与本章一致”的条件限制。

（六）加强环境合作条款

基于环境问题的共同性与全球性，欧盟的 FTA 中普遍有一类环境合作条款，要求缔约方在环境事项上进行充分合作。欧盟—中美洲贸易合作协定第 50 条“环境合作”第 1 款规定：

缔约方为保护与改善当地、区域或全球环境水平而同意进行合作，以期实现 1992 年环境与发展里约宣言中的可持续发展目标。

第 3 款指出合作应在以下特定方面进行：

……

（c）像气候变化、臭氧层消耗、沙漠化、采伐森林、生物多样性与生物安全的保存等全球问题。

欧盟—哥伦比亚—秘鲁 FTA 第 286 条规定：

……此类合作活动应当涵盖具有相互利益的以下领域：

……

（e）与贸易，包括贸易与投资活动有关的，且有助于实现《气候变化框架公约》目标达成的关于国际气候变化方面的活动。

美国—摩洛哥 FTA 第 17.3 条“环境合作”规定：

……

4. 缔约方应考虑建立额外的适当的合作机制，包括考虑相关区域合作的环境合作协议。

……

7. 缔约方认识到加强在环境事务的合作关系能鼓励双边贸易与投资在环境产品和服务上的增长。

环境合作条款表明投资条约不回避投资与环境的交互关系，不规避缔约方在环境条约项下的义务，寻求投资与环境合作产生“溢出效应”。然而，国际投资的发展并非任何时候均与环境保护同向同行，国际投资活动不可避免会与缔约方环境条约项下的义务发生冲突。但是，该类环境合作条款对此种冲突并没有提供可供参考的化解与调和路径。

以上非实质性环境条款，通常不能作为仲裁机构进行裁决的直接依据，这些条款的主要功能在于平衡投资者与东道国之间的利益关系。这些非实质性条款固然不能作为“初级规则”决定东道国行为的性质，但作为“次级规则”能对补偿数额产生一定的影响。具体来说，仲裁机构可以依据这些条款将东道国行为的环保目标等作为减轻补偿的情形；就东道国而言，仲裁机构可以依据这些条款追究投资者忽视这些非投资目标的过错责任，[①]据此也可减少补偿的数额。

二、实质性的环境条款

所谓实质性的环境条款，指的是环境条款有明确的权利义务内容，环境条款能从不同方面影响到投资条约核心条款的内涵、被解释的方法、投资条约与环境条约的适用关系等。依据这些条款的功能、性质和措辞，可以将其分为：非排除措施条款、冲突条款和程序条款。

（一）非排除措施条款

国际投资条约的核心目标之一是对投资者进行保护。但是，投资者利益并非在任何情况下都处于被维护的中心。投资条约实质就是投资者与东道国之间利益博弈的结果。从公平的维度衡量，投资条约必然要对东道国的利益予以确认，主要包括国家安全、公共秩序、公共卫生、环境、劳工等。在法律表述上，与达成这些目标相对应的手段即被称为非排除措施。依据

---

① See Alessandra Asteriti, *Waiting for the Environmentalists: Environmental Language in Investment Treaties*, http://ssrn.com/abstract=2028405. p. 25，2020 年 12 月 29 日最后访问。

非排除措施条款,东道国在特殊情形下有权利限制对投资者进行保护。非排除措施条款最初出现在1959年德国—巴基斯坦BIT中:

基于公共安全、公共秩序、公共健康或公共道德等理由而采取的措施,不应被视为第2条中的歧视。[①]

这样的条款几乎出现在德国之后签署的每一个BIT中。美国包含非排除措施条款的BIT首次出现在1982年与巴拿马的BIT中:

该协定并不排除任何缔约方采取任何为维护公共秩序、为维持或恢复国际和平或安全,或保持其自身基本安全利益所必需的措施。[②]

美国之后签署的BIT几乎都包含此类条款。非排除措施条款还广泛出现在印度、比利时—卢森堡经济联盟、加拿大等国家或地区的BIT中,秘鲁、巴拉圭、委内瑞拉、土耳其、中国、瑞士等签署的部分BIT中也包含非排除措施条款。

欧盟在2010年以后签署的FTA中不仅将气候变化国际条约纳入,而且对缔约方在环境条约项下义务的实施上采取较一般的非排除措施条款更为宽松的立场。欧盟—中美洲联合协定第287条"多边环境标准与协定"规定:

……

2. 缔约方再次确认其作为缔约方而有效履行相应义务的承诺,包括:

(a)《关于消耗臭氧层物质的蒙特利尔议定书》;

(b)《控制危险废物跨境转移及其处置巴塞尔公约》;

(c)《关于持久性有机污染物斯德哥尔摩公约》;

(d)《濒危野生动植物种国际贸易公约》;

(e)《生物多样性公约》;

(f)《生物多样性公约卡塔赫纳生物安全议定书》;

---

① 德国—巴基斯坦BIT第2条规定:任何缔约方不应对与投资有关的任何活动进行歧视待遇,包括在另一缔约方领域内的一缔约方国民或公司的该类投资的有效管理、使用或利用,除非在准许投资的文件中有特别的规定。

② 美国—巴拿马BIT,第10.1条。

(g)《京都议定书》。

……

5. 本协定的任何规定不应被解释为阻止缔约方采取或实施本条提及的国际条约,只要这样的措施在情形相同的国家之间并非以一种武断或不合理的歧视方式实施,或者对国际贸易造成变相的限制。

欧盟—哥伦比亚—秘鲁 FTA 第 270 条第 2 款在欧盟—中美洲联合协定所列的环境条约基础上新增了《关于在国际贸易中对某些危险性化学品与农药采用事先知情同意程序的鹿特丹公约》,第 4 款规定:

本协定并非限制一方采取或维持为实施第 2 款提及条约的措施。这样的措施不应以一种在缔约方之间构成武断或不合理歧视的方式实施,或者对国际贸易造成变相限制。

欧盟—日本 FTA 第 16.4 条“多边环境协定”规定:

……

2. 各缔约方重申其作为缔约方的多边环境协定中的义务,并在其法律、法规和实践中有效实施。

……

4. 缔约方认识到实现《气候变化框架公约》(UNFCCC)最终目标的重要性,以应对气候变化的迫近威胁,以及为此目的的贸易地位。缔约方重申有效实施《巴黎协定》的义务。缔约方应合作提升贸易对温室气体转化和气候复原发展的积极贡献。缔约方应通力合作并采取行动应对气候变化,实现 UNFCCC 的最终目标与《巴黎协定》的目标。

5. 该协定并不阻止缔约方采取或维持为实施其作为缔约方的多边环境协定的措施,只要这样的措施并非以一种对其他缔约方构成武断或不合理歧视的方式实施,或者对国际贸易造成变相限制。

非排除措施条款在投资条约中的广泛分布对于国际投资法领域具有重要的意义。非排除措施条款发挥着一种风险分配的功能,将在特殊情形下对投资造成损害的成本从东道国转移至投资者,东道国无须对这些通常被认为违反投资条约的行为负责。[①]

1. 非排除措施条款的结构和形式

随着人类对环境问题的关注，环境与投资的关系也成为投资条约管辖的命题，环境非排除措施条款即是一种重要的方式。所谓环境非排除措施，指的是不排除的措施主要基于保护环境或可持续发展目标。由于环境或可持续发展本身内涵的宽泛性，这类环境非排除措施在投资条约中出现较早，频次较高。环境非排除措施条款最先包含在1985年中国—新加坡BIT中。该BIT的“禁止和限制”条款规定：

本协定的规定不应以任何方式约束缔约任何一方……针对动、植物病虫害的预防，而使用任何种类的禁止或限制的权利，或采取其他任何行动的权利。

1986年中国—斯里兰卡BIT与1988年中国—新西兰BIT均包含类似规定。1990年以后加拿大签署的BIT中，几乎都包含一类典型的非排除措施条款，这类条款冠以“适用和一般例外”，如1996年加拿大—巴巴多斯BIT第17.3条规定：

只要该类措施并非以一种武断或不公正的方式进行，或者不会对国际贸易或国际投资构成一种变相的限制，本协定不得解释为阻止一缔约方采取或维持包括环境措施在内的以下措施：

……

(b)为保护人类、动植物生命或健康所必需的；

(c)与保存生命的或非生命的可用竭自然资源相关。

加拿大2004年BIT范本将其进一步固定化，该范本第10.1条规定：

只要该类措施并非以一种在投资或投资者之间构成武断的或不公正的歧视的方式实施，或对国际贸易或国际投资构成变相限制，该协定不应被解释为阻止一缔约方采取或维持以下措施：

(a)为保护人类、动植物的生命健康所必需的；

---

① See William W. Burke - White & Andreas Von Staden, *Investment Protection in Extraordinary Times: The Interpretation and Application of Non - Precluded Measures Provisions in Bilateral Investment Treaties*, Virginia Journal of International Law, Vol. 48(2008), p. 311 - 314.

……

(c)为保存可用竭的生命或非生命的自然资源所必需的。

就结构和形式而言,环境非排除措施条款通常包含三个要素:政策目标;适用范围;所采措施与政策目标之间的关系(关联性要求)。

(1)政策目标的界定:识别环境条款的前提

环境非排除措施条款的政策目标为保护环境。本研究中,如投资条约中笼统称的"社会公共福利""公共目标"等,因其没有明确提到环境或环境的具体方面,本书不将其作为环境条款。同时,鉴于环境概念及环境问题的宽泛性,投资条约中概括地称保护"环境",或者具体化为保护"人类、动植物的生命健康""生命或非生命的自然资源"等,本书均将其作为环境条款。从这个意义上而言,只有追求环境目标的非排除措施条款才属于环境规则,如若政策目标为劳工、竞争等,则相应的为劳工条款或竞争条款。政策目标的规范效力在于:援引该条的东道国须证明所采措施的目标刚好处于该政策目标的范围之内。在欧盟近期签署的 FTA 中,则将此类环境目标进一步具体化为气候变化、生物多样性等,且通过列明相应国际条约的方式使其具象化。投资仲裁机构须界定环境非排除措施条款所限定的政策目标与东道国声称的环境目标的契合度,这与东道国证明所采措施系环境措施将发生某种程度的重叠。

(2)适用范围的取向:整个条约或条约的具体方面

在适用范围方面,有的非排除措施条款适用于整个条约,以加拿大 BIT 为典型。①

有的非排除措施条款适用于投资条约的某些或某个条款,如美国 BIT "履行要求"条款安排有环境非排除措施,美国 2004 年 BIT 范本第 8 条第 3 款(c)项规定:

如果这样的措施不是以一种武断或不公正的方式实施,且不会对国际贸易或国际投资构成变相限制,第 1 款(b)(c)(f)项和第 2 款(a)(b)项不

① 关于加拿大 BIT"适用与一般例外"条款,有的置于正文,有的置于附件,无论如何其都适用于整个协定的所有条款。

得解释为阻止一缔约方采取包括环境措施在内的以下措施:

……

(ii)为保护人类、动植物生命或健康所必需的;

(iii)与保存生命的或非生命的可用竭自然资源相关的。

其中第1款(b)(c)(f)项和第2款(a)(b)项规定,缔约方不得对投资者产品的国内成分,购买、使用本国或本国人生产的产品,以及将特定技术、生产工艺或其他知识转让给本国人等施加限制或要求。①

墨西哥—日本《加强经济伙伴关系协定》(Agreement Between Japan and the United Mexican States for the Strengthening of the Economic Partnership, EPA)、澳大利亚—智利FTA以及秘鲁—新加坡FTA等均有这样的规定。也有环境非排除措施条款仅适用于国民待遇的情形,如1995年瑞典—俄罗斯BIT第3条第3款规定:

在本协定生效之前另一缔约方的投资者在一缔约方领土内所进行的投资享有的(国民待遇)例外,须为维持国家安全和公共秩序,以及保护环境、道德和公共健康所必需。

还有BIT将环境非排除措施条款仅适用于特定区域安排的最惠国待遇,如1991年匈牙利—泰国BIT第5条规定:

该协定关于待遇授予条款中投资待遇不低于本国或任何第三国投资者的规定,并不能解释为要求一缔约方基于以下情形给予的任何待遇的好处、

---

① 美国—新加坡FTA、美国—智利FTA、美国—澳大利亚FTA、美国—摩洛哥FTA、美国—多米尼加—美洲FTA、美国—阿曼FTA、美国—秘鲁FTA、美国—哥伦比亚FTA、美国—韩国FTA、美国—巴拿马FTA、TPP均有相同表述。值得一提的是,NAFTA作为美国投资协定的鼻祖,在该履行要求环保非排除措施条款的表述上稍有不同,第1106.2条声明为满足一般的可适用的环境要求而要求一项投资使用某项技术,为此而采取的措施不被解释为与第1106.1.(f)项技术转让履行要求不符。另外,2012年BIT范本与该条款通常表述的区别则表现在,上述非排除措施还适用于履行要求第8条第1款(h)项,即通常不能对投资者或投资在其领土内向本国或本国人购买、使用技术或赋予其优先权进行要求或限制,或在其领土内阻止购买、使用特定技术或赋予优先权,但如果这样的措施不是以一种武断或不公正的方式实施,且不会对国际贸易或国际投资构成变相限制,该第1款(h)项不得解释为阻止一缔约方采取包括环境措施在内的以下措施:……(ii)为保护人类、动植物生命或健康所必需的;(iii)与保存生命的或非生命的可用竭自然资源相关的。该(h)项在TPP中也存在,但却不属于该协定履行要求非排除措施条款的范畴。

优先或优惠延伸至另一缔约方的国民或公司：

……

(c)另一缔约方与第三国之间基于同一地理区域，为提升经济、社会、劳工、环境、产业或金融领域在特定项目上的区域合作的任何安排。

将非排除措施的范围限定在诸如履行要求、国民待遇等具体方面是存在缺陷的。投资条约中缺乏一个适用于整个条约的环境一般例外，将使得政府为保护其公民和环境免受相关风险而采取有关措施的合法性，处于一种高度不确定状态。这种不确定性削弱了政府有效应对该类风险的能力。以美国为代表，将非排除措施条款仅适用于履行要求，会导致条约解释者质疑：当事实上，为保护健康、安全和环境，政府需保障将此类例外适用于 BIT 所有方面的能力时，起草者是否意图将此类措施排除适用于履行要求以外的其他方面？相比之下，一个适用于整个协定的非排除措施条款，将不仅使公共政策领域的法律具有足够的确定性，而且能为裁决者提供足够的指引。[①] 此外，将非排除措施仅仅适用于履行要求而非整个条约，将大大削弱其实质性作用。譬如，当投资者称东道国行为违反履行要求，东道国以该环境非排除措施条款抗辩并得以认可后，投资者可以继续称东道国所采措施违反国民待遇、最惠国待遇或构成征收，由于这些方面不存在环境非排除措施条款，则投资者要求得到补偿的诉请仍将得到仲裁机构的支持。对于东道国而言，其环境规制权由于没有全面的“安全阀”而不可能得到充分保障。从这个意义来讲，履行要求方面的环境非排除措施条款在维护东道国环境公共利益方面所能发挥的作用是有限的，难以真正发挥加强东道国对经济、社会事务管理权及其对诸如环境保护等公共利益关注的作用。[②] 事实上，NAFTA 项下涉环境的投资争端中，没有东道国援引该履行要求环境例外为自身的行为辩护。而投资者在征收和最低待遇标准条下的诉请屡屡得以支

---

① See *Report of the Subcommittee on Investment of the Advisory Committee on International Economic Policy Regarding the Model Bilateral Investment Treaty*: *Annex*(September 30, 2009) http://www.state.gov/e/eb/rls/othr/2009/131118.htm#1.

② 参见吴岚：《国际投资法视域下的东道国公共利益规则》，中国法制出版社 2014 年版，第 107 页。

持,以致有学者认为 NAFTA 项下对东道国义务包罗万象且细致入微的征收和最低待遇标准条,成为 NAFTA 实现其环境目标的最大绊脚石,对缔约方环境规制权以及环境立法构成严重威胁。[1] 而从投资者的援引意图来看,则有规避该特定履行要求例外的嫌疑,表明适用于特定方面的非排除措施条款发挥实效的局限性。

(3)关联性要求:必需性的参照标准

在关联性要求方面,环境非排除措施条款通常有"因(基于)……""针对……""与……相关""为……所必需"等措辞。笔者认为,前三项要求相对宽松,东道国只需证明所采措施属于环境措施即可,[2]关键在于对"为……所必需"采取何种审查标准。

在一些国际文件中也包含必需性要求,国际法委员会《关于国际不法行为的国家责任(草案)》(以下简称《草案》)第 24 条规定:

> 在国际法中国家不法行为只有在不可抗力、危急或必需情形才能解除该国家的国际责任。[3]

而根据《草案》第 25 条,必需性只有在一国基本利益正遭受严重而迫近的危害,而又无任何其他使其基本利益免受这样的危险危害的途径,并且所采措施不会危及其他国家基本利益的情形下才会发生。《草案》对于国家解除不法行为国际责任的必需性条件,强调该国基本利益所受危害的严重和迫近性,并且强调所采措施的唯一可行性,这是较高的标准。对于投资条约中的非排除措施条款,尤其是环境非排除措施条款,适用该标准将很大程度上剥夺政府行为的自由。其一,环境利益可否被定性为一国的基本利益尚有争议。其二,政府对投资或投资者的环境规制措施,通常是面向未来的。易言之,并非要等到有严重而迫近的危害出现方才采取相应的环境措施,环

---

① See Lawrence L. Herman, *Settlement of International Trade Disputes – Challenges to Sovereignty: A Canadian Perspective*, Canada – U. S. Law Journal, 1998, p. 74.

② 如第二章所述,这属于事实认定的范畴,东道国欲证明所采措施属于环境措施,在证明标准上宜采用合法性兼较低程度的必要性标准,即证明所采措施与保护环境相关。

③ See International Law Commission, Draft Articles on the Responsibility of States for Internationally Wrongful Acts with Commentaries, Art. 24(14), U. N. Doc. A/56/10 (2001).

境措施往往奉行预防原则。其三,国际法委员会关于国家解除国际责任的条件通常被认为属于一般国际法范畴,如若投资条约中的非排除措施条款采取该标准,则其本身没有存在的必要。因为依据国际条约的适用规则,特别法优于一般法。具体而言,《草案》关于国家不法行为国际责任的追责规则属于一般法,而投资条约中的非排除措施条款属于特别法,对特定的投资条约缔约国有约束力,其对缔约国的效力当然优于《草案》。在投资仲裁实践中,仲裁机构对二者的适用关系有着截然相反的做法。在2001—2002年阿根廷经济危机时,阿根廷采取的金融措施使其遭遇的投资仲裁纷至沓来。其中有4起案件的投资者均以美国—阿根廷BIT第11条[①]控诉阿根廷,该条属于典型的非排除措施条款。其中,CMS案、Enron案和Sempra案的仲裁机构认为第11条不能适用,转而适用了《草案》。LG&E案则适用第11条并解除了阿根廷的责任。2008年阿根廷向ICSID申请要求撤销Enron案及Sempra案的裁决,申请撤销的重要依据是仲裁机构在适用第11条中存在重大错误。最终ICSID专门委员会对两案裁决作出了撤销的决定,并就第11条与《草案》的适用关系作出了精辟的论述,明确《草案》作为习惯国际法并不具有国际强行法的效力,即使BIT中没有对非排除措施的明确规定,该习惯国际法也不能当然适用。美国—阿根廷BIT第11条与《草案》第25条之间存在本质的区别,后者并不是解释前者的当然依据,更不能取代前者而被直接适用。[②] 可见,非排除措施条款尤其环境非排除措施条款的必需性标准不能套用《草案》。

国际法院在Nicaragua案和Oil Platforms案中,对美国签署的《通商航海条约》中的必需性抗辩进行解释时采用限制解释法,与其形成鲜明对比的是欧洲人权法院对公共道德必需性的宽松解释。在Handyside诉英国案中,欧洲人权法院指出,将“必需”定位于“必不可少”和“有用的”之间,各国拥

---

① 美国—阿根廷BIT第11条:该协定不得阻止任何一缔约方为保持公共秩序,为履行维护或恢复国际和平或安全的义务,或保护其自身基本安全利益所必需的措施的实施。

② See Sempra v. Argentine, Decision on the Argentine Republic's Application for Annulment of the ARB/02/16,2010,Award,paras. 199 - 209.

有对暗含在“必需”观念的重要社会需要和现实的最初评价权，给各国赋予裁量权以确定哪项措施为公约确立的目标所必需。欧洲人权法院只需审查各国的决定是否处在国际社会所界定的裁量权范围之内即可。

此外，WTO争端解决机构对GATT第20条“一般例外”中的“必需性”进行解释时发展了“最小限制”测试方法，[①]援引方需证明所采措施有子项列明的正当理由，并且对贸易有最小限制，方能通过“必需性”检验。鉴于投资条约中的环境非排除措施条款基本套用了GATT第20条的措辞，WTO争端解决机构发展的对第20条“为……所必需”的解释进路，能较好地平衡东道国和投资者的合法预期。WTO的争端解决机构在具体贸易争端中所采用的方法对于非排除措施条款关键词的释明具有参考作用。[②] 为保证非排除措施条款的解释和适用，应当在政府合法规制目标与对投资构成的限制之间保持恰当的平衡。在此类案件中，国际贸易法体制所采方法对其将有所裨益。[③] 在GATT/WTO争端中，以GATT第20条(b)项和(g)项为抗辩的案件有11起，[④]专家组和上诉机构对该两项环保条款已然形成“子项—序

---

① See William W. Burke - White & Andreas Von Staden, *Investment Protection in Extraordinary Times: The Interpretation and Application of Non - Precluded Measures Provisions in Bilateral Investment Treaties*, Virginia Journal of International Law. Vol. 48(2008), p. 343 - 347.

② 参见彭岳：《双边投资保护协定中“非排除措施”条款研究》，载《河北法学》2011年第11期。

③ See Markus Wagner, *Regulatory Space in International Trade Law and International Investment-Law*, 36 University of Pennsylvania Journal of International Law 1, 2015.

④ 这些案件有：(1)1982 United States - Prohibition of Imports of Tuna and Tuna Products from Canada (US - Tuna Canada) (L/5198); (2)1988 Canada - Measures Affecting Exports of Unprocessed Herring and Salmon (BISD 35S/98) (Canada - Herring and Salmon); (3)1990 Thailand — Restrictions on importation of and internal taxes on cigarettes (BISD 37S/200) (Thailand - Cigarettes); (4)1991 United States - Restrictions on Imports of Tuna (BISD 39S/155) (US - Tuna Mexico); (5)1994 United States - Restrictions on Imports of Tuna (DS29/R) (US - Tuna EEC); (6)1994 United States - Taxes on Automobiles (DS31/R) (US - Auto Taxes); (7)1995 United States - Standards for Reformulated and Conventional Gasoline(DS2) (US - Gasoline); (8)1996 United States - Import Prohibition of Certain Shrimp and Shrimp Products (DS58) (US - Shrimp); (9)2001 European Communities - Measures Affecting Asbestos and Asbestos - Containing Products (DS135) (European Communities - Asbestos); (10)2009 China - Measures Related to the Exportation of Various Raw Materials (DS394/395/398) (China - Raw Materials); (11)2012 China - Measures Related to the Exportation of Rare Earths, Tungsten, and Molybdenum (DS394/395/398) (China - Rare Earths)。

言”的审查进路，对于必需性测试的解释趋于严格，且由援引该两项的成员方举证。迄今仅欧共体石棉案援引(b)项成功。笔者认为，以WTO争端解决机构必需性审查标准为参照，并不意味着完全照搬。因为国际贸易法与国际投资法体制存在诸多差异。其一，WTO以自由贸易、公平竞争为宗旨，通过贸易政策规范来协调成员方之间的利益关系；投资条约以保护、便利投资为主要目的，致力于对私人投资者的权利与政府规制权进行平衡。其二，相较于国际贸易活动，国际投资活动对资本输入国的影响更加深远，甚至会波及资本输入国的国家安全、经济主权等，因此如何坚守资本输入国的规制底线是国际投资法永恒的主题。其三，WTO的贸易救济是向前看的，且可以通过修订成员方的贸易政策来实现；国际投资仲裁的补救措施则是向后看的，着眼于如何对投资者的损害进行金钱补偿。因而，WTO中一般例外条款更多地在于确定成员方在非贸易领域的自主权不因自由贸易政策而受到过于严苛的限制，因而具有体系维护性；投资协定中的类似条款，则给予缔约国在特殊情况下脱身于条约义务的特权，因而具有体系破坏性。因此，在WTO体制下，为达成某一非贸易目标，成员方应从其拥有的多种手段中选择对贸易影响最小的措施来实施；在国际投资体制下，背离条约义务仅在其他方法用尽而无济于国家根本利益的情况下方才具有正当性。[①] 从这个意义上来说，不论投资条约环境一般例外条款是否明确赋予缔约方自决权，都应当认为该种自决权暗含于投资条约当中。以此为前提，投资仲裁机构的主要职能是运用比例性原则对缔约方的此项自决权与投资者权利，或者东道国的规制权与投资者权利进行平衡和衡量。投资仲裁机构无法回避的一个现实背景还在于，当下各国纷纷着手修订本国的BIT范本，而引发此次修订浪潮的起因，恰恰是以往投资仲裁机构忽视东道国规制权的倾向。因而，投资仲裁机构应当因势利导，在对环境非排除措施条款的“为……所必需”这一关联性要求进行解释时，应进行充分的平衡和衡量，积极回应缔约者加强环境规制权等需求。同时，基于国际投资法体制与国际贸易法体制

---

① 参见彭岳：《双边投资保护协定中“非排除措施”条款研究》，载《河北法学》2011年第11期。

的差异,投资仲裁机构不可完全照搬 WTO 争端解决机构对 GATT 第 20 条一般例外条款的解释方法,有必要运用比例性原则等公法工具,发展出与国际贸易法共同但有区别的解释法理,在考虑对投资者进行保护的前提下充分肯定东道国对环境等方面的规制权,以为缔约方实施其内生的规制权力保留充分的空间,因而对其"必需性"关联性要求不宜作过于严格的限制解释,[①]从而使得此类非排除措施条款真正发挥平衡器的功能。

值得关注的是,在欧盟近期签署的系列 FTA 中,对于气候变化、生物多样性等国际条约中规定的环境义务的实施,在相关条文中并无特别的关联性要求。这体现了欧盟对气候变化等国际条约保护的环境价值的强调。

2. 非排除措施条款的分类

就目前投资条约中出现的环境非排除措施条款而言,有例外条款和除外条款两大类。换言之,环境非排除措施条款在此是一个上位概念,属于广义的一般条款的例外情形。非排除措施条款系学者提出的概念,强调缔约方在公共安全或公共利益事务方面的规制权,在条款设置上也通常采用"并不排除/阻止缔约方采取……措施""不得解释为阻止缔约方采取……措施"的措辞。

(1)例外条款

环境非排除措施条款下的例外条款,指的是尽管所采措施违反投资条约,但因有环境保护等合法目标,且符合关联性要求,此种行为可以免责,以"一般例外"等作为条款的名称,着眼条约条款之间的关系,简约明确。

欧盟签署的系列 FTA 关于"多边环境协定"的条款,虽然没有冠以"一般例外"字样,但其措辞与 GATT 第 20 条有很大的相似性,本书亦将其视作"一般例外"条款。在欧盟—中美洲联合协定第 287.5 条中,要求履行第 2 款列明的 7 个协定义务不得在"情形相同"的缔约方之间构成武断或不合理

---

① See Jorge E. Viñuales, *Foreign Investment and the Environment in International Law* (Cambridge University Press, 2012), p. 383 – 384. 对此有学者持不同的观点,认为例外条款应当作出比范围条款或义务条款更为狭隘的解释。See Bradly J. Condon, *Treaty Structure and Public Interest Regulation in International Economic Law*, Journal of International Economic Law, 2014, 17, p. 350.

的歧视；欧盟—哥伦比亚—秘鲁 FTA 第 270.4 条则将条件放宽为不得在“缔约方”之间构成武断或不合理的歧视；欧盟—日本 FTA 第 16.4 条第 4 款列明了 UNFCCC 与《巴黎协定》项下缔约方的义务，第 5 款则仅要求实施缔约方为成员的环境条约不得对其他缔约方构成武断或不合理的歧视。由此可见，欧盟 FTA 对于此类“一般例外”条款在“序言”歧视方面的条件朝着越来越宽松的方向发展。这意味着，缔约方在援引此类条款，声称为履行相应环境条约义务而违反 FTA 项下投资义务时的证明责任变小，其援引成功的概率更高。

(2)除外条款

环境非排除措施条款项下的除外条款，指的是特定措施因具备环保等目的而不被认为违反投资条约的行为，或不构成(间接)征收。除外条款在无须担责上与例外条款是相通的，但与后者的区别在于，除外条款项下的措施本身不违反投资条约，除外条款通常采用“不视为违反……”等措辞。按照鲍威林关于国际规则关系的界分，一般条款与例外条款属于渐进关系。上述狭义例外条款与一般投资规则属于此种渐进关系，则此处的除外条款与一般投资规则也互为渐进关系，且似乎更加泾渭分明，因二者分属不同的调整范围。

环境保护除外条款较多地出现在间接征收条款中，确切地说是位于间接征收附件中，以美国和加拿大投资条约为代表。美国 2004 年 BIT 范本附件 B 第 4 条规定了间接征收的一般特征，(a)项进一步列明间接征收认定的几个要素：

即在特定事实情形下认定缔约方采取的一项或一系列措施是否构成间接征收，应当逐案的，在调查事实的基础上考虑以下因素：

(i)政府行为的经济影响；

(ii)政府行为明显干预了投资预期；

(iii)政府行为的性质。

第 4 条的(b)项规定：

除非特别情形，缔约一方旨在保护正当的公共福利，如公共健康、安全及环境而制定及实施的非歧视规制行为，不构成间接征收。

笔者认为，(a)项和(b)项为一般与例外关系，(a)项列明了构成间接征收行为所具备的一般特征，(b)项则指出不构成间接征收的条件，具体而言要求缔约方为保护环境等公共利益且非歧视性地实施。

相比之下，加拿大 BIT 中的此类条款更为清晰。以加拿大 2004 年 BIT 范本为例，其在附件 B. 13(1)征收条中，一共有并列的(a)、(b)、(c)三项，其中前两项界定了间接征收的范围，认定间接征收应当考虑的因素，第三项规定不构成间接征收的例外情况：

除非特别情况，譬如当一项措施或一系列措施依其目标极其严厉，以致不能被合理认为系善意采取之时，缔约一方旨在保护正当的公共福利，如公共健康、安全及环境而制定及实施的非歧视规制行为，不构成间接征收。

2007 年加拿大与秘鲁签署的 BIT 在附件中包含了此环境征收除外条款，之后签署的 BIT 几乎均在附件中设置这类条款。将该环境征收除外条款置于正文中的有：2011 年加拿大—科威特 BIT、2013 年加拿大—坦桑尼亚 BIT 和 2014 年加拿大—喀麦隆 BIT。笔者认为，根据加拿大的该环境征收除外条款本身的表述尤其是上下文，基于环境保护、非歧视且善意采取的措施，不构成间接征收，除非依其目标不可能认为其属于善意地采取或实施相应的措施情形。易言之，环境保护措施即使达到了间接征收的效果，但只要满足非歧视且善意实施的要件，仍不构成间接征收。这在加拿大 2015 年与布基纳法索签署的 BIT 中有更明确的表达，与以往的该条款不同，该条款将"except in rare circumstances, such as when a measure or a series of measures is so severe in the light of its purpose that it cannot be reasonably considered as having been adopted and applied in good faith."[①]置于句末，即

缔约一方旨在保护正当的公共福利，如公共健康、安全及环境而制定并实施的非歧视规制行为，不构成间接征收。除非在特别情况下，譬如当一项措施或一系列措施依其目标极其严厉，以致不能被合理认为系善意采取

① 在加拿大签署的 BIT 中，该款的通常表达是：Except in rare circumstances, such as if a measure or series of measures is so severe in light of its purpose that it cannot be reasonably viewed as having been adopted and applied in good faith, a non – discriminatory measure or series of measures of a Contracting Party that is designed and applied to protect the legitimate public objectives for the well – being of citizens, such as health, safety and the environment, does not constitute indirect expropriation。

之时。

回到第一章提到的 Spence 投资公司等诉哥斯达黎加案，申诉方认为 CAFTA 附件 10 – C 4(b)构成第 10.7 条征收条的例外，应由哥斯达黎加证明建设国家公园的行为属于附件 10 – C 4(b)中的“特别情形”，才能满足不构成间接征收的条件。但美国作为非争议第三方，认为附件 10 – C 4(b)并非一项例外，哥斯达黎加和非争端第三方萨尔瓦多均主张应由申诉方举证反驳哥斯达黎加建设国家公园的行为不构成间接征收。在笔者看来，CAFTA附件 10 – C 4(b)延续了美国 BIT 关于环境征收除外条款的一贯做法，环保征收除外构成一般的间接征收行为的例外。因此，申诉方所称该条属于例外条款的主张应当得到支持，作为东道国的哥斯达黎加应当就其行为属于该条的环境措施，且非歧视行使负举证责任。申诉方如要反驳，则要举证证明存在该条中的“特别情形”。换言之，证明存在“特别情形”的责任在申诉方而非哥斯达黎加。

应该说，大量的间接征收除外条款的出现，是对已经裁决的、涉环境的间接征收案件应采取何种标准的有力回应。在间接征收的认定标准上，学者根据投资仲裁机构的实践，将其分为：纯粹效果标准、目的标准及效果与目的兼顾标准三类。[①] 早期 CDSE 诉哥斯达黎加案，仲裁机构声明对间接征收采取纯粹的效果标准。该案关于环境保护目标不影响征收及其补偿的论述，被后来的 Tecmed 诉墨西哥案、Marion Unglaube 与 Reinhard Unglaube 诉哥斯达黎加案仲裁机构援引。但是，在 Methanex 诉美国案中，尽管 NAFTA 中尚无环境征收除外条款，仲裁机构在接受了美国提供的 UC 报告并认可 MTBE 对人体和环境存在巨大危害的前提下指出，根据一般国际法，一项非歧视的、为公共目标、依据正当程序的影响外国投资的规制行为不构成征收，除非规制政府对投资者作出了特别承诺，其将克制此种规制。[②] 为此，从

① 参见蔡从燕：《效果标准与目的标准之争：间接征收认定的新发展》，载《西南政法大学学报》2006 年第 6 期。

② See Methanex v. United States of America, Final Award, 3 August 2005, Part Ⅳ – Chapter D, para. 7.

国际法的角度，加利福尼亚州的禁令是一项合法的规制，不构成征收。① 该案可以被视为间接征收向目的标准转型的标志，仲裁机构视同在适用 2004 年 BIT 范本中的环境征收除外条款。在投资条约确立了环境征收除外条款之后，投资仲裁机构可以直接依据投资条约文本的该条款进行裁决。那么，环境征收除外条款这一法律依据是否使得仲裁机构在认定一项措施是否构成间接征收方面畅行无阻了呢？笔者认为未必如此。环境征收除外条款的适用，首先需要界定其与一般间接征收的关系。在笔者看来，二者应当为例外与一般条款的关系。其次，作为例外的例外，"除非特别情形"作何种解释，可能是将来这类条款在适用过程中的分歧点。因而，投资仲裁机构对于环境征收除外条款的解释仍然拥有较大的裁量权。

值得一提的是，有些投资条约将征收除外条款中的"除非特别情形"删除，如 2007 年《东南非共同市场投资协议》(Common Market for Eastern and Southern Africa，COMESA)第 20.8 条征收条规定，与政府规制权和治安权的习惯国际法相一致，为一缔约方善意采取的规制措施，如为保护或促进合法公共福利目标，如公共健康、安全和环境，则不构成本条项下的间接征收。2009 年《东盟投资框架协议》附件 2 征收和补偿条第 4 项规定：一缔约方的非歧视性措施，如为保护公共健康、安全和环境等合法公共福利目标，则不构成第 2(b)项的(间接)征收。该两条环境征收除外条款与间接征收的其他条款均为并列关系，东道国只要能证明其行为具备不构成间接征收的条件，即不应按间接征收对投资者进行补偿。笔者认为，这种规定简单明了，仲裁机构无须对诸如美国和加拿大 BIT 中的"特别情形"进行自由裁量，增强了条款本身的确定性。

从审查标准来看，环境征收除外条款较一般例外或特定方面的例外条款要宽松得多。如前所述，一般例外或特定方面的例外条款，关联性要求宽严程度不一，其中的"为……所必需"标准最高。而环境征收除外条款，东道

---

① See Methanex v. United States of America, Final Award, 3 August 2005, Part Ⅳ – Chapter D, para. 15.

国只需证明所采措施具有非歧视、环境保护目标、履行了正当程序或者善意采取即可，无须达到例外条款中的“为……所必需”的程度。为此，东道国进行抗辩时，可能会出现“条款选购”现象。当然，二者的调整范围存在差异，征收除外条款只适用于间接征收的认定。关于一般例外是否适用于间接征收，在本章后面的部分还会继续探讨。

在其他方面的除外条款，主要体现在公平公正待遇和履行要求方面。如2005年中国—马达加斯加BIT第3.2条规定：

……基于安全、公共秩序、健康、道德以及环境保护理由而采取的措施，不被认为构成对公平公正待遇的违反。

加拿大BIT有很多关于履行要求方面的环境除外条款，如2013年加拿大—贝宁湾BIT第10.2条规定：

要求一项投资使用一项技术，使其满足一般适用的健康、安全或环境要求，不是与第10.1(f)项不符。

加拿大与坦桑尼亚、喀麦隆、马里、尼日利亚、塞尔维亚、塞内加尔、布基纳法索的BIT都包含该条款。

3. 环境一般例外与环境征收除外条款：竞合与竞争

同属于非排除措施条款的一般例外与间接征收除外条款，在有关措施是否构成间接征收以及是否需要补偿方面，存在差异。最不明确的是，一般例外条款是否可以被援引以确定一项措施是否构成征收，或者即便构成征收是否需要补偿。[1] 换言之，此类一般例外条款是否适用于征收尤其是间接征收？在无特别排除规定的情况下，投资条约的条款尤其是核心条款应当适用一般例外条款，征收条款显然不应被排除。在这种情况下，东道国的行为即使构成间接征收，因满足一般例外条款的适用条件而无须补偿。如此，则可以进一步解决更为具体的问题，环境一般例外的适用范围将同样涵盖

---

① See Howard Mann, *Investment Agreements and the Regulatory State: Can Exceptions Clauses Create a Safe Haven for Governments?* Background Papers for the Developing Country Investment Negotiators' Forum Singapore (October 1 – 2, 2007), http://www.iisd.org/investment/capacity/dci_forum_2007.asp.

间接征收。如果东道国能证明所采环境措施满足子项的政策目标和关联性要求,以及序言的非歧视或不对投资构成变相限制等条件,即无须承担征收的补偿责任。

在同时包含环境一般例外和环境征收除外条款的投资条约中,就会出现缔约方行为同时满足二者的竞合现象。以加拿大 BIT 为例,其往往集一般例外条款和征收除外条款于一体,一般例外条款包含环保政策目标,征收除外条款所列的社会福利目标通常也包含环境保护。东道国对此拥有对抗辩条款的选择权,即可以进行"条约选购"。如若以一般例外条款为依据,则要证明所采措施符合子项的政策目标、关联性要求,进而证明其符合序言的非歧视、非变相限制等要件。如援引一般例外条款成功,东道国的行为即便构成征收也无须补偿。如若以征收除外条款为依据,则东道国须证明所采措施满足"旨在""保护环境"的关联性要求和政策目标,且非歧视地实施。若成功援引征收除外条款,则东道国的行为根本不构成征收。无论成功援引哪一条款,东道国均无须对投资者进行补偿。但显而易见,二者的审查标准不一样。通常认为,一般例外的"为……所必需"的关联性要求明显高于征收除外条款的"旨在"要求。因此,从技术层面分析,东道国援引征收除外条款为上策。换言之,在征收这一事项的抗辩上,环境一般例外条款和环境征收除外条款对东道国而言可能发生竞合,环境征收除外条款对东道国的援引而言具有竞争优势。当然,由于征收除外条款仅仅适用于征收事项,如若投资者依据国民待遇、最惠国待遇等条款起诉东道国,则东道国只能求诸一般例外条款进行抗辩。

据此,就征收尤其间接征收这一事项,投资仲裁机构至少须把握三种情形:其一,将间接征收与"本身非法"征收相界分。间接征收属于合法的征收;"本身非法"征收的相关政府行为,自身违反了法律的强制性规定,而不仅仅是没有给予补偿。[1]对合法的间接征收,东道国只需对直接损失进行"补

① 参见彭岳:《国际投资中的间接征收及其认定》,《复旦学报》(社会科学版)2009 年第 2 期。

偿”,而对“本身非法”征收则应当进行“赔偿”。[①] 布利朗(Browlie)认为,此类固有的非法征收的赔偿额应当涵盖投资者的直接损失和间接损失。[②] 其二,将间接征收与政府行使合法规制权的行为相界分。除了以治安权作为行使规制权的隐性依据,间接征收除外条款将成为东道国进行规制的显性依据。其三,在包含一般例外条款的投资条约中,则会出现构成征收无须补偿的情形。在后两种情形之下,环境因素均有可能居于举足轻重的地位。

赵维田先生对WTO协定的例外条款作过精辟的论述,称例外条款正如“一位律师架一辆四轮马车可以在总协定条文中畅通无阻”[③]。正是由于例外条款的存在,WTO诸多协定才得以达成,成员方的行为也才被赋予灵活性。无独有偶,国际投资条约中的环境非排除措施条款也属于例外条款,正是由于这些条款的存在,政府规制权的合法性得以彰显,东道国与投资者利益得以更好地平衡,投资条约以至于投资仲裁得以朝着更加可持续的方向迈进。

(二)冲突条款

冲突条款存在的前提在于,针对同一事项有不同规则进行调整。冲突条款的价值在于对不同规则的适用提供明确的指引。具体而言,投资条约中的环境冲突条款就投资条款与环境条款的适用提供路径,性质上属于非实质条款中“环境协作型”的强化类型。投资条约中的环境冲突条款,基本存在于FTA中。综观这类环境冲突条款,有的包含在投资章中,有的包含在其他章中。现有的这些冲突条款并不专门调整投资条款与环境条款之间的适用关系,[④]但鉴于FTA各章互为上下文,投资条款与环境条款的适用关系必然属于该类冲突条款的调整范围。撇开冲突条款的表现形式,本书从实质内容角度将其分为:直接调整型(直接调整投资条款与环境条款冲突类

① 参见徐崇利:《利益平衡与对外资间接征收的认定及补偿》,载《环球法律评论》2008年第9期。

② 参见李尊然:《管制性征收与国际投资法的新发展》,载《武大国际法评论》2007年第1期。

③ 赵维田:《最惠国与多边贸易体制》,中国社会科学出版社1996年版,第8页。

④ 譬如,冲突条款也会调整贸易规则与环境规则如何适用的问题。

型）、间接调整型（间接调整投资条款与环境条款冲突类型）。

1. 直接调整型冲突条款

该类冲突条款以 NAFTA 第 104 条及其附件为发端。NAFTA 第 104 条“与环境与保护协定关系”中规定：

在本协定与以下协定中的特定环境义务不一致的情形下：

a)《濒危野生动植物种国际贸易公约》；

b)《关于消耗臭氧层物质的蒙特利尔议定书》；

c)《控制危险废物跨境转移及其处置巴塞尔公约》；

d) 附件 104.1 列出的协定。

这些协定的该类义务在不一致的程度上应优先适用。设若缔约方在遵守这样的义务时拥有同等有效与合理可用方式的选择，该缔约方应选择与本协定其他条款有最小不一致的替代措施。

需要指出的是，第 104 条本身强调的是这些环境条约中的贸易义务，但从 NAFTA 涉环境的投资争端实践来看，当事方援引的是这些环境条约中的环境义务与第 11 章投资义务相冲突的情形，进而争辩到底是遵守列明的环境条约中的环境义务还是 NAFTA 投资义务。因此，从这个角度来看，仲裁机构没有局限于第 104 条措辞，对其适用范围进行了扩张。但是，在适用列明的环境条约的条件上，仲裁机构则进行了严格解释。依据第 104 条，如果缔约方在遵守环境条约时有一种同等有效、合理可用的方式，应选择与 NAFTA 其他条款最小不一致的替代措施。换言之，只有在缔约方没有同等有效和合理可用的方式情形下，缔约方才能选择遵守环境条约从而违反 NAFTA 其他条款，而该举证责任由采取环境措施的缔约方承担。迄今 NAFTA 下涉环境的投资争端，只有 SDMI 诉加拿大案对第 104 条进行了解释。仲裁机构指出，尽管 NAFTA 第 104 条规定《巴塞尔公约》相对于 NAFTA项下的特定条款而言有优先效力，[①]但是，即使 NAFTA 成员都批准了《巴塞尔公约》（本案中加拿大批准而美国没有批准该条约），也不能认为

① See SDMI v. Canada, Partial Award, 13 November 2000, para. 214.

加拿大能以其作为违反 NAFTA 特定条款的正当理由,因为当成员方有同等有效和合理可用且遵守《巴塞尔公约》义务的选择时,应选择对 NAFTA 有最小违反(最小不一致)的那个。[①] 仲裁机构接着指出,NAAEC 作为 NAFTA 的"绿色"附件,与美加跨境协议以及《巴塞尔公约》都是一致的,即通过一系列同等有效和合理的方式达到选定的环保水平时,应选择与开放性贸易最相吻合的那个。[②] 在分析国民待遇时,仲裁机构称 SDMI 与加拿大国内处理 PCB 废物的企业属于同一经济或商业部门,因而属于国民待遇项下的"相似情形"。同时指出,是否违反国民待遇,关键是看违反的实际效果而非违反背后的意图或目的。[③] 仲裁机构认为,加拿大保持本国处理 PCB 能力这一意图是合法的,但采取禁止 PCB 出口不是合法的方式。加拿大完全可以采取穷尽所有的政府要求和对加拿大产业进行补贴等合法的替代方式。该问题被最终提起以及加拿大重新开放边界表明,加拿大对其有效处理这种情况的能力没有进行限制。[④] 由此可见,仲裁机构对于第 104 条项下《巴塞尔公约》等的适用条件趋于严格。仲裁机构对于"穷尽所有的政府要求"这一替代措施究竟包括哪些语焉不详,而对加拿大国内产业进行补贴将违反 NAFTA 项下的其他贸易规则没有进一步分析。因此,从适用第 104 条的该投资争端来看,第 104 条起到了适用 NAFTA 投资规则而不适用《巴塞尔公约》的冲突解决的效果,但却明显将环境保护目标置于边缘的地位。

加拿大的部分 FTA 模仿 NAFTA 第 104 条对特定环境条约与 FTA 协定的适用关系进行调整。如加拿大—秘鲁 FTA 第 103 条"与多边环境条约的关系"有相似规定,第 103 条附件列明的多边环境条约增加了《关于在国际贸易中对某些危险性化学品与农药采用事先知情同意程序的鹿特丹公约》与《关于持久性有机污染物斯德哥尔摩公约》。加拿大—哥伦比亚 FTA 也有类似规定。

---

① See SDMI v. Canada, Partial Award, 13 November 2000, para. 215.

② See SDMI v. Canada, Partial Award, 13 November 2000, para. 221.

③ See SDMI v. Canada, Partial Award, 13 November 2000, para. 254.

④ See SDMI v. Canada, Partial Award, 13 November 2000, para. 255.

该类直接调整投资条款与环境条款冲突的条款还出现在 FTA 环境章中。以美国—秘鲁 FTA 作为发端和典型,该 FTA 环境章第 18.13.4 条规定:

当出现本协定(不仅限于环境章,包括投资章)和涵盖协定下一缔约方的义务不一致时,该缔约方应寻求平衡,但这并不阻碍该成员采取特定措施遵守涵盖协定项下的义务,只要该措施的首要目的不是对贸易构成变相限制。

18.2　附件"涵盖协定"第 1 条规定:

为本章(环境章)目的,涵盖协定意味着以下列明的(本协定均为)缔约方为的多边环境协定:

a)《濒危野生动植物种国际贸易公约》;

b)《关于消耗臭氧层物质的蒙特利尔议定书》;

c)《关于 1978 年船污染预防国际公约的议定书》;

d)《水鸟栖息地国际湿地公约》;

e)《保护南极洲海洋生物资源公约》;

f)《鲸类管理国际公约》;

g)《美洲国家间热带金枪鱼委员会创立公约》。

美国—哥伦比亚、美国—韩国和美国—巴拿马 FTA 均有相同的规定。应该说,这是扩张缔约方环境规制的又一种方式,即便并非专门针对投资者或者投资。与 NAFTA 第 104 条及其附件相比,该条所列的环境条约有明显的增加,同时在适用条件上仅要求不对贸易构成变相限制。当然,就美国而言,特定的缔约历程和国内通过程序,注定了以美国—秘鲁为代表的现代 FTA 未将诸如清洁的水资源、气候变化等同等重要的环境条约纳入。具体来说,美国 2007 年 5 月 10 日《两党贸易协议》就列出了美国—秘鲁 FTA 中的 7 个环境条约。之所以将该 7 个环境条约并入,是因为缔约者已经成为该类环境条约的成员,在环境方面的细节问题上无须进一步谈判,将缔约方已经加入的多边环境条约并入同时具有合法性等理由。[①] 值得一提的是,第

① See Madison Condon, *The Integration of Environmental Law into International Investment Treaties and Trade Agreements: Negotiation Process and the Legalization of Commitments*, Virginia Environmental Law Journal, Vol. 33(2015), p. 135.

18.13.4 条的脚注特别申明,相较于涵盖的环境条约,其对多边环境协定并非存在歧视。这里蕴含的问题有,当出现并非涵盖协定的环境条约义务(FTA 缔约方为该环境条约成员)与本 FTA 项下的投资义务不一致的情况时,缔约方是否也要优先考虑恪守环境条约义务,只要所采措施的首要目标并非对贸易施加变相限制,否则即对并非涵盖协定的环境条约构成歧视?这个问题涉及环境冲突条款对原有的规则适用关系的影响,在接下来的分析中还会继续探讨。

《美墨加协定》第 24.8 条“多边环境协定”第 4 项则用了“必需”措辞:

每一缔约方应采取、维持和实施为履行以下多边环境协定(“涵盖协定”)各自义务所必需的法律、法规和所有其他措施:

a)《濒危野生动植物种国际贸易公约》;

b)《关于消耗臭氧层物质的蒙特利尔议定书》;

c)《关于 1978 年船污染预防国际公约的议定书》;

d)《水鸟栖息地国际湿地公约》;

e)《保护南极洲海洋生物资源公约》;

f)《鲸类管理国际公约》;

g)《美洲国家间热带金枪鱼委员会创立公约》。

该协定中列明的涵盖协定与先前美国 FTA 协定完全一致,但该条中“必需”性要求似乎较美国—秘鲁 FTA 环境章第 18.13.4 条的“不对贸易构成变相限制”更为严苛。

欧盟—秘鲁—哥伦比亚 FTA“贸易与可持续发展”章规定:

该 FTA 第 270.2 条规定,各成员方重申在其法律和实践中有效实施以下 8 个多边环境协定:《关于消耗臭氧层物质的蒙特利尔议定书》、《控制危险废物跨境转移及其处置巴塞尔公约》、《关于持久性有机污染物斯德哥尔摩公约》、《濒危野生动植物种国际贸易公约》、《生物多样性公约》、《生物多样性公约卡塔赫纳生物安全议定书》、《京都议定书》和《关于在国际贸易中对某些危险性化学品与农药采用事先知情同意程序的鹿特丹公约》。

第 270.4 条进一步明确:

该协定的任何规定都不得限制一成员为实施270.2条所指的环境协定而采取或维持有关措施的权利,只要这样的措施不以一种在成员方间构成武断或不合理歧视的方式实施,或对贸易造成变相限制。

欧盟系列FTA的上述规定兼具非排除措施条款与冲突条款的特点。其作为非排除措施条款,没有明确的关联性要求;其作为冲突条款,则又以一般例外条款与序言相当的非歧视标准为条件。因此,本书在两种类型中均作了列明。依据欧盟FTA这类条款本身的措辞及其上下文,国际投资仲裁机构应当秉持一种较一般例外条款更为宽松的解释标准。

而新近的欧盟—日本FTA第16.4条"多边环境协定",其第4款专门规定了缔约方在《联合国气候变化框架公约》与《巴黎协定》中的义务,体现了对气候变化的特别关注。第5款规定:

该协定并不阻止缔约方采取或维持为实施其作为缔约方的多边环境协定的措施,设若这样的措施并非以一种会对其他缔约方构成武断或不合理歧视的方式实施,或者对贸易构成变相限制。

该协定并没有列明诸如欧盟—秘鲁—哥伦比亚FTA第270.2条的多边环境协定,而将其扩展为"作为缔约方的多边环境协定",这体现了对多边环境协定义务的优先考量。

2. 间接调整型冲突条款

所谓间接,是指通过一些中介条款将环境条款与投资条款的适用关系释明。以NAFTA为发端,在以上所有包含投资章的美国FTA中均有一条,投资章与其他章不一致时,其他章在不一致的范围内优先。在包含环境章的FTA中,环境章就缔约方的环境规制权有非常详尽的列明,如美国—澳大利亚FTA第19.2.1.(b)项即明确,缔约方享有环境事务的资源分配、规制等诸多权力。换言之,缔约方在行使该环境规制权时,如果有违投资者或投资在投资章中应享有的国民待遇、最惠国待遇或公平公正待遇,甚至构成征收,则依据以上冲突条款,缔约方可能被免责。加拿大—哥伦比亚FTA投资章第802条、加拿大—韩国FTA投资章第8.2条等也有类似规定。

FTA通过投资章和环境章的冲突条款,缔约方在特定的环境条约项下的义务将优先适用于投资章中的投资义务。当东道国的一项环境措施被指责违反投资章中对投资者的保护义务或构成征收时,其可以依据以上直接或间接环境冲突条款,通过援引这些环境条约或环境条款而为自身的环境规制行为进行抗辩。相比之下,BIT 中基本上不存在这类环境冲突条款,至多出现投资规则与环境条约"互相支持",或缔约方"充分认识"环境条约重要性这类措辞。对此笔者分析,可能存在以下原因:其一,协定的性质使然。FTA 作为区域经济一体化的产物,涵盖的内容必然具有多元化,这注定其追求的价值目标不可能单一化。在架构安排上,越来越多的 FTA 有专门的环境章。由于国际经济交往都伴随对环境的影响尤其是负面影响,为寻求该类国际贸易、国际投资活动的正当性,保护环境当然地成为价值目标之一。而在专门的环境章中就多边环境条约与 FTA 规则的关系进行界定亦属于自然之道。相比之下,BIT 属于专门的投资协定,保护投资、便利投资应该处在这类协定价值目标的核心,保护环境尽管已不再被忽视或完全边缘化,但无论如何无法取代保护投资的中心地位。因而,在处理环境条约与投资规则关系的方式上,BIT 倾向于采用模糊的措辞,仅原则声明要充分认识环境条约在保护环境方面的重要作用,至于当遭遇环境条约与投资规则相冲突应适用何者的问题之时,留待仲裁机构具体考量。其二,NAFTA 和美国—秘鲁 FTA 示范效应。在直接环境冲突条款模式之下,NAFTA 目标章第 104 条实现了将环境条约纳入 FTA 的突破,但纳入的环境条约极其有限,并且"最小限制"测试门槛较高。美国—秘鲁 FTA 在此基础上,基于 FTA 环境独立章的出现,又实现了在环境章中设置冲突条款的突破,且该类冲突条款适用于 FTA 所有其他章,在适用条件上也更为宽松。其三,美国在 NAFTA 框架下遭遇了一系列涉环境投资争端。美国主要作为资本输出国的地位,决定了其投资协定更加倾向于对投资者进行保护。但是 NAFTA 模式下加拿大与美国作为发达国家互有投资,美国在投资争端中因为所采环境措施而被起诉,这些事实让美国认识到维护东道国环境规制的重要性。其四,究其实质,应该归结于环保意识的兴盛。在国际经济活动的所有领域,环境保护已经引起越来越多的关注,任何国际经济交往要寻求可持续的发展,必然要为环境规制留有余地，且这个政策空间有日益扩张的趋势。

（三）程序条款

涉及环境保护的程序条款，其存在的主要价值在于实现环境保护的程序正义。之所以将其归入实质性条款，是因为这类程序权利极易实体化。环境问题具有公共属性，社会公众对与环境保护相关的仲裁程序拥有知情权甚至参与权；环境问题在很多情况下也是科学问题，需要进行充分的论证才能确立投资行为与环境损害的因果关系，这样的科学推理工作远非仲裁机构的仲裁员所能胜任，须环境等领域的专家介入。

在 FTA 的环境章中，有对公众参与的特别规定。美国—秘鲁 FTA 环境章第 18.7 条"公众参与机会"规定：

每一缔约方应通过将其环境法、实施、遵守程序、利益主体请求有权机关调查环境违法事件等程序公开，从而提升公众对环境法的公开意识。每一缔约方应接收来自该缔约方个人关于本章环境条款实施事项的书面意见，除非有合理理由，该缔约方应当书面回复。且这样的书面意见和回复应当通过及时和容易获得的方式向公众公开。

在 BIT 中对环境方面事务的公众参与很少有特别的规定（2012 年 BIT 范本投资与环境章中有规定，但本条不适用投资仲裁），公众参与环境事务往往以仲裁程序的透明度要求为依据。仲裁机构在已有的环境投资争端中已经接受了环境保护等 NGO"法庭之友"的书面意见。

自 NAFTA 第 1133 条出现专家报告条款以来，美国几乎所有 FTA 中都包含该条款。其 2004 年和 2012 年 BIT 范本规定：

在不影响依可适用的仲裁规则授权其他专家的情形之下，仲裁庭应争端一方的请求，或者如争端双方不同意，仲裁庭可依职权指定一名或几名专家，以书面的形式就争端一方在程序中提出的，关于环境、健康、安全或其他科学事务等任何事实问题向其报告，该类专家报告限于争端方同意的条款和条件。

加拿大 2011 年以后签署的 BIT 基本都包含这类条款，如与科威特、贝宁湾、喀麦隆、马里、尼日利亚、塞尔维亚、塞内加尔、象牙海岸、布基纳法索等BIT。加拿大签署的很多FTA也有关于环境的专家报告条款,如与哥伦比亚、韩国、洪都拉斯、智利、巴拿马FTA。基于环境问题的专业性和前瞻性,专家报告可就投资活动对环境的影响等科学问题提供令人信服的依据、论证和结论,如此有益于增强仲裁程序的公正性以及仲裁裁决的公信力和执行力。在涉环境投资仲裁中,尚未出现由仲裁机构指定专家的案件,但当事方主动聘请专家的情况已经发生。在Methanex诉美国案中,为证明甲醇对人体和环境有巨大的危害,美国与Methanex均在仲裁程序中出具了专家报告,其中美国由60名研究人员做成的UC(生命与环境评估)报告经听证并广泛搜集了科学证据,最终得到仲裁机构的认可。

综上,自1985年中国—新加坡BIT最早出现环境条款以来,投资条约中的环境条款更加普遍,以更为固定的形式出现,已经形成了一个内容不断充实的体系。投资条约框架下的环境条款从单一、宣誓性的语言到多元、实质性的措辞,已然实现了在投资条约中完全附属到去边缘化的飞跃。

对投资条约投资条款与环境条款的解释,对应着仲裁机构的两种解释模式。对不包含环境条款的投资条款进行环境并入解释,与对环境条款的环境分别解释,构成了涉环境的国际投资仲裁的两种形态。对环境条款的专门、单独解释,因有法可依而能将环境因素以更为直接的方式作用于国际投资仲裁。然而,对环境条款的解释从来都不能脱离条约解释的规则和原则,尤其不能与其他投资条款的解释割裂开来。该种环境分别解释必须在顾及与投资条款关系的基础上进行,且绝不可抹杀投资条款中应有的环境因素。此外,就目前环境条款的适用范围而言,并非所有投资条约均包含适用于整个条约的环境一般例外条款。因而,该种规制漏洞使得投资者得以规避援引适用于特定事项(如征收)的环境条款,转而求诸投资条款。至此,环境分别解释不可能替代环境并入解释,二者相辅相成,将长期并存于国际投资仲裁实践当中,对二者关系及两种解释模式进行探寻具有进行时和未来时的双重意义。

第六章

气候变化争议对国际投资仲裁的挑战与透视

气候变化与各国经济利益密切相关,对传统经济存在减损作用,不同国家间对气候变化治理展开长期的博弈而未有实质性的解决方案。发达国家作为碳排放历史累积的最大“贡献者”,理应就其历史碳排放而对气候变化的负面影响承担主要责任,其亦有先进的技术与充足的资金对发展中国家气候变化进行援助与指导,然而发达国家基于一己私利不愿为此作出牺牲。相比而言,诸多发展中国家将发展经济作为首要任务,对气候变化缺乏资金与经验。气候变化国际体系呈现多元、错综复杂的国家利益格局,各国似乎存在不可调和的矛盾。气候变化已然成为当今世界的“超级抗解问题”(super wicked problem)。[①] 然而,在并非国家的非政府组织或民众层面,其对气候变化则表现出完全不同的超乎寻常的积极态度,重要表现在于非政府组织或民众日益频繁提起的气候变化诉讼。该类气候变化诉讼以政府、公共机构或者企业为被告,主要诉由为,针对这些主体管制碳排放或者碳排放行为导致其生活、健康或居住环境恶化而提起。如若这样的气候变化诉讼导致政府采取积极的减排措施,进而影响到投资者的投资,则投资者完全可能在国际投资仲裁框架下诉诸东道国。与之并行不悖的是,欧盟自2003/87/EC排放交易指令正式生效以来,从2005年1月1日开始正式运行EU-ETS(emission trading system,碳排放交易体系),其限排的行业从能源供应、

① 参见张忠利:《应对气候变化诉讼中国家注意义务的司法认定——以“Urgenda Foundation诉荷兰”案为例》,载《法律适用》2019年第18期。

石油、提炼、钢铁、建筑材料、纸浆、造纸扩展到航空业,并进一步向化工业、制氨行业、铝业等延伸。[①] 欧盟碳排放交易体系实施以来引起国际社会的强烈反响。美国航空运输协会、美国航空公司、大陆航空公司和联合航空公司甚至就欧盟航空碳排放交易指令向英格兰和威尔士高等法院起诉,欧盟法院最终对其合法性作出裁决。[②] 对此,引发理论界普遍讨论的问题是,碳排放权的性质为何,究竟是财产权还是公权,抑或公权与私权的混合权利?如若将碳排放权界定为一项投资,则受到影响的投资者完全可以到国际投资仲裁机构起诉东道国。因此,气候变化问题必然会对国际投资仲裁造成诸多层面的挑战。在以欧盟为代表的少数 FTA 已然涵盖气候变化问题的背景之下,极有必要从条约、仲裁及其双向互动的层面作进一步探讨,以期就气候变化问题对国际投资法体制造成的挑战作出应对,并探寻一条适于化解当前气候变化治理困境的全新路径。

第一节　气候变化诉讼及其对国际投资仲裁的挑战

国际投资与气候变化的关系隶属于经济活动与环境保护这一大的命题,二者之间存在可能的双向、双重影响。一方面,国际投资作为拉动经济的重要引擎,完全可以通过相应政策引导与技术支持而投向低碳、清洁产业,从而实现气候变化与环境质量的改善。该类国际投资与气候变化同向同行。依据库兹涅茨曲线理论,只有当经济发展到一定阶段后东道国才会关注环境质量,[③]进而大力引进并发展“气候变化友好型”投资。另一方面,在经济发展初期或在绝大部分情形下,东道国往往会以牺牲环境质量为代价换取经济总量上的增长。由于气候变化结果显现的滞后性以及外部性,

① 参见彭峰、邵诗洋:《欧盟碳排放交易制度:最新动向及对中国之镜鉴》,载《中国地质大学学报》(社会科学版)2012 年第 5 期。

② 参见张泽平:《航空碳排放及其交易的国际法规制——从“欧盟航空碳排放案”说起》,载《环球法律评论》2013 年第 1 期。

③ See Salvatore Bimonte, *Model of Growth and Environmental Quality. A New Evidence of the Environmental Kuznets Curve*, April 2001, www. ssrn. com.

已经超越经济发展初期的发达国家习惯于将发展中国家"沦落"为其转嫁气候变化不利后果的"港湾"。对于此种"非气候变化友好型"投资，总体上政府与非政府组织、民众立场有明显分歧。如若非政府组织、民众通过诉讼方式迫使政府采取积极减排措施，外国投资者依据投资条约享受的相应待遇必然遭到减损，从而会引发国际投资仲裁案件。随着气候变化诉讼的日益增多以及法院对该类诉讼更为包容的立场，此类气候变化诉讼无疑构成对国际投资仲裁的一大挑战，因此极有必要建立应对气候变化的国际投资法体制。①

一、气候变化诉讼概况及其发展趋势

气候变化诉讼可以成为政府、公共机构采取行动进行减排的外在推动力，也可以迫使被诉的碳排放企业对其生产作业方式进行转型升级。如若政府、公共机构、企业朝着此方向行进，则气候变化诉讼不失为提升环境质量的利好之举。然则，与之相反的一面则是，当政府、公共机构采取积极减排措施时，受到影响的碳排放企业并不对其碳排放行为进行限缩，反而通过在本国投诉政府来寻求正当性，当其诉求被拒之后，作为外国投资者的企业极有可能开启另一条救济途径——国际投资仲裁，其以国际投资条约中对投资者进行保护的规定作为依据在国际机构中寻求最后"正义"。如是，则国际投资仲裁机构将面临数量不菲的气候变化投资仲裁案件，在此类案件中投资仲裁庭如何适用与解释投资条约条款显得非常关键。

根据哥伦比亚大学萨宾气候变化法律中心数据库统计，截至 2019 年 12 月 9 日，全球共有 1667 件与气候有关的案件，其中发生在美国的有 1340 件。从 2006 年到 2007 年，美国气候案件的数量翻倍，随后的几年中数量维持稳定，但是 2010 年提起的气候诉讼在 2009 年的基础上翻了 3 倍。② 从 2001 年

---

① 参见王艳冰：《国际投资法应对气候变化之合法性分析》，载《学术界》2012 年第 2 期。

② 参见张梓太、沈灏：《全球因应气候变化的司法诉讼研究——以美国为例》，载《江苏社会科学》2015 年第 1 期。

到2010年,有24%的环境案件是由环境保护组织提起的,这部分的诉讼很多是为了阻止或者限制政府发行煤燃电厂的建设许可。① 气候变化诉讼在加拿大、德国、澳大利亚、新西兰②、荷兰③等国也被提起。气候变化诉讼案件分为气候行政公益诉讼与民事公益诉讼。气候变化行政公益诉讼是以政府或公共机构为被告的行政案件,包括对行政机关或公共机构不当作为与不作为两类诉讼。气候变化民事公益诉讼则主要是以企业为被告的气候变化侵权诉讼。④ 近年来各国气候变化诉讼的总体情况见表6-1。迄今气候变化诉讼以国内诉讼为主,国际上气候变化诉讼则以因纽特人对美国的人权诉讼以及非政府组织向世界遗产委员会提起的请求为代表。⑤

---

① See *Growth of U. S. Climate Change Litigation*: *Trends & Consequences*, https//www. dbadvisors. com/content/_media/US_CC_Litigation. pdf.

② 参见张梓太、沈灏:《全球因应气候变化的司法诉讼研究——以美国为例》,载《江苏社会科学》2015年第1期。

③ 参见张忠利:《应对气候变化诉讼中国家注意义务的司法认定——以"Urgenda Foundation诉荷兰"案为例》,载《法律适用》2019年第18期。

④ 参见黄文旭:《域外气候变化公益诉讼的发展动态》,载《人民法院报》2019年12月20日,第8版。

⑤ 2005年因纽特人委员会代表居住在美国和加拿大的因纽特人向美洲政府间人权委员会(Inter-American Commission on Human Rights)提出人权控诉书,指控美国大量排放温室气体加剧了气候变化进程,请求人权救济。See William C. G. Burns, Hari M. Osofsky, *Adjudicating Climate Change*, *State*, *National and International approaches*, Cambridge University Press 2009, p. 25. 2004年至2006年,非政府组织向世界遗产委员会发出请愿书要求将澳大利亚、秘鲁、尼泊尔、加拿大、美国的世界遗产列入《世界遗产公约》项下的濒危世界遗产名录(List of World Heritage in Danger),因为这些遗产都受到气候变化的影响,比如澳大利亚的大堡礁。See William C. G. Burns, Hari M. Osofsky, *Adjudicating Climate Change*, *State*, *National and International approaches*, Cambridge University Press, 2009, p. 25.

表6－1　2000年以来提起的主要气候变化诉讼概览表

序号		案件名称	事　由
行政机关或公共机构不当行为诉讼	1	American Farm Bureau Association v. EPA (D. C. Cir., filed Feb. 2010)	原告对EPA公布的温室气体《危害报告》提出审查诉讼
	2	Alabama v. EPA (D. C. Cir., filed Feb. 2010)	
	3	American Iron & Steel Institute v. EPA (D. C. Cir., filed Feb. 2010)	
	4	Chamber of Commerce v. EPA (D. C. Cir., filed Feb. 2010)	
	5	American Chemistry Council v. EPA (D. C. Cir., filed Dec. 2009)	原告对EPA颁布的有关呈报并公布温室气体的规则提出审查诉讼
	6	American Chemistry Council v. EPA (D. C. Cir, Index No. 10－1167, filed July 6, 2010)	原告对EPA公布的《调整规则》提起诉讼
	7	Chamber of Commerce v. EPA (D. C. Cir., Index No. 10－1199, filed July 29, 2010)	
	8	American Gas Association v. EPA (D. C. Cir., filed Jan. 2011)	原告对EPA要求原油和天然气公司公布温室气体排放信息的行为提起诉讼
	9	American Iron & Steel Institute v. EPA (D. C. Cir., filed June 29, 2010)	原告对EPA公布的轻型卡车温室气体排放标准提出审查
	10	Arcadia First v. City of Arcadia (L. A. Co. Sup. Ct. May 2008)	原告认为市政府在同意建立商业区时未考虑相关与温室气体排放的环境影响
	11	Center for Biological Diversity v. EPA (D. C. Cir., filed May 2010)	原告认为EPA管制固定排放源的措施不当而对其提出诉讼
	12	Chamber of Commerce v. EPA (D. C. Cir., filed Sept. 2009)	原告认为EPA行政不当作为，对EPA同意加州对《清洁空气法》某些条款保留提出质疑

续表

序号		案件名称	事　由
行政机关或公共机构不当行为诉讼	13	Chase Power Dev. , LLC v. EPA (D. C. Cir. , filed Feb. 2011)	原告认为EPA行政不当作为，对EPA颁布的关于温室气体排放许可进行质疑
	14	Cleveland Nat. Forest Found. v. San. Diego Association of Governments (Cal. Super. Ct. , filed Nov. 2011)	原告对政府的《地区交通计划》提出质疑，认为计划没有考虑其对气候变化的影响
	15	Association of Irritated Residents v. California Air Resources Board, 423 F. 3d 989(9th Cir. 2005)	环保正义组织诉称"加州空气资源委员会"通过并生效的《2006年全球变暖解决途径法案》要求减少温室气体带来的影响，要求法院发出禁令暂停该法生效
	16	Air Conditioning, Heating and Refrigeration Institute v. City of Albuquerque (D. N. M. , Oct. 2008)	原告对该州颁布的建筑能耗效率标准请求法院审查
	17	Preussenelektra AG v. Schleswag AG (Case C－379/98)	德国电力公司质疑《可再生能源法案》清洁能源关于使用比例的规定
	18	Gray v. Minister for Planning(2006)	澳大利亚一煤矿厂的环境影响评价报告书因缺少对第三方燃烧煤可能对气候变化造成的影响而存在瑕疵
	19	Walker v. Minister for Planning(2007)	原告依据《环境规划与评估法案》，认为澳大利亚规划署署长的行为违反了法案关于环境影响评价的规定
	20	Australian Conservation Foundation v. Latrobe City Council(2004)	原告因被告在审查第三方开发新煤矿项目许可的环评中没有考虑到项目可能带来的温室气体对环境的影响而提起诉讼
	21	Greenpeace New Zealand Inc. v. Northland Regional Council and Mighty River Power Limited(2006)	原告因新西兰有关部门在发放许可证的时候没有考虑该燃煤发电厂是否会使用可再生能源减少温室气体的排放而提起诉讼
	22	Urgenda Foundation v. Netherlands (2013)	荷兰非政府组织乌根达基金会(Urgenda Foundation)认为荷兰政府现行措施不足以实现2020年的温室气体减排目标而提起诉讼

续表

序号		案件名称	事　由
行政不作为诉讼	1	Massachusetts v. Environmental Protection Agency 549 U. S. 497(2007)	民间环保团体根据《清洁空气法》要求EPA制定汽车温室气体排放标准,该案对美国气候变化立法产生了重要影响
	2	American Nurses Assoc. v. EPA (D. D. C., filed Dec. 2008)	原告主张EPA行政没有管制发电厂的温室气体排放
	3	Appalachian Voices v. Bodman(D. D. C., filed March 2008)	原告认为能源部(DOE)行政不作为,未对建立燃煤发电厂进行环境影响评价
	4	Center for Biological Diversity v. EPA (D. C. Cir., filed June 2010)	原告要求EPA对飞机、汽车等排放的温室气体进行管制
	5	Citizens for Env. Inquiry v. Mich. Dept. of Env. Quality (Mich. Cir. Ct., filed Jan. 2008)	原告因密歇根环境质量保护局没有管制温室气体排放而起诉环保局
	6	Citizens for Resp. and Ethics in Washington v. Council on Env. Quality (D. D. C., filed 2007)	原告依据《资讯公开法》(Freedom of Information Act)提起诉讼,指控环境保护委员会没有公开气候变化的相关资讯
	7	Friends of the Earth Canada v. Canada (2008)	非政府组织地球之友诉称加拿大政府违反《加拿大环境保护法》的规定,没有按照《联合国气候变化框架公约》和《京都议定书》的要求管理温室气体
民事侵权诉讼	1	California v. General Motors Corp. (2006)	加州起诉通用等汽车生产公司,要求其因产生的温室气体对加州造成的损害负连带责任,地区一审法院认为该案涉及"政治问题"
	2	Comer v. Murphy Oil USA855 (5th Cir. 2009)	密西西比州的土地所有人提出附近工厂排放的大量温室气体加大了飓风对其地产的破坏性,密西西比州地方法院以"政治问题不审查"为由驳回起诉

续表

序号		案件名称	事　由
民事侵权诉讼	3	Connecticut v. AEP(S. D. N. Y. 2005)	原告就五大电力公司排放的大量温室气体对公众产生不合理影响而要求其量化减排
	4	German watch v. Volkswagen AG(2007)	非政府组织德国观察(German Watch)联合联邦经济部控诉大众汽车公司违反《经合组织(OECD)纲领》中要求跨国公司的产品应当尽量减少其气候影响的规定

数据来源：通过美国 EPA 以及其他国家环保部门官网整理而得

以上各国提起的国内气候变化诉讼呈现如下特点：其一，控诉行政机关或公共机构不当作为的案件数量较大，其中绝大部分(14 个)案件系碳排放企业或行业就政府或公共机构的减排立法、执法行为对其产生的不利影响提出质疑。仅 8 个案件由民众或非政府组织提起，称政府或公共机构的立法或执法行为没有充分考虑对气候变化的影响。其二，非政府组织、民众在政府不作为行政公益诉讼、民事公益诉讼中充当原告主力。气候变化国内诉讼隶属于环境公益诉讼，虽然各国对提起此类诉讼的原告主体资格设定各种门槛，但仍然不能抑制非政府环保组织以及民众提起气候变化诉讼的热情。由此反观，发达国家(所列的气候变化诉讼主要发生在发达国家)民间对气候变化极其敏感与重视。这为气候变化全球治理奠定了非常可贵的基础。其三，在民事公益诉讼中，法院前期习惯以“政治问题不审查”为由驳回原告诉请，如“California 诉通用汽车公司案”与“Comer 诉美国墨菲石油公司案”一审法院均以诉请事由系政治问题而不予审查。但在后续上诉过程中，法院倾向于认可其对此类案件的管辖权。从气候变化诉讼的最终结果来看，各国法院的立场有较大转变——从最初消极被动不予管辖，或者直接判令原告诉请不予支持，到积极主动审查并认定政府、公共机构或企业对温室气体排放承担相应责任。这不能不说是法院正视气候变化问题而为立法、行政机关积极减排扫除障碍的有效之举。从程序上而言，因法院已经在国内就气候变化问题作出最终裁定，受影响的企业在穷尽国内救济之后，除非有其他国外或国际救济，否则不得再行申诉。

2008 年至 2017 年，全球气温以每年 1.6% 的速度增长，2017 年碳排放增长达 53.5 亿吨，[①] 2018 年该碳排放增长为 55.3 亿吨。[②] 根据 2019 年的数据，要实现 2100 年 1.5°C 温控目标，2030 年的年排放量必须比当前的无条件国家自主贡献低 32 亿吨二氧化碳当量。[③] 换言之，气候变暖已然成为严峻事实，人类如若不警醒并采取有力举措，则不可避免遭遇恶劣气候、灾难以致面临生存危机。正是基于对气候变化现实与前景的深刻认识，发达国家民众已经纷纷提起气候变化诉讼以促使、倒逼各国政府采取积极行动。从现有气候变化诉讼的数量、分布、裁决来看，未来此类诉讼将持续增加，且极有可能扩展到新兴经济体甚至发展中国家，所涉领域会扩展到气候变化相关的各个部门。而鉴于气候变化全球化的特点，气候变化司法亦呈现全球化的趋势。澳大利亚的"Walker 诉规划署署长案"中，法院引用了美国联邦法院审理的"Massachusetts 环保局案"和加州法院审理的"People of the State of California 诉通用公司等案"。[④] 当前，发达国家对气候变化诉讼的总体态度有可能在全球范围内产生一定的示范效应。

二、气候变化诉讼对国际投资仲裁的挑战

在气候变化行政公益诉讼中，若法院裁决碳排放企业败诉，维持限制碳排放的立法、执法措施，或者对相应的立法、执法措施进行修改，则会对碳排放企业的生产运作产生不利影响。若这样的碳排放企业属于外国投资者，则其完全可能通过国际投资仲裁寻求救济。

气候变化诉讼对国际投资仲裁的挑战主要有：

其一，鉴于气候变化诉讼数量在未来有增长的趋势，其进一步升级为国

---

① See UNEP, *Lessons from A Decade of Emissions Gap Assessments*, 2019, p. 3.

② See UNEP, *Emissions Gap Report*, 2019, p. 27.

③ See UNEP, *Emissions Gap Report*, Executive Summary, Ⅷ, 2019.

④ Walker v. Minister for Planning [2007] NSWLEC 741, https://www.informea.org/sites/default/files/court-decisions/COU-156695.pdf，2021 年 3 月 19 日最后访问。

际投资仲裁的案件对国际投资仲裁体制本身将构成一定挑战。截至目前，以条约为基础的投资者—国家间投资仲裁案件达1061件，其中已经裁决的案件有707起。[①] 气候变化诉讼演化为国际投资仲裁案件，将加大投资仲裁庭裁决案件的压力。

其二，该类包含气候变化因素的环境争端系新型案件，其相较于普通的环境争端有更多的特殊性，国际投资仲裁机构没有太多经验对其进行界定与裁决。瑞典Vattenfall公司先后起诉德国的两个案件系国际投资仲裁解决气候变化环境问题的典型。第一起案件因德国汉堡市政府对瑞典公司Vattenfall的电厂项目要求获得准入控制许可和用水许可而引起。Vattenfall沿易北河岸在建的燃煤电厂获得了相应的初步许可后，汉堡市对上述两种许可发放的时间一再迟延。对于用水许可，正值州议会选举，其中的绿党坚决反对申诉方的电厂建立。环保组织和民众反对燃煤电厂的建设，汉堡市政府于是与Vattenfall签署了临时合同，提出了环保的要求和限制，并附加了取决于最后许可的相应条件。2008年内汉堡市在与对Vattenfall颁发最终许可时附带了额外限制，包括该电厂对水流、水温和氧气的影响等。用水许可主要在两个方面体现了对环境的保护：一是使用地表水的量，二是废水排放的温度（是否会破坏河流生态）。汉堡市直至2008年9月30日才发放两个许可，但都施加了严格限制，尤其是用水许可，严格限制使用的地表水量，严格控制排放冷却水的温度，监控阶段的周期也从1年增至2年。申诉方称汉堡市违反了二者之间的合同，违反了《欧洲能源宪章条约》（ECT）中的公平公正待遇、对投资者进行保护，以及构成征收，要求14亿欧元的赔偿。本案最终以2011年汉堡发放修改的用水许可而在双方达成协议结案。[②] 在此案之后，德国政府宣布将逐步退出核能发电，并在2022年之前完全终止核能发电。新的核能法规定了每一个核电站各自的运营寿命，其中首批关闭的核电站达到17家。这一政策也直接导致了由瑞典能源投资公司Vattenfall投

---

① 参见Case name and number，https://investmentpolicy. unctad. org/investment – dispute – settlement，2020年12月27日最后访问。

② See Vattenfall v. Germany，Award，ARB/09/6.

资和运营的两家德国核电站关停。为此，Vattenfall 公司于 2012 年 5 月将德国政府诉诸国际投资争端解决仲裁中心，并同时在德国宪法法院提起宪法诉讼，起诉德国政府侵犯了其财产权并构成了间接征收，要求赔偿 7 亿欧元。[①] 该案目前尚未有确定的结果。两起案件均系围绕 ECT 的能源争端，并与气候变化有极为密切的关系。事实上，ECT 在序言中提及《联合国气候变化框架公约》和《远距离跨国界空气污染公约》，强调了包括气候变化在内的环境保护的紧迫性。然而，该类条款仅具有宣誓作用，对东道国气候变化规制的权力并没有明确指引，这应当是第一起 Vattenfall 诉德国案东道国妥协并发放用水许可的重要原因。包含气候变化因素的涉环境国际投资仲裁的特殊性还在于，现有 BIT 中仅概括提及环境保护或环境关注，尚未将气候变化问题或《联合国气候变化框架公约》等涵盖进去。欧盟近期签署的 FTA 中虽明确提及《联合国气候变化框架公约》，但尚未有相应案例，涵盖其中的气候变化实质性条款如何适用还不确定。由此，投资仲裁庭在绝大部分情况下，应仅能在适用投资条款时将此类非实质性气候变化条款作为上下文进行解释。对于绝大多数并未包含气候变化条款的投资条约，"非气候友好型"投资者无疑会依据投资条约中国民待遇、最惠国待遇、公平公正待遇以及征收条款而挑战东道国的气候变化措施。在这类案件中，投资仲裁庭对于气候变化因素是否影响投资或投资者处于"相似情形"，气候变化措施是否违反公平公正，以及气候变化措施是否属于行使"警察权力"等事项的立场，将对案件的结果有决定性影响。

其三，鉴于气候变化诉讼最初绝大多数系由非政府组织、民众提起，如若转化为国际投资争端，则这些非政府组织、民众极有可能作为 NGO 而向投资仲裁庭提交"法庭之友"书面意见。如第一章所述，Methanex 案投资仲裁庭准许 4 个 NGO 提交"法庭之友"书面意见，并在裁决中提到其关于歧视待遇认定中不得简单将国际贸易法做法移植到投资法的观点，[②]本案系"法

---

① See Vattenfall v. Germany, Decision on the Achmea Issue, ARB/12/12.

② See Methanex v United States, Final Award, para. 27.

庭之友”参与国际投资仲裁的第一案。虽然此后涉环境投资仲裁庭也接受过 NGO“法庭之友”书面意见,但总体上比较保守。投资仲裁裁决通常很少引用 NGO 意见,后者往往不能左右投资仲裁庭对事实的认定与对法律的适用。然而,在经由气候变化诉讼转型升级而成的国际投资仲裁,则有可能会更多听取甚至纳入 NGO 作为“法庭之友”的意见。因为这些 NGO 系很多气候变化诉讼的原告,其在原来的诉讼中有独立的主张与诉权,且法院对其诉求有明确的认定与裁判。因此,气候变化投资仲裁庭在实体裁决中应当充分考量“法庭之友”意见,并对此前以 NAFTA 仲裁庭为代表的保守态度进行突破。这在短期内固然构成投资仲裁庭对已有范式与做法的挑战,但长期来看应当是一种进步。先前的涉环境国际投资仲裁对“法庭之友”的接受仅仅是程序方面的,即仅给予 NGO 参与投资仲裁、发表自身意见的机会,但 NGO 的立场没有改变或影响仲裁裁决, NGO 书面意见在这些案件中仅具有形式层面的意义。气候变化国际投资仲裁如若在实体层面引入 NGO 意见,则国际投资仲裁的公开性、透明度会再上一个新台阶,其公众认同度必然大大提升。

当气候变化及其引发的诉讼升级为国际投资仲裁案件时,投资仲裁庭在对气候变化条款进行分别解释时,面临着专门的气候变化条款“软法”与尚无裁决先例的难题。宣誓性的气候变化条款仅能在投资仲裁庭适用投资条款时作为上下文而起到辅助解释的作用,现存为数不多的气候变化实质性条款因尚未被援引,其适用的严苛程度还不确定。投资仲裁庭在将气候变化因素并入投资条款解释时,则面临着气候变化因素是否会左右投资或投资者处于“相似情形”的辨识,是否触碰到公平公正待遇标准的把握,以及东道国气候变化措施是否处在“警察权力”范围的界定问题。此外,气候变化国际投资仲裁将更多受到非政府组织、民众等 NGO 向仲裁庭提交的“法庭之友”书面意见的影响,也有望在实体裁决中援引“法庭之友”的意见。这反过来将提高投资仲裁庭的透明度与认同度。

第二节　碳排放权的界定及其对国际投资仲裁的挑战

欧盟在气候变化治理上向来充当着积极的“领导者”角色,欧盟较早推行的碳排放交易体系曾经在世界范围内引起轩然大波。但无论如何,欧盟成员国之间的碳排放交易体系还是比较完善的。美国、新西兰等国在国内也推行了碳排放交易制度。碳排放交易体系中的重要元素是碳排放权,关于碳排放权究竟是一个什么性质的权利,学界有各种说法与争议。虽然迄今为止关于碳排放权的国际投资仲裁尚未有具体案件,但随着各国对碳排放交易体系的推行,以碳排放权为焦点的投资争端必将涌现,而这必然会构成对国际投资仲裁的巨大挑战。

一、碳排放交易体系及其推行

碳排放交易体系最初源于美国的排污权交易。在美国的推崇之下,1997年《京都议定书》确立了清洁发展、碳排放交易与联合履约三大重要机制。该三大机制均强调碳排放权可以进行交易或者转让。

《京都议定书》在附件 B 中确立了欧共体 8% 的减排目标。[①] 2003 年 10 月 25 日,欧盟"2003/87/EC"排放交易指令正式生效,EU - ETS 从 2005 年 1 月 1 日正式运行并分三个阶段进行。第一阶段从 2005 年至 2007 年,该阶段排放量的上限是 6600 万吨 CO_2,各成员国向欧盟委员会提交一份国家分配方案,欧盟委员会对其进行评估以决定是否符合 EU - ETS 法令规定的标准,该阶段管制对象每超出 1 吨 CO_2 将被处以 40 欧元的罚款。第二阶段自 2008 年至 2012 年,并考虑将航空业纳入 ETS 中,该阶段对超标排放的罚款从 40 欧元上升至 100 欧元,且在次年企业的排放配额中扣除超标的排放数额。第三阶段自 2013 年至 2020 年,该阶段配额分配方法逐渐从免费向拍卖方式转变。[②] 应当说,欧盟及其成员国内已经形成比较完备的碳排放交易体系。其中,第二阶段欧盟将航空业纳入碳排放交易体系的指令("2008/101/EC"指令)要求所有在欧盟成员国机场起飞或降落的航班的全程二氧化碳排

---

① 参见《联合国气候变化框架公约》缔约方会议,《联合国气候变化框架公约京都议定书全体委员会提出的决议草案增编》,FCCC/CP/1997/L. 7/Add. 1,10 December,1997。

② 参见彭峰、邵诗洋:《欧盟碳排放交易制度:最新动向及对中国之镜鉴》,载《中国地质大学学报》(社会科学版)2012 年第 5 期。

放都被强制纳入碳排放交易体系，排放总量受配额限制，超出配额部分必须通过碳排放交易体系购买。该指令一经出台，立即遭到美国、俄罗斯、印度、中国等国的强烈反对。美国几家航空公司联合起来，认为欧盟的该项指令违反了《芝加哥公约》、《京都议定书》、《美欧开放天空协议》以及国际习惯法的基本原则，侵犯了非欧盟国家的主权，据此将欧盟告上法庭，欧盟法院于2011年12月11日裁定，"2008/101/EC"指令不存在违反国际公约和国际习惯法的情形。[①] 尽管如此，鉴于主要航运国的激烈反对，欧盟尚未真正实施该项指令。学界对于欧盟的该项指令，绝大部分持否定态度，认为该项指令不区分航空公司来自发达国家还是发展中国家而一律征收碳税的行为违反了《联合国气候变化框架公约》确立的"共同但有区别责任"原则。与此同时，该指令要求航空公司为全部而非在欧盟境内的里程付费，有违《芝加哥公约》中规定的"使国际航空运输业务在机会均等的基础上，健康和经济地经营"宗旨，尤其违反了各国的领空主权。将航空业作为服务贸易的具体类别，则该指令违反了GATT第11条关于"一般地取消数量限制"原则，第1条最惠国待遇原则，其能否在GATT第20条一般例外项下寻求环境例外的保护具有很大的不确定性。此外，该项指令系欧盟单方采取的措施，有违《京都议定书》将制定航空业碳排放制度的权利授予国际民航组织的规定，侵犯了国际民航组织的专属管辖权。[②] 但也有学者对该指令持肯定态度，认为航空业温室气体排放控制并未纳入《联合国气候变化框架公约》与《京都议定书》，发展中国家不承担减排义务的范围并不包括航空业温室气体排放。欧盟对起降欧盟成员国的航班温室气体进行限额管理也并非征收"碳税"进而构成"碳壁垒"。因其配额通过市场拍卖获得，且价格由市场机制决

---

① 参见张泽平：《航空碳排放及其交易的国际法规制——从"欧盟航空碳排放案"说起》，载《环球法律评论》2013年第1期。

② 参见徐冬根、常紫星：《从国际法视角看欧盟航空排放单边征税措施的违法性》，载《上海财经大学学报》2013年第6期；张泽平：《航空碳排放及其交易的国际法规制——从"欧盟航空碳排放案"说起》，载《环球法律评论》2013年第1期；张美红：《欧盟航空碳税合法性审视与中国应对》，载《国际商务》（对外经济贸易大学学报）2013年第3期；边永民、刘琳：《欧盟将航空业纳入碳排放权交易制度中的国际法问题》，载《国际商务》（对外经济贸易大学学报）2013年第4期；彭峰、邵诗洋：《欧盟碳排放交易制度：最新动向及对中国之镜鉴》，载《中国地质大学学报》（社会科学版）2012年第5期。

定,欧盟仅对超出配额部分强制征税,且所得税收收归国有用于公用领域——应当用于欧盟应对气候变化,或援助发展中国家尤其最不发达国家控制温室气体。[①] 综上,对于欧盟将航空业纳入其排放交易体系的举措,理论与实务界有完全相反的观点,其最主要的分歧点在于欧盟此项指令的管辖权是否有违其他国家的主权。笔者认为,欧盟要求起降欧盟成员国的航班就其全部航程的碳排放而购买相应碳排放配额,固然有"长臂管辖"的嫌疑,然而这从另外一个层面提高了航空业的运营成本,客观上将抑制航空业的碳排放量,不失为一项气候变化治理的比较有效的举措。事实上,世界上最早实施的强制性温室气体计划是澳大利亚新南威尔士温室气体削减计划(Greenhouse Gas Abatement Scheme,GGAS),该计划早在 2002 年就已制定并于 2003 年 1 月 1 日开始正式运转。继欧盟碳排放交易体系之后,2007 年美国东北部的 10 个州成立了区域性温室气体倡议体系(Regional Greenhouse Gas Initiative,RGGI)。根据世界银行《2009 年碳市场之现状及趋势》的报告,2008 年全球碳交易量为 481,100 万吨,交易金额为 1263.45 亿美元。根据世界银行测算,2009—2013 年的年均碳交易量超过 2 亿吨 CO_2 当量。[②] 由此可见,碳排放交易体系在发达国家较为兴盛,其交易规模非常可观。可以预见的是,碳排放交易体系的推行是未来的趋势。

碳排放交易体系中的交易标的是碳排放权,碳排放权可以在企业之间进行交易与转让。碳排放权作为一种新型的权利类型,对其法律属性如何进行界定,这对财产法以及国际投资仲裁都有重要影响。

二、碳排放权的法律属性

碳排放权也被称作温室气体排放权,是指企业和各种营业性组织在营业活动中,在符合法律规定的条件下,根据其所获得的排放许可,向大气排

---

① 参见李伟芳:《航空业纳入欧盟碳排放交易体系之合法性分析》,载《政治与法律》2012 年第 10 期。

② 参见屈志凤:《西方国家碳排放权交易体系及借鉴》,载《财会通讯》2014 年第 6 期。

放温室气体的权利。① 碳排放权交易本质上是一种碳信用交易,碳信用是指企业削减温室气体之后所获得的可以交易碳排放权的权利。形式各异的碳信用可以分为两类:一是通常所说的限额,即政府给企业所分配的排放额度;二是通常所说的抵消额,它是基于项目产生的可以用来抵消排放权的额度。② 碳排放限额通过政府免费发放与拍卖两种方式获得,抵消额则通过清洁发展机制与联合履约机制获得。主要的碳排放交易分布在欧盟、美国等国家或地区。

(一)碳排放权在国际条约、各国国内法以及国际组织文件中的规定

对于碳排放权为何种性质的权利,在国际条约与各国法律文件中未有统一规定。《京都议定书》对碳排放权没有明文规定,但是《京都议定书》之后的《马拉喀什协定》则明确《京都议定书》并没有为附件 B 国家创设任何财产权利。《马拉喀什协定》之所以未将碳排放权界定为财产权,一是基于大气系公共物品,不宜在国家之间进行分配;二是若将碳排放权作为财产权,将导致财富的大规模转移,这会加剧气候谈判的难度。

美国《气候变化安全法案》第 201 条和《美国清洁能源与安全法案》第 721(c)条均明确规定碳排放权并不是传统的财产权。③ 美国《清洁空气法》第 403(f)条明确规定:本法所规定的排污权代表一种排放二氧化硫的有限授权,它没有构成财产权,本法的其他规定不能视为对美国政府终止和限制这种授权的权力进行了限制,本法有关排污权的规定不能解释为影响了本法诸如国家清洁空气质量标准等条款的适用。④ 美国气候变化与清洁空气等国内法均明确不将碳排放权赋予财产权的地位,一是为了安抚环保主义

---

① 参见韩良:《国际温室气体排放权交易法律问题研究》,中国法制出版社 2009 年版,第 30 页。

② 参见王慧:《论碳排放权的法律性质》,载《求是学刊》2016 年第 6 期。

③ See section 1201(c) of the Lieberman Warner Bill (S. 3036), 110th Congress, 2nd Session; section 721(c) of the Waxman Marjet Bill(p. 402), 111th Congress, 1st Session HR 2554.

④ See section 403(f) Sulfur Dioxide Allowance Program For Existing and New Units [42 USC 7651b]. 42 U. S. C. §7651b(f)(1994).

者，缓和其对美国碳排放市场机制的批判；二是可以确保在政府无须补偿的情况下实行“酸雨计划”。[①]

欧盟碳排放交易体系在全球发展较早、规模最大且最为完备，其成为很多国家和地区参照的模本。然而，欧盟碳排放交易体系对碳排放权本身没有具体的规定。欧盟环保署 2008 年发布的一份技术报告显示，法国、德国、意大利和西班牙等国将碳排放权视为商品，受金融法律的规制，荷兰、斯洛文尼亚和丹麦等国将碳排放权视为无形资产，瑞典将碳排放权视为金融机制，受金融服务管理机构的管理。[②] 近年来，欧盟有将碳排放权作为金融工具的趋势，打算将碳排放交易纳入统一的金融监管体系之中。

新西兰《碳排放交易法》明文规定碳排放权属于《个人财产安全法》所调整的投资证券型财产，其修订后的《个人财产安全法》进一步明确碳排放权的法律地位，确认碳排放权为个人财产。[③]

国际非政府组织中，国际会计准则理事会对碳排放权的界定比较典型。2010 年，国际会计准则理事会尝试性地规定企业在没有为政府支付报酬的情况下从政府那里获得的诸如碳排放权之类的排污权应该视为资源，应该以市场价值确定其价值。[④] 可见，国际会计准则理事会将碳排放权明确界定为财产权。

（二）碳排放权在学界上的争议

各国分别在私法体系与公法体系下对碳排放权进行规定，因此体现在学界学说上，国外的两种典型观点为财产权说与规制权说。[⑤]

---

① See D. H. Cole, *Clearing The Air: Four Propositions About Property Rights and Environmental Protection*, Duke Environmental Law & Policy Forum, 1999(1), p. 113.

② See Margherita Colangelo, *Creating Property Rights: Law and Regulation of Secondary Trading in the European Union*, Martinus Nijhoff Publishers(2012), p. 168.

③ See Clause 33 of the Draft Emission Units, Settlement Systems, and Futures Bill 252 – 1 (2008).

④ See Scott D. Deatherage, *Carbon Trading Law and Practice*, Oxford University Press, 2011, p. 275 – 276.

⑤ 参见王慧：《论碳排放权的法律性质》，载《求是学刊》2016 年第 6 期。

持财产权说的学者主要从财产权的特质来衡量碳排放权。碳排放权因其本身具有价值,可在特定市场进行交易并有明确的权利人而符合财产权的属性。然而,如若进一步追问,碳排放权的权利人获得碳排放权的最终依据是什么?其获得碳排放权是以大气资源为源头并以全球人类遭受污染为代价。因此,财产权说有变相将大气公共资源私有化的弊病。与此同时,将碳排放权作为企业可以拥有并处分的财产权,政府如果采取碳排放限制措施,削减甚至取消了企业的该种碳排放权,则毫无疑问应进行相应的补偿。这相当于限制了政府对碳排放的规制权。

持规制权说的学者认为,碳排放权系基于政府对碳排放权的分配,且在政府颁发碳排放许可之后才能获取。政府发放碳排放权许可证也不意味政府转移了大气资源的所有权,因为碳排放权仅仅是政府创设的向大气排放一定数量温室气体的权利。将碳排放权界定为规制权,政府则无须为缩减甚至取消碳排放权而对企业进行补偿。

国内碳排放权学说主要有环境权说、物权说与新财产权说三种,①环境权说因其过于抽象,且其权利主体较难确定而未成为通说。物权说与新财产权说虽然在财产权的具体特征上有所差别,但总体上认可碳排放权属于财产权这一基本观点。如国外的财产权说所呈现的弊端那样,其有将公共大气资源变相私有化的嫌疑,更为重要的是,当政府对碳排放权进行缩减甚至取消时,拥有碳排放权的企业作为权利所有人完全可以进行质疑甚或诉讼。政府为此应进行相应的补偿。

由此可见,关于碳排放权究竟属于财产权还是规制权,在国际条约、国内立法以及国内外学说中未有统一界定。这对于碳排放权的处分,或者影响碳排放权行为的定性留下空间,也容易引发相应争议。

三、碳排放权“投资”的性质及其对国际投资仲裁的挑战

碳排放权属于财产权或者规制权未有定论,但碳排放权的权利内容是

① 参见王慧:《论碳排放权的法律性质》,载《求是学刊》2016 年第 6 期。

确定的，碳排放权持有人可以与他人进行交易，还可以将其投资到碳金融市场。那么，碳排放权是否属于现有国际投资条约中的“投资”？如若属于“投资”，当东道国采取气候变化措施影响到碳排放权的行使时，则持有人可以到投资仲裁庭寻求补偿，该种新型权利无疑构成对国际投资仲裁的挑战。

（一）碳排放权归入国际投资条约中“投资”特定类型的合法性证成

《ICSID 公约》第 25 条确立中心的管辖权规定：“中心的管辖适用于缔约国（或缔约国向中心指定的该国的任何组成部分或机构）和另一国国民之间直接因投资而产生并经双方书面同意提交给中心的任何法律争端。当双方表示同意后，任何一方不得单方面撤销其同意。”该条表明 ICSID 行使管辖权的前提是存在“投资”。然而，《ICSID 公约》并未对“投资”的具体条件有任何指引或规定。但投资仲裁庭在行使管辖权时确立了关于“投资”的具体标准。MHS 诉马来西亚案中，ICSID 仲裁庭指出的投资客观要件具有较强的参考价值。该仲裁庭提出“投资”包括以下五个因素：（1）持续性，或至少保持长期关系的预期；（2）定期的利润或回报，即使最终没有获得利润，也应有回报预期；（3）风险承担，风险部分来自持续期间和回报预期；（4）实质性投入；（5）对东道国发展的重要性。① 为此，有必要从这五个因素对碳排放权进行考量。以欧盟碳排放权为例，欧盟排放交易体系下的碳排放权持续时间为 5 年，5 年应当能满足“投资”对持续性的要求。因碳排放权可以在市场上进行出售，碳排放持有人或所有人无疑具有回报预期。碳排放权的价格受市场因素影响，其有可能下跌甚至完全丧失价值。对于碳排放权持有人或所有人是否有实质性投入，需视碳排放权获得为免费还是拍卖而定：当其为政府免费分配给持有人，则当然无实质性投入；当需要通过拍卖有偿获得，则自然有实质性投入。欧盟碳排放交易体系初期采取免费发放的方式分配碳排放权配额，到第三阶段则以拍卖为主。碳排放交易对于东道国发

---

① See Malaysian Historical Salvors Sdn, Bhd v. Gov't of Malaysia, ICSID Case No. ARB/05/10, Award on Jurisdiction, p. 44 (May. 17, 2007).

展低碳经济有非常重要的影响，可实现经济的可持续与包容性增长。由此可见，具有一定持续时间的碳排放权应能满足投资仲裁庭对《ICSID 公约》第 25 条中“投资”的界定标准。

投资仲裁庭在判断碳排放权是否属于“投资”时，除了分析其是否涵盖在《ICSID 公约》第 25 条的“投资”范畴，还需进一步就其是否属于特定投资条约中的“投资”范畴进行评判。投资条约对“投资”的定义分为以资产为基础、以公司为基础以及参照“商业存在”界定三种方式。其中，以资产为基础的定义最为典型，在 BIT 中也最为普遍。[①] 各国 BIT 对“投资”的定义存在差异，但总体上“投资”的外延呈现宽泛化的态势。在诸多 BIT 中，美国式 BIT 对投资的定义最为典型，因此有必要对美国式 BIT 的投资类型进行分析，以确定碳排放权是否可能归入其中的某一形式当中。美国 2012 年 BIT 范本第 1 条“定义”中规定，投资意味着投资者直接或间接拥有、控制的每一类资产，其具有投资特征，包括对资产或其他资源承诺特性，具有回报或利润预期，或者具有风险可能，(a)项至(h)项分别列明了投资可能的形式。首先，碳排放权有可能归入(g)项的执照、授权、许可以及根据国内法授予的类似权利。在国际投资仲裁尤其是涉环境的投资仲裁中，有相当部分是关于采矿许可与环境许可的案件。美国 BIT 范本(g)项的脚注特别将并非创设依国内法保护的权利排除在该项的投资之外，同时将进入司法或行政行动的命令、判决也排除在本项投资之外。换言之，此项的执照、授权、许可应是依国内法创设的某种权利。至于该国内法是公法还是私法在所不问。碳排放权系一国或地区(如欧盟)政府依据该国碳排放法、清洁空气法等向企业发放的排放许可，政府的排放许可为企业创设了排放的权利。因此，碳排放权应可以涵盖在(g)项权利当中。其次，碳排放权有可能归入(h)项的无形财产或财产权利。(h)项规定了其他有形或无形，可移动或不可移动的财产，以及诸如租赁、担保、留置、保证等相关财产权利。该项将极其宽泛的财产或财产

---

① See UNCTAD, *Scope and Definition: A Sequel*, *UNCTAD Series on Issues in International Investment Agreements* Ⅱ, UNCTAD/DIAE/IA/2010/2, p. 21 – 23.

权利囊括进来，属于典型的兜底条款。如上所述，新西兰与国际会计准则理事会明确将碳排放权作为财产权，学界亦有财产权说。根据该项措辞，将碳排放权归入无形财产或财产权是毫无疑义的。

还有学者认为，碳排放权具有股份的性质。[①] 如上所述，欧盟成员国近年来颁布的有关法律有将碳排放权作为金融工具的趋势。美国 2012 年 BIT 范本在第 1 条"定义"(c)项明确将"股份、股票以及对公司其他形式的股权参与"作为特定的投资类型。由此可见，将碳排放权归入该项应不存在障碍。

综上，无论是从《ICSID 公约》第 25 条、美国 2012 年 BIT 范本定义条款，还是投资仲裁庭对于"投资"条件的认定，碳排放权均可毫无疑义地作为投资条约项下的"投资"。基于此，碳排放权所有者作为投资者，可以依据投资条约享受国民待遇、最惠国待遇、公平公正待遇，当东道国采取影响碳排放权的措施达到剥夺或实质上剥夺的程度，则碳排放权所有者可以与其他投资者一样要求东道国进行补偿，甚或提起国际投资仲裁。

（二）碳排放权"投资"性质的界定对国际投资仲裁的挑战

理论上，不论碳排放权属于财产权抑或规制权，其在《ICSID 公约》与投资条约中均可以作为"投资"而得到相应保护。当碳排放权属于财产权时，意味着东道国对减排的规制权将受制于投资条约的具体规定。当碳排放权属于规制权时，则意味着东道国在行使对该规制权的规制权时，亦应在投资条约的框架下进行。具体而言，当碳排放权的价格贬损或者碳排放权被撤销时，投资者完全可以通过投资仲裁庭获得救济。

以碳排放权为诉由的案件对国际投资仲裁至少构成以下挑战：其一，碳排放交易体系呈现欣欣向荣的态势，其完全会在短期内从发达国家推演至发展中国家。为此，以碳排放权为争议焦点的新型案件必将出现甚至大规模爆发，这对国际投资仲裁会造成受理案件数量上的挑战。其二，碳排放权系新型权利类型，其究竟属于财产权还是规制权尚没有定论。虽然碳排放

---

① 参见朱家贤：《环境金融法研究》，法律出版社 2009 年版，第 44 页。

权在投资条约类型中可以找到归入的具体类型,但其财产权或规制权的定性仍然会对投资仲裁庭的法律适用有实质性影响。如若将其界定为财产权,则任何国际投资条约均为东道国政府保留一定规制权,投资仲裁庭须厘定东道国调整碳排放权的行为是否属于合法规制。如若将碳排放权界定为规制权,则东道国采取的影响碳排放权措施属于对抗规制权的规制。如此,投资仲裁庭则需对前后两类规制权进行比例性分析,后者需在合法、必要、比例范围内行使方不需担责。换言之,投资仲裁庭在对投资条款进行解释时,对碳排放权的两种定性进行的审查标准不同,财产权属性下仲裁庭需判定东道国是否在行使"警察权力";规制权属性下仲裁庭需运用比例性原则判定后来的规制权行使的范围有无超越必要性限度。由于国际投资仲裁尚未受理过该类案件,实践中尚无可资参考的先例,这对国际投资仲裁的裁判法理与技艺均提出更高要求。其三,国际仲裁庭再次面临平衡投资者保护与东道国规制权的难题。如若投资仲裁庭在此类案件中过于倾向保护投资者,则东道国在减排行动上所受管制太多,不利于气候变化治理的有效开展。如若投资仲裁庭过于保护东道国,则会对投资者购买碳排放权的行为进行抑制。因此,在未有涉及碳排放权的投资仲裁案件提起之前,有必要未雨绸缪合理架构,及早确立适当的裁决路径与立场。

第三节　国际投资仲裁对气候变化的因应之策

国际投资已然成为人类经济向前发展的重要动力,伴随国际投资活动的频繁与国际投资数量的增长,各国更倾向于需求可持续、包容性国际投资。为此,在各类关于开采矿产、旅游开发、建设工程等投资项目中,东道国往往要求进行环境许可或环境影响评估,因此引发的国际投资仲裁也日渐增多。国际投资仲裁在经历合法性危机之后,涉环境国际投资仲裁可以成为其"反转"并获得更多认可的重要契机。以此为背景,国际投资仲裁不应将经由气候变化诉讼升级,或者因碳排放权引发的投资争议视为洪水猛兽,而应对其保持客观、冷静立场,积极应对气候变化问题的挑战。国际投资仲裁在对投资条款进行气候变化并入解释,以及对气候变化条款进行分别解释时,均应持更加开放、可持续发展的立场。与此同时,气候变化凭借投资条约以及投资仲裁,可以实现治理路径的重新架构。

一、对投资条款的气候变化并入解释

现行国际投资条约中较少包含专门的气候变化条款,投资仲裁庭主要应适用投资条约中的投资条款。对此投资者与东道国有不同立场。投资者主张投资仲裁庭应作出与一般投资条款相同的解释,较少考虑甚至不考虑气候变化因素;东道国则会主张仲裁庭将气候变化因素融入投资条款而进行"气候变化友好型"解释。鉴于投资者与东道国主要围绕国民待遇、最惠国待遇、公平公正待遇与征收条款展开,投资仲裁庭在进行气候变化并入解释时,应当充分考虑气候变化因素对上述投资条款的影响。

首先,尽管现行国际投资条约措辞千差万别,但国民待遇、最惠国待遇基本都有一个重要前提,即投资者或投资应处于"相似情形"。若投资者或投资不处于"相似情形",则进行差别待遇并非属于歧视范畴;若投资者或投资处于"相似情形",原则上应当给予相当待遇。而在对"相似情形"的界定方面,如第四章所述,投资条约的措辞比较宽泛。但是,在诸如《东南非共同市场投资协议》中已然明确规定应将"所有投资在环境的管辖范围内的累积影响"作为"相似情形"的认定因素;在 Parkerings 诉立陶宛案中,ICSID 仲裁庭将争议的停车场不作为"相似情形",[①]理由在于两个停车场与联合国教科文组织所定义的古镇、大教堂距离不同,对于需要重点保护的古镇和大教堂的影响不同。换言之,将气候变化作为"相似情形"考量的认定因素本身,不存在理论与实践的障碍。譬如,东道国对于燃煤发电厂与风力发电厂许可设置不同条件,甚至准许风力发电厂建设而拒绝燃煤发电建厂申请,如若东道国剔除对两个项目的投资者国籍等方面的差别待遇,则无须承担对两个发电厂歧视待遇的责任。也就是说,投资仲裁庭在对国民待遇、最惠国待遇

① See Parkerings v. Republic of Lithuania, ARB/05/8, Award, para. 396.

进行解释时,将气候变化因素作为上下文既不违背投资条约的文义,也与投资条约整体发展方向相契合。两个发电厂因对气候变化影响不同而不应作为"相似情形"的投资对待。

其次,公平公正待遇作为投资条约的重要条款,因其抽象的措辞而赋予仲裁庭宽泛的解释权,投资者因此频繁援引公平公正待遇条款。如第四章所述,公平公正待遇涵盖程序正义、透明、时效等因素,环境问题的复杂性要求在界定损害、因果关系等方面需借助于科学实验或证据,因此在判断环境科学问题的程序是否违反公平公正待遇方面需要精细判断。气候变化在此方面更具特殊性,尽管人类活动造成气候变暖基本成为共识,但具体投资如何造成气候变化需要科学证明。投资仲裁庭在裁决涉气候变化案件时,应当将气候变化的复杂科学验证过程进行充分考量,避免进行简单的"一刀切"式判断。

最后,征收条款亦可能在气候变化投资争端中被频繁援引。如第四章所述,间接征收与治安权的边界极其微妙。鉴于各国间接征收均以"公共利益为目的"作为要素,因而不能以是否存在公共利益目的或动机作为区分间接征收与治安权的标准,而应权衡公共利益的大小进行区分。[①] 气候变化关涉全球共同福祉与人类的生存发展,投资仲裁庭在将东道国的气候变化措施进行界定时,应将此类公共利益的分量予以充分考虑。若征收争议以碳排放权为标的,则应认可东道国对碳排放权一定范围的规制权。

二、对气候变化条款的分别解释

在包含气候变化条款的投资条约中,投资仲裁庭应当优先适用该类气候变化条款。如前所述,现行包含气候变化条款的投资条约总体数量不多,欧盟 FTA 堪称典范。

欧盟早期 FTA 未明确提及气候变化,相关用语以"加强能源和环境领域

---

① 参见曹晴:《浅析间接征收与非补偿性政府管制措施的界限》,载《环球法律评论》2008 年第 6 期。

的合作水平"等表达。自 2010 年后欧盟签署的 FTA 将气候变化议题明确化。欧盟 FTA 气候变化条款从内容上可分为非实质性与实质性条款两大类。欧盟—韩国 FTA 第 13.5 条"多边环境协定"第 3 款规定：

缔约方再次确认其在《联合国气候变化框架公约》与《京都议定书》中达成的最终目标的承诺。缔约方承诺依据"巴厘行动计划"确立的未来国际气候变化框架进行合作。

该类条款虽明确提及气候变化国际条约，但以宣誓、敦促措辞形式出现，属于典型的非实质性条款类型。因此，该类气候变化条款仅能作为投资条款的上下文起到辅助解释的效力。在欧盟—中美洲联合协定第 287 条"多边环境标准与协定"第 2 款中规定，缔约方再次确认其作为缔约方而有效履行相应义务的承诺，包括《关于消耗臭氧层物质的蒙特利尔议定书》《控制危险废物跨境转移及其处置巴塞尔公约》《关于持久性有机污染物斯德哥尔摩公约》《濒危野生动植物种国际贸易公约》《生物多样性公约》《生物多样性公约卡塔赫纳生物安全议定书》《京都议定书》。该条第 5 款规定：

本协定的任何规定不应被解释为阻止缔约方采取或实施本条提及的国际条约，只要这样的措施在情形相同的国家之间并非以一种武断或不合理的歧视方式实施，或者对国际贸易造成变相的限制。

欧盟—哥伦比亚—秘鲁 FTA 第 270 条第 2 款与第 4 款有类似规定。该类条款结合了环境冲突条款与一般例外条款措辞，可以归入实质性条款类型。《京都议定书》作为气候变化国际条约，在缔约方间具有优先适用效力，但缔约方在履行该议定书项下的义务时，需满足不构成武断或不合理歧视，或不对国际贸易造成变相限制的前提条件。此类新型的气候变化条款在现行 FTA 中并不多见，其如何解释还没有可以依循的先例。然而，此类条款并非像其他 BIT 或 FTA 那样位于"一般例外"项下，且将遵守环境条约义务摆在先决位置，从这样的编排体系看缔约方似乎不希望对诸如《京都议定书》等国际环境条约的优先适用施加过于苛刻的条件。基于此，投资仲裁庭在适用此类气候变化条款时，应当秉持较一般例外更为宽松的立场。

迄今为止，气候变化条款还没有明确出现在投资条约的征收除外条款之中。鉴于征收诉请在国际投资仲裁中被提起的比例极高,东道国采取的气候变化措施有可能造成对投资者的投资实质上剥夺的程度。因此,有必要在现行投资条约征收除外条款之中明确将气候变化目标纳入。如此,投资仲裁庭在对气候变化措施是否构成征收进行认定时将有明确依据,也将更加有力地保障东道国气候变化规制的权力。

三、气候变化议题纳入投资条约系双赢举措

在欧盟近期签署的 FTA 之前,气候变化议题一直隐藏在环境问题背后,可有可无而没有引起足够重视。欧盟 FTA 气候变化条款的出现,开启了 FTA 规制气候变化问题的新模式。从国际投资条约视角来看,其调整的范围得以进一步延展,回应了国际社会对气候变化治理的深切关注;从气候变化视角来看,由于多边主义曲折发展遭遇困境,其依托 FTA 不失为脱困的另一条有效路径。因此,将气候变化议题纳入投资条约之中,相当于把国际投资法体制与气候变化法治用一条红线连接起来,有利于适时化解国际投资与气候变化的紧张关系,是当代社会创设的双赢举措。

(一)气候变化依托 FTA 等经贸协定将实现治理创新

众所周知,气候变化在以《联合国气候变化框架公约》为代表的国际协定中开启多边主义治理征程。《京都议定书》较为精细化与强制性的规制却使得发达国家与发展中国家在气候变化治理上的矛盾异常尖锐。哥本哈根气候大会的草草收场意味着《京都议定书》“自上而下”减排模式的整体失灵。在各方博弈之下逐步形成的自主贡献 + 评审模式催生了巴黎气候大会的成功。《巴黎协定》的达成则是对各国气候变化治理决心与共识的再次确认。然而,特朗普上台后,美国在国内外的质疑与反对声中宣布退出《巴黎协定》,这顿时给气候变化多边主义再次蒙上一层厚重的阴影。至此,全球气候变化治理的曲折发展历程亟须机制创新。

欧盟 FTA 将气候变化议题引入并开始纳入实质性条款当中,可谓气候变化治理的创新发展。气候变化治理先前采取纯粹的单一路径,而传统减

排对经济有削减作用，这也是气候变化多边主义效果不彰的重要原因。气候变化以FTA为载体则会呈现完全不同的格局，因现代FTA涵盖国际贸易、投资、知识产权、金融、环境等诸多议题，缔约方在达成FTA时会在这些议题上进行利益置换或挂钩。具体到气候变化问题，缔约方在接受气候变化相应要价时，必然就其对国际贸易、投资等的影响有充分的预估。投资、贸易等的利益更加显性，其足以激励FTA缔约方去履行与其“绑定”的气候变化义务。与此同时，投资、贸易等限制措施提供了与气候变化体系不一样的可行的实施方法，其惩戒机制促使缔约方不得不践行自身的减排承诺。[①]因此，将气候变化纳入FTA中可以实现复合型气候变化治理，该种治理路径与方式更为持久与高效。如若这样的FTA在主要碳排放国之间达成，则将在气候变化体系形成示范效应。众所周知，中国、巴西、印度、南非作为“金砖国家”，其在气候变化上有相对一致的利益与立场，该四国可以通过FTA或经贸协定形成稳固的气候变化治理框架。欧盟历来在气候变化领域表现积极，并以领导者身份自居，因此以中国为首的“金砖国家”可以与欧盟达成FTA或经贸协定，就气候变化进行责任分配。美国在气候变化问题上向来扮演消极被动角色，可以试图通过中美、美欧等经贸安排而将气候变化纳入，当美国在国际贸易、投资、金融、知识产权等方面的要价得以兑现，则其在气候变化问题的态度上有可能有所改观。尽管美国向来在气候变化多边主义中处于“拖后腿”的状态，但其对气候变化纳入区域贸易协定或小范围对话机制的态度是非常明朗的。譬如，在奥巴马时期美国主导的TPP谈判中，各国达成了在该协定中规定有效的气候变化条款以加强环境保护的共识。[②] 美国2009年发起的由澳大利亚、巴西、英国、中国等参加的“主要经济体能源安全与气候变化论坛”(MEF)，[③]表明美国对于气候变化小范围对话机制持积极态度。

---

① See Rafael Leal - Arcas, *Climate Change Mitigation from the Bottom - Up: Using Preferential Trade Agreements to Promote Climate Change Mitigation*, CCLR 1/2013, p. 36.

② See Rafael Leal - Arcas, *Climate Change Mitigation from the Bottom - Up: Using Preferential Trade Agreements to Promote Climate Change Mitigation*, CCLR 1/2013, p. 40.

③ 参见张勇:《奥巴马政府的亚太地区“少边主义”外交浅析》，载《美国研究》2012年第2期。

与此同时，气候变化可以依托FTA争端解决机制而实现硬法化的蜕变。《联合国气候变化框架公约》对于气候争端解决呈现非强制性特点，《京都议定书》《巴黎协定》等惩戒机制不完备。FTA通常包含国家与国家、投资者与国家间的争端解决机制。有鉴于此，气候变化议题被纳入FTA的另一利好是可以将气候变化争议一体解决，且能大大增强气候变化争端相应裁决的执行力。诚然，欧盟FTA对气候争端解决沿袭了以往FTA争端解决非强制性的传统，但其较《联合国气候变化框架公约》更为完备和详细。[①] 相比之下，美国FTA争端解决机制更具强制性。气候变化议题如能普遍纳入FTA当中，则气候变化国际条约可以实现硬法化的蜕变。

当然，以相对小数目国家缔结的FTA作为规制气候变化的载体，亦存在潜在的缺陷。由于诸多FTA缔约方不同，规制侧重点存在差异，因而可能出现气候变化规制的碎片化、缺乏协调以及混乱等"意大利面条碗"现象，[②]甚至会出现法律冲突，并带来法律适用的不确定性。[③] 对此，可以归结于气候变化究竟应走双边或区域一体化的FTA路径还是继续恪守多边主义模式这一更大的命题。对此可类比国际贸易的FTA与MTA之间的关系。作为区域经济一体化的典型，FTA究竟构成MTA的垫脚石还是绊脚石，学界有完全不同的观点。[④] 诚然，气候变化如若能通过多边国际条约进行有效调整，则不失为一步到位与成功的治理模式，然而，气候变化相较于国际贸易治理有着更加特殊的困难。因国际贸易能刺激各国经济、消费增长，各国对国际

---

① See Free Trade Agreement Between the European Union and Its Member States, of the One Part, and the Republic of Korea, of the Other Part(2011), Article 13.14 – 13.15; EU – Central America Association Agreement(2012), Article 296 – 302.

② See Taishi Sugiyama & Jonathan Sinton, *Orchestra of Treaties: A Future Climate Regime Scenario with Multiple Treaties among Like – minded Countries*, 5 International Environmental Agreements (2005), 65.

③ See Richard Stewart, *Environmental Regulatory Decision Making Under Uncertainty*, in Timothy Swanson, ed., An Introduction to the Law and Economics of Environmental Policy: Issues in Institutional Design, Elsevier, 2002, p. 71.

④ 参见曾令良、陈卫东：《从欧共体看21世纪区域一体化对多边贸易体制的影响》，载《武汉大学学报》(人文社会科学版)2000年第3期；刘俊：《区域贸易安排的法学进路：GATT/WTO框架下区域贸易一体化的法理学及其实证研究》，中信出版社2004年版，第3、21～26页。

贸易有天然偏好;气候变化治理要求各国碳排放减缓,减排则可能意味着经济缩减或者限制。国际贸易多边条约 WTO 涵盖协定历经 GATT 40 多年的临时适用而最终达成,如今再次遭遇上诉机制发展的困境。可见即便是受到缔约国欢迎的国际贸易多边主义,其发展也并非一帆风顺。然而气候变化没有时间走多哈那样的路径。[①] 气候变化在 UNFCCC、《京都议定书》与《巴黎协定》等多边条约下与预期目标渐行渐远,如若各缔约国未能短期内就多边主义有实质性一致立场,则气候变化的时间窗口将会错过。为此,不论 FTA 构成多边主义的垫脚石抑或绊脚石,目前气候变化治理只能寄希望于双边或区域性的机制。当然,如何协调诸多 FTA 关系,尤其是如何协调关键碳排放国之间的立场,应当是采取此种双边或区域性 FTA 必然要应对的问题。比较理想的途径是,如前所述,关键碳排放国之间达成包含实质内容相同的气候变化条款的 FTA。鉴于关键碳排放国在经济体量、碳排放量以及国际影响力上的显著位置,其极有可能在国际社会产生示范效应。这其中最为重要的是协调好关键碳排放国之间的分歧,而将气候变化与国际贸易、国际投资等利益进行置换是重要前提。

FTA 中纳入气候变化内容,表明缔约方对环境问题已然从概括性、象征性提及,发展到具体性、针对性地密切关注。如上所述,气候变化国内诉讼、排放权交易极易演化为国际投资仲裁,FTA 中此类气候变化条款为这样的气候变化投资争端提供了明确的依据。而反过来,气候变化投资争端的涌现以及适当解决,对于国际投资仲裁何去何从的纾困,可谓恰逢其时。

(二)气候变化投资争端解决可以成为国际投资仲裁脱困的重要契机

国际投资仲裁为投资者寻求救济提供了便利,有利于保障投资者的私有权利。然而,国际投资仲裁在长期发展过程中,因过分维护投资者利益,

---

① See Trevor Houser, *Copenhagen, the Accord, and the Way Forward*, Policy Brief PB10 - 5 (Washington, DC: Peterson Institute for International Economics, 2010).

同案不同判,以及投资条约高度碎片化,投资仲裁案件分别为不同裁决机构管辖而导致裁决乃至国际投资法体制碎片化等,被国际社会广为诟病,甚至危及国际投资仲裁的存在或者存续。国际投资仲裁改革一度甚嚣尘上,势在必行。

对于国际投资仲裁何去何从,可以分为两种路径:其一,以巴西、印度、印度尼西亚等国为代表,通过争端预防强制机制、尽先用竭国内救济、须东道国同意等对国际投资仲裁解决投资争端进行限制。[①] 其二,以欧盟、美国、德国、加拿大等发达国家为代表,致力于对国际投资仲裁机制进一步完善。其中,欧盟—加拿大《经济与贸易框架协议》(CETA)涵盖创设一个新的投资法院体系的内容,欧盟—越南 FTA 也有类似的规定。美国向来是投资上诉机制的推行者,美国 2004 年、2012 年 BIT 范本,美国与智利、新加坡、摩洛哥、乌拉圭、阿曼、秘鲁、巴拿马、韩国、哥伦比亚等签署的 FTA 以及 TPP 中均涉及设立双边或多边投资仲裁上诉机制的问题,这些条约大多规定在相关条约生效后 3 年内考虑设立该种机制。在多米尼加—中美—美国 FTA 中,对于此种上诉机制的设立有更加具体的时间表。德国联邦能源与经济事务部在 2015 年公布了一个关于发达国家的 BIT 范本,其中提到要为每一个投资协定创设双边的常设投资法院。[②] 而在《美墨加协定》中美—墨保留了有限的投资者—国家仲裁,但美—加则无投资者—国家投资仲裁机制。2020 年 11 月签署的《区域全面经济伙伴关系协定》(RCEP)在投资章第 18 条中规定,投资者—国家间投资争端解决将在不迟于本协定生效之日后的两年进行讨论。这些最新的投资条约表明各国对国际投资仲裁采取更为谨慎的态度。

笔者认为,国际投资仲裁的存或废,向左或向右走,目前还存在很大的变数。然而,就国际投资仲裁机制的优越性以及对投资争端解决的贡献而言,其应当得以保留而非摒弃。国际投资仲裁得到更好的发展,这应当成为

---

① See UNCTAD, *World Investment Report*, 2015, p. 108 – 110.

② See *World Investment Report* 2015: *Reforming International Investment Governance*, Chapter Ⅲ, p. 109.

讨论的逻辑起点。然而，国际投资仲裁究竟是创设常设的投资法院，还是设立上诉机制，各自如何与 ICSID 条约进行协调，还需要更加缜密的推理与更为精细的设计。

尽管如此，国际投资仲裁可以通过对社会认同度高的领域争端的裁决，彰显其对理性、正义的追求，进而获得更高公信力与辨识度。涉环境或气候变化投资争端无疑具备这样的潜质。国际投资仲裁之于“涉环境因素”的立场，已经并必然更为理性。在对“涉环境因素”案件的裁决过程中，仲裁机构已经从一味追寻国际投资条约的“自洽”，沉迷于国际投资条约的封闭王国，开始反思“涉环境因素”与国际投资的联系，并将“涉环境因素”作为“情节”甚至“重要情节”并入投资条约核心条款的解释当中。同时，鉴于越来越多的投资条约包含明确的环境规则，该种特殊的“涉环境因素”对仲裁机构提出了如何适用这些环境规则的命题。譬如，Spence 投资公司等诉哥斯达黎加案，争端双方、第三方（萨尔瓦多）对于多米尼加—中美洲—美国 FTA 中投资章以及环境章中的环境规则，提出了截然不同的适用进路。截至目前该案已经终止，对这些问题仲裁机构没有明确的态度，但此案足以为国际投资仲裁如何考量“涉环境因素”提供全新的素材。在国际投资法更加强调政府规制权，并以可持续发展为改革方向的总体基调之下，仲裁机构对东道国真正的维护环境公共利益的措施进行确认，应当是当下符合时宜的理性回应。

客观地说，国际投资仲裁已然在涉环境案件处理中积累了一定经验。气候变化议题的介入将使得国际投资仲裁的优势得以进一步发挥，气候变化争端作为气候变化国内诉讼的国际化，可以成为国际投资仲裁创新的发力点。鉴于以欧盟为代表的 FTA 中实质性气候变化条款尚未被援引，其将朝哪个方向进展尚不明朗，国际投资仲裁在此方面应大有可为。因此，毋庸置疑的是，国际投资仲裁借助于气候变化争议的解决，将进一步走出合法性危机的“阴霾”。

气候变化的全球性表明任何国家都不能独善其身，气候变化已经成为人类需共同应对的最重要的环境问题之一。在各国就减排责任分配有较大分歧，减排行动步履蹒跚之际，非政府组织、民众对于气候变化有超乎想象的激情与热度，已有的各国国内气候变化诉讼即为明证。而以欧盟碳排放交易体系为代表，发达国家已然掀起碳排放交易或征收碳税的热潮。以国际投资仲裁为视角，气候变化诉讼与碳排放权争议极有可能升级为投资争端。此类新型涉环境投资争端对投资仲裁庭受案能力构成全方位挑战。然则，从矛盾的相对性层面考量：一方面气候变化演化为投资争端不可回避，另一方面国际投资仲裁机制正好借此消弭先前国际社会的种种批判，通过气候变化友好型法律适用与解释，再次焕发国际投资仲裁的生机与活力。与此同时，气候变化被纳入 FTA 等经贸协定，气候变化争议通过争端解决机制得以强制性解决，而实现硬法化的蜕变，气候变化治理至此找到曲线救国式的突破路径。

就国际投资仲裁中的环境问题进行研究，对于具有特殊身份的中国而言不无意义。在投资条约文本和实践急剧转型的现阶段，中国应顺应国际社会强化环境规制权的这股潮流，在投资条约中注入更多的环境元素。唯有如此，中国才不至于在此变革的关键时期迷失方向，中国也才可能成为升级版国际投资法框架的引领者。问题的关键在于，立足国际投资仲裁对环境问题的种种立场，中国应当选择何种路径和模式，接下来一章即作这个方面的探讨。

第七章

国际投资仲裁中的环境问题及其解决对中国的启示

中国在国际投资法体制中的地位特殊而且重要,已实现了从单纯资本输入国向资本输入国和资本输出国双重身份的转变。根据商务部 2015 年《中国对外投资合作发展报告》,2014 年中国对外直接投资达 1231.2 亿美元,实际使用外资 1285 亿美元,二者首次接近平衡,中国即将成为资本净输出国。① 然而中国国内环境恶化,中国境外投资者对当地环境的消极影响也广为诟病。因此,中国面临着如何在投资条约以及国际投资仲裁中将保护环境目标融入其间的重大课题。

中国现有投资条约中包含的环境条款数量少、质量低,而且分布不平衡。中国国内的环境法律法规体系还不甚完善,环境执法和司法体制还存在缺陷,这些都将给中国对外资的环境规制造成困扰,同时投资者还有可能控诉中国政府所采环境措施违反投资条约。随着中美 BIT 谈判进入实质性阶段,此次对中国而言具有"二次入世"意义的谈判,无法回避对环境条款等如何设置的问题,而纵观中国、美国 BIT 的缔结历史和现状,两个大国存在重大分歧。中美 BIT 是否以中加 BIT 为参照,以及中国应持的立场,值得探究。而紧随其后的中欧 BIT 在环境条款的编排,也需要中国坚定立场,作出符合自身现实需求和未来发展的理性选择。数量众多的中国境外投资者对

---

① 参见商务部:2015 年《中国对外投资合作发展报告》,第 2 页。

当地环境的破坏,及其遭至当地政府和民众的反对,也是中国必须正视的问题。因此,中国在制定 BIT 范本以及签署新一轮 BIT 的过程中,应当注重投资者母国对投资者的环境规制,强化投资者的社会责任,并将其明确作为投资者的一项义务。而在规制风险方面,境外投资者应对投资目的地的环境法律法规、该国加入的环境条约及其环境执法司法体制有全面的认识,以防止自身利益遭受损害,或在遭遇不公正待遇时积极控诉。

第一节　中国国际投资条约环境条款及其设计

原则上说,环境因素对投资条约影响的静态表征是其中包含的环境条款。换言之,投资条约中是否包含环境条款,包含怎样的环境条款,不仅会影响投资条约的“绿色”含量,而且会影响投资仲裁机构对环境问题考量的方式和程度。中国投资条约中不乏环境条款,1985 年中国—新加坡 BIT 开创了投资条约包含环境条款的先例,并以其特定的方式影响着中国投资条约以及其他国家投资条约中环境条款的发展。随着中国资本输入国和资本输出国双重身份的确立,以及同时与发达国家、发展中国家缔结投资条约数量的增多,中国极有必要反思既有投资条约中环境条款的利弊,以期建构更为理性、更加契合中国实际的环境规制的路径和模式。

一、中国国际投资条约中的环境条款——数量、质量、分布三重视角

中国投资条约中的环境条款,分为 BIT 和包含投资章的 FTA 中的环境条款。两种类型的投资条约在包含环境条款的比例、类型、数量上存在差异。总体上逐步从非实质性条款占绝对优势向实质性条款逐步增加转变,体现了投资条约中环境条款地位的增强。

（一）中国 BIT 和 FTA 环境条款数量——总体偏少

1. BIT 中环境条款数量分布（见表 7－1）

表 7－1 中国签署 BIT 环境条款的类型与分布情况

单位：个

BIT	非实质性条款		实质性条款（非排除措施条款）					总数
	序言	环境措施①	禁止和限制	征收	公平公正待遇	国民待遇与最惠国待遇	一般例外	
1. 中国—新加坡 BIT（1985）			√					1
2. 中国—斯里兰卡 BIT（1986）			√					1
3. 中国—新西兰 BIT（1988）			√					1
4. 中国—毛里求斯 BIT（1996）			√					1
5. 中国—特立尼达和多巴哥共和国 BIT（2002）	√							1
6. 中国—圭亚那 BIT（2003）	√							1
7. 中国—德国 BIT（2003）						√		1
8. 中国—马达加斯加 BIT（2005）					√			1
9. 中国—葡萄牙 BIT（2005）						√		1
10. 中国—哥伦比亚 BIT（2008）				√				1
11. 中国—乌兹别克斯坦 BIT（2011）	√			√				2
12. 中国—加拿大 BIT（2012）	√	√		√			√	4

① 此处的“环境措施”将不得降低环境标准、环境合作、遵守环境法或环境条约等非实质性条款均涵盖在内。

续表

BIT	非实质性条款		实质性条款（非排除措施条款）					总数
	序言	环境措施	禁止和限制	征收	公平公正待遇	国民待遇与最惠国待遇	一般例外	
13. 中日韩三边投资条约（2012）	√	√		√				3
14. 中国—坦桑尼亚 BIT（2013）	√	√		√			√	4
总数	6	3	4	5	1	2	2	
	9		14					23

数据来源：根据商务部条法司官方网站资料整理

在中国商务部条法司的官网上，中国目前生效的 BIT 有 104 个。① 如表 7－1 所展示的信息，包含环境条款的 BIT 有 14 个，约占 13%。② 与重视在投资条约中进行环境规制的发达国家相比，这个比例是很低的。譬如，加拿大目前生效的 BIT 有 37 个，③有 33 个包含环境条款，所占比例达 89%。根据第五章关于环境条款的类型界分，中国签署 BIT 中的非实质性环境条款有 9 个，主要出现在序言、环境措施条④中。实质性条款有 14 个，以非排除措施条款形式出现，其中征收除外条款出现达 5 次之多。这些环境条款的分

---

① 参见商务部条约法律司：《我国对外签订双边投资协定一览表》，载商务部官网，http://tfs.mofcom.gov.cn/article/Nocategory/201111/20111107819474.shtml，2020 年 12 月 23 日最后访问。

② 本书仅以生效的 BIT 作为基准。

③ See Canada BIT, http://investmentpolicyhub.unctad.org/IIA/CountryBits/35#iiaInnerMenu, 2020 年 12 月 24 日最后访问。

④ 中—加 BIT 第 18.3 条：缔约双方承认，通过豁免、宽松或其他违背国内健康、安全或环保措施以鼓励投资是不合适的。中日韩三边投资条约第 23 条：各缔约方均承认，通过放松环境措施来鼓励缔约另一方投资者进行投资是不适当的。为此，各缔约方均不得放弃或以其他方式减损此类环境措施去鼓励在其领土内设立、收购、扩展投资。中国—坦桑尼亚 BIT 第 10.1 条：缔约双方认识到放宽国内健康、安全或环境措施来鼓励投资的做法是不恰当的。因此，缔约一方不得放弃或贬损有关措施或承诺放弃或贬损有关措施，以鼓励投资者在其领土内设立、并购、扩大或保留投资。

布很不均衡，近期签署的 BIT 所含环境条款较多，如中国—加拿大 BIT、中国—坦桑尼亚 BIT 分别有 4 个环境条款。

2. FTA 投资章中环境条款的数量分布（见表 7－2）

表 7－2　中国签署 FTA 投资章中环境条款的类型与分布情况

单位：个

<table>
<tr><th colspan="2" rowspan="2">FTA</th><th colspan="2">非实质性条款</th><th colspan="3">实质性条款</th><th rowspan="2">总数</th></tr>
<tr><th>序言</th><th>环境措施</th><th>征收</th><th>一般例外</th><th>专家报告</th></tr>
<tr><td rowspan="2">1. 东盟</td><td>中国—东盟全面经济合作框架协议（2002）</td><td></td><td></td><td></td><td>√</td><td></td><td>1</td></tr>
<tr><td>中国—东盟全面经济合作框架协议投资协议（2009）①</td><td>√</td><td></td><td></td><td>√</td><td></td><td>2</td></tr>
<tr><td rowspan="3">2. 智利</td><td>中国—智利 FTA（2005）</td><td>√</td><td></td><td></td><td>√</td><td></td><td>2</td></tr>
<tr><td>中国—智利 FTA 关于投资的补充协议（2012）</td><td></td><td></td><td>√</td><td></td><td></td><td>1</td></tr>
<tr><td>中国—智利 FTA 升级议定书（2017）</td><td>√</td><td>√②</td><td></td><td></td><td></td><td>2</td></tr>
<tr><td colspan="2">3. 中国—巴基斯坦 FTA（2006）③</td><td>√</td><td></td><td></td><td></td><td></td><td>1</td></tr>
<tr><td colspan="2">4. 中国—新西兰 FTA（2008）</td><td>√</td><td></td><td>√</td><td>√</td><td></td><td>3</td></tr>
<tr><td colspan="2">5. 中国—秘鲁 FTA（2009）</td><td>√</td><td></td><td>√</td><td></td><td></td><td>2</td></tr>
<tr><td colspan="2">6. 中国—哥斯达黎加 FTA（2010）</td><td>√</td><td></td><td></td><td>√</td><td></td><td>2</td></tr>
<tr><td colspan="2">7. 中国—冰岛 FTA（2013）</td><td>√</td><td></td><td></td><td></td><td></td><td>1</td></tr>
</table>

① 《中国—东盟 FTA 升级议定书》（2015 年签署）没有与投资相关的环境条款。

② 《中国—智利 FTA 升级议定书》第 6 章“环境与贸易”中涉及投资，其中环境条款本书将其归入“环境措施”中。

③ 《中国—巴基斯坦关于修订 FTA 的议定书》于 2019 年 4 月 28 日生效，该议定书投资部分没有环境条款。

续表

FTA	非实质性条款		实质性条款			总数
	序言	环境措施	征收	一般例外	专家报告	
8. 中国—瑞士 FTA(2013)	√	√①				2
9. 中国—韩国 FTA(2015)	√	√				2
10. 中国—澳大利亚 FTA(2015)				√	√	2
11. 中国—格鲁吉亚 FTA(2017)	√	√②				2
12. 中国—新加坡 FTA 升级议定书(2018)		√③	√	√	√	4
13. 内地与港澳更紧密经贸关系安排(2003)			√	√		2
总数	11	5	5	8	2	31
	16		15			

数据来源:根据中国自由贸易区服务网资料整理

中国目前签署并生效的 FTA 合计 16 个,[④]投资章中包含环境条款的达 13 个,占生效 FTA 总数的 81%。其中非实质性条款 16 个,实质性条款 15 个,实质性的一般例外条款达 8 个之多,另外中国—澳大利亚 FTA 中有关于环保的专家报告条款。中国—新西兰 FTA 含 3 个环境条款。

在新近的《区域全面经济伙伴关系协定》中,环境条款分布于序言、征收除外与一般例外条款中。其中,征收除外条款的具体措辞为:“一缔约方采取的为实现合法的公共福利目标,如保护公共健康、安全、公共道德、环境以及稳定房地产价格等,而设计和实施的非歧视监管行为,不构成第二款第(二)项所指的征收。”该条款对于缔约方环境规制行为不构成征收的标准仅

① 中国—瑞士 FTA 第 12 章“环境问题”有不降低环境标准、环境合作等条款,本书将其纳入“环境措施”类型中。

② 中国—格鲁吉亚 FTA 第 9 章“环境与贸易”章,其中关于投资的环境条款本书将其归入“环境措施”中。

③ 《中国—新加坡 FTA 升级议定书》新增第 17 章“环境与贸易”,其中关于投资的环境条款本书将其归入“环境措施”中。

④ RCEP 已于 2020 年 11 月签署,目前尚未生效。

在于合法目标与非歧视监管,应当说扩张了政府环境规制权。而在第 17 章“一般条款和例外”第 12 条中,特别提到“就……第十章(投资)……而言,GATT 第二十条经必要修改后纳入本协定并构成本协定的一部分”,且该条脚注中特别列明 GATT 第 20 条第 2 款与第 7 款环境子项。这样的编排和措辞毫无疑问体现了国际投资领域的环境规制例外。

可见,中国 FTA 中包含环境条款的总数多于 BIT,所占比例更远高于 BIT。这与 OECD 对参加了圆桌会议的 49 个国家和地区投资条约中环境条款的研究结果相一致,FTA 中之所以有更大可能涵盖环境条款,与 FTA 本身内容的复合性有较大关系。RCEP 中环境征收除外条款与环境一般例外条款体现了最新投资协定对东道国环境规制权的进一步扩张。

(二)中国签署 BIT 和 FTA 环境条款的质量——有限的实效性

相较于环境条款的数量,环境条款的质量标准显得宽泛而模糊。从实施角度,其意味着环境条款有助于东道国保持其规制权;从立法角度,表明环境条款的设计是合理的。[①] 本书主要就环境条款的性质对东道国环境规制权的影响,即环境条款的实施效果来衡量其质量。(见表 7 – 3)

表 7 – 3 中国签署投资条约环境条款的类型

单位:个

投资条约	非实质性条款		实质性条款						总数
	序言	环境措施	禁止和限制	征收	公平公正待遇	国民待遇与最惠国待遇	一般例外	专家报告	
环境条款数量	17	8	4	10	1	2	10	2	
总数	25		29						54

数据来源:根据商务部条法司和自由贸易区服务网资料整理

① See Manjiao Chi, *The "Greenization" of Chinese Bits: An Empirical Study of the Environmental Provisions in Chinese Bits and its Implications for China's Future Bit – Making*, Journal of International Economic Law(2015)18, p. 527.

中国签署的合计30个投资条约中一共包含54个环境条款，其中非实质性条款有25个，实质性条款有29个，实质性条款所占比重较大。与此形成鲜明对比的，加拿大签署BIT中的环境条款，基本上以环境一般例外和环境征收除外这样的实质性条款出现。正如第五章对环境条款类型界分时所言，诸如序言等非实质性条款，本身不具有可操作性，其敦促式的语言仅起到宣示的效力。对条约解释而言，仅在约文解释不足以廓清条约本身意义的情况下，方可为仲裁机构平衡相冲突的利益提供参考。换言之，投资条约中包含实质性环境条款，表明环境因素已经深入投资条约的内核，仲裁机构可直接据以裁决案件。中国BIT和FTA中包含较多的非实质性环境条款，表明中国投资条约中环境条款的质量总体不高，实效性较弱。

（三）中国签署含环境条款的BIT和FTA在代别、地区、经济体之间分布不均衡

尽管中国投资条约中较早包含了环境条款，但早期环境条款的形式和环境条款的类型在后来的投资条约中并不具有延续性。总体上说，早期包含环境条款的投资条约的数量非常有限，环境条款的类型也很单一。近期签署的投资条约基本都包含环境条款，且基本都有实质性环境条款。

1. 代别分布——投资条约数量和环境条款数量都不均衡

通常而言，学界将现有的中国投资条约分为三代，[①]早期BIT，如中国—瑞典1982年BIT属于典型的第一代BIT，其中既无国民待遇条款也无投资争端解决条款。而中国—韩国1992年BIT[②]则属于典型的第二代BIT，该投资条约中的国民待遇，仅限于司法和行政救济，投资仲裁仅适用于征收补偿的数额事项。1998年中国—巴巴多斯BIT通常被认为开启了中国第三代

① 以单文华教授为代表的学者，将中国签署的双边投资条约分为表7－4所显示的三代。See Norah Gallagher & Wenhua Shan, *Chinese Investment Treaties: Policies and Practice*, Oxford University Press, 2008, p. 35－40. 同时，认为中国将要出现第四代BIT，并以即将谈成的中—美BIT中的准入前国民待遇、负面清单等为显著特征。

② 中—韩1992年BIT已为2007年BIT所取代。

BIT，投资仲裁适用于缔约一方的投资者与缔约另一方之间任何投资争议。[①]以此为标准，包含环境条款的 BIT 和 FTA 在三代投资条约中的分布情况如表 7－4 所示。

表 7－4　中国签署包含环境条款的 BIT 和 FTA 代别分布

单位：个

投资条约的代别	包含环境条款 BIT 数量	包含环境条款 FTA 数量	包含环境条款投资条约数量
一代（1982—1989）	3	0	3
二代（1990—1997）	1	0	1
三代（1998—现在）	10	13	23
总数	14	13	27

数据来源：根据商务部条法司和自由贸易区服务网资料整理

从表 7－4 的数据来看，包含环境条款的投资条约在代别分布上极不均衡，基本上集中在第三代。也就是说，从投资条约文本所反映的情况来看，准许将投资争端提交投资仲裁机构解决，与投资条约注重环境规制几乎是同步进行的。当然，在这些投资条约中，也有明确将因环境措施而引发的争端排除在投资仲裁解决之外的规定。[②] 就 BIT 而言，包含环境条款的第三代 BIT 有 10 个，超过第一代和第二代数量总和。第三代投资条约包含环境条款的比例大，一个重要原因是 FTA 均在 1998 年以后签署，且这些包含投资章的 FTA 绝大部分涵盖环境条款。相比之下，第一代和第二代投资条约则少有环境条款，只有中国—新加坡、中国—斯里兰卡、中国—新西兰、中国—毛里求斯 4 个 BIT 中包含环境条款，且类型完全一样。那么，以投资条约的

---

① 对于包含了投资章的 FTA 而言，本书也按 BIT 三代标准来划分，其中《内地与香港关于建立更紧密经贸关系的安排》（ECFA），因内地和香港同属中国，二者之间的投资争端解决有特殊的调处机制，但其他方面基本符合第三代投资条约的特征，因此本书也将其界定为第三代投资条约。根据商务部官网，目前生效的 BIT 有 104 个，FTA 有 16 个，因而投资条约合计 120 个。

② 中国—澳大利亚 FTA 投资章“第二节投资者—国家争端解决”，第 11.4 条规定：一方采取的非歧视的和出于公共健康、安全、环境、公共道德或公共秩序等合法公共利益目标的措施，不应作为本节项下诉请的对象。

代别和环境条款的类型双重标准界分,能更明晰地展示环境条款的分布不均衡这一特征(见表7-5)。

表7-5 中国签署的BIT和FTA中环境条款的代别分布

单位:个

投资条约的代别	BIT中环境条款的数量(非实质性条款/实质性条款)	FTA中环境条款的数量(非实质性条款/实质性条款)	总数
一代(1982—1989)	3(0/3)	0	3
二代(1990—1997)	1(0/1)	0	1
三代(1998—现在)	19 (9/10)	31(16/15)	50
总数	23	31	54

数据来源:根据商务部条法司和自由贸易区服务网资料整理

从表7-5的情况来看,环境条款的总数为54个,其中有50个集中在第三代投资条约中,第一代投资条约中只有3个环境条款,第二代仅1个环境条款,分布极不均衡;具体到环境条款的类型,第三代投资条约中合计25个实质性环境条款,25个非实质性环境条款;BIT中有19个环境条款,FTA中有31个环境条款。

2. 地区分布——洲别不均

从与中国签署包含环境条款投资条约的缔约方所在地区来看,以上投资条约也呈现分布不均的特点。换言之,中国对此类投资条约有一定的地区偏好。(如表7-6所示)

表7-6 中国签署的包含环境条款的BIT和FTA地区分布

单位:个

洲别	包含环境条款BIT数量	包含环境条款FTA数量	总数	
			投资条约数量	环境条款数量
亚洲	4	6	10	21
美洲	4	2	6	11
非洲	3	1	4	11

续表

洲别	包含环境条款BIT数量	包含环境条款FTA数量	总数	
			投资条约数量	环境条款数量
欧洲	2	2	4	5
大洋洲	1	2	3	6
总数	14	13	27	54

数据来源:根据商务部条法司和自由贸易区服务网资料整理

中国签署包含环境条款的投资条约的分布,与中国吸引外资的来源地,以及对外投资目的地有着紧密的联系。根据商务部的统计,以中国实际使用外资金额百分比来计算,2002—2012年中国吸引外资的来源地中,日本、新加坡、韩国、美国、加拿大、澳大利亚等位列前20名。① 截至2019年,累计设立企业数与累计实际投资金额排在前15位的有日本、新加坡、美国、韩国、德国等。② 2019年中国对外投资流量排在前20位的国家或地区有新加坡、美国、澳大利亚、德国等。③ 2019年年末中国对外直接投资存量排在前20位的有美国、新加坡、澳大利亚、德国、加拿大等。④ 为此,中国与这些国家或地区的有些投资条约中加入了环境条款,表明中国已经开始意识到环境规制与投资的密切关系。与此同时,有两个现象值得关注:其一,无论作为中国吸引外资来源地,还是对外投资目的地,欧洲或欧盟的国家都占据比较重要的地位。2019年欧洲主要国家在华新设企业数占比6.4%,实际投入外资金额占比5.1%,高于北美洲。截至2019年年末主要投资来源地排在前15位的欧盟国家有德国、荷兰、法国。⑤ 2019年年末中国对欧洲直接投资存量1143.8亿美元,占中国对外投资的5.2%,高于北美洲、非洲和大洋洲。其中,对欧盟直接投资存量939.1亿美元,占发达经济体投资存量的37.6%,

---

① 参见商务部:《2013年中国外商投资报告》,第12页。

② 参见商务部:《中国外资统计公报》(2020),第32页。

③ 参见商务部、统计局、外汇管理局:《2019年中国对外直接投资统计公报》,第17页。

④ 参见商务部、统计局、外汇管理局:《2019年中国对外直接投资统计公报》,第24页。

⑤ 参见商务部:《中国外资统计公报》(2020),第7、32页。

高于美国、澳大利亚、加拿大等。2019 年年末,中国对外投资存量排前 20 位的国家或地区中,属于欧盟的有荷兰、德国、卢森堡、瑞典。[①] 但中国与这些国家或地区的投资条约中却鲜有环境条款。其二,中国对非洲尽管也有投资,投资的金额尚且无法与亚洲、美洲等地相比,却开始重视投资条约中的环境规制。譬如,2013 年签署的中国—坦桑尼亚 BIT,环境条款有 4 处,且包括征收除外、一般例外两类实质性环境条款,不亚于中国—加拿大 BIT 中环境条款的质和量。笔者认为,中国与欧盟国家之间的双向投资比较频繁,但是投资条约中的环境规制非常少见。基于此,在中欧 BIT 正紧锣密鼓进行之际,可以预见,中欧 BIT 必然会有环境条款,而以何种环境条款出现,要受制于双方的谈判能力,尤其是欧盟的要价。此外,中美 BIT 环境条款的设置可能会影响中欧 BIT 的此类条款。根据商务部制作的《对外投资合作国别(地区)指南——坦桑尼亚》(2019 年版),中国作为新兴经济体,对坦桑尼亚的投资非常活跃,在 2013 年成为坦桑尼亚的第二大外资来源国,仅次于英国。[②] 2014 年中国对坦桑尼亚直接投资流量 1.67 亿美元。截至 2014 年年末,中国对坦桑尼亚直接投资存量 8.85 亿美元,[③]稍少于新西兰。[④] 中国对坦桑尼亚投资自 2015 年出现负增长,仅 2017 年增长42.8%,跃至全非第 5 名,但 2018 年再次出现大幅负增长。[⑤] 这些波动与国际经济形势与坦桑尼亚营商环境恶化有一定关系,但坦桑尼亚政府已经意识到这些问题并致力于调整、优化国内营商环境。坦桑尼亚固有优势,以及与中国外交关系友好,这些都是吸引中国向坦桑尼亚投资的重要因素。因此,两国间的投资条约将环境问题纳入调整范围,致力于两国间投资的可持续发展。

3. 不同经济体间分布不均

与中国签署包含环境条款投资条约的国家或地区,若以发达经济体、发

---

① 参见商务部、统计局、外汇管理局:《2019 年中国对外直接投资统计公报》,第 22 ~ 24 页。

② 参见商务部:《对外投资合作国别(地区)指南——坦桑尼亚》(2015 年版),第 32 页。

③ 参见商务部:《对外投资合作国别(地区)指南——坦桑尼亚》(2015 年版),第 35 页。

④ 截至 2014 年年末中国在新西兰直接投资存量为 9.62 亿美元,参见商务部:《对外投资合作国别(地区)指南——坦桑尼亚》(2015 年版),第 20 页。

⑤ 参见商务部:《对外投资合作国别(地区)指南——坦桑尼亚》(2019 年版),第 41 页。

展中经济体和转型经济体作为界分标准,则呈现如下格局。(见表 7 -7)

表 7 -7　与中国签署包含环境条款投资条约的经济体分布情况

单位:个

经济体	包含环境条款 BIT 数量	包含环境条款 FTA 数量	投资条约总数
发达经济体	6	7	13
发展中经济体	8	5	13
转型经济体	0	1	1
总数	14	13	27

数据来源:根据商务部条法司和自由贸易区服务网资料整理

上表显示,与中国签署包含环境条款投资条约的经济体,主要是发展中经济体和发达经济体,二者数量相当。若以环境条款的类型进一步细分,则显现出不同经济体之间的差异。(见表 7 -8)

表 7 -8　中国与不同经济体签署的投资条约所含环境条款的类型

单位:个

环境条款性质	发达经济体	发展中经济体	转型经济体	总数
实质性环境条款	16	13	0	29
非实质性环境条款	11	12	2	25
总数	27	25	2	54

数据来源:根据商务部条法司和自由贸易区服务网资料整理

结合表 7 -7 和表 7 -8,发达经济体与发展中经济体中包含环境条款的投资条约数量一样,发达经济体包含了更多的环境条款(27 个),且以实质性的环境条款为主(16 个)。众所周知,发达经济体更加重视环境保护或环境规制,与中国签署投资条约的加拿大、日本、新西兰等尤为关注环保,这些国家签署的 BIT 或 FTA 中环境条款所占比例较高。相比之下,与发展中经济体的投资条约包含的环境条款数量要少,且非实质性条款几乎与实质性条款持平。但是,在实质性环境条款的具体类型上,除中国—马达加斯加 BIT 中公平公正待遇环境例外条款比较特殊外,基本与发达经济体一致,即体现为环境征收除外和一般例外条款。因此,就投资条约包含的环境条款的质量而言,中国与发达经济体签署的投资条约“含金量”更高。同时,中国与发达经济体、发展中经济体签署投资条约的环境条款的类型并无本质性的差别。

综上,中国目前签署投资条约中包含的环境条款总体上数量不多,表明中国对国际投资体制的环境规制尚未给予充分的重视。非实质性环境条款所占比例较高,鉴于非实质性条款对投资仲裁机构条约解释仅起到辅助作用,过多的此类非实质性条款的出现会影响环境规制的实效。中国包含环境条款的投资条约主要集中在第三代,与中国双向投资最为密切的亚洲成为涵盖环境条款最多的地区。中国对外投资和吸引外资比较频繁的欧洲国家至今尚未与中国签署含环境条款的投资条约,中欧 BIT 或许将填补这一空白。环境条款在中国与发达经济体签署的投资条约中有较高的比重,并与发展中国家经济体间的 BIT 或 FTA 形成对比。环境条款在代别、地区和经济体间分布不均,固然有历史、缔约方以及政策考量,但容易受到投资者“差别待遇”的质疑,亦需经历最惠国待遇的验证。为此,中国在今后投资条约中加重环境条款的分量,符合国际投资法体制越来越倚重环境规制的总体趋势。同时,在环境条款上形成比较一体的模式,应该是中国未来投资条约的理性选择。

二、中美、中欧 BIT 环境条款的设计构想

中国、美国、欧盟是世界三大核心力量,三大经济体之间的 BIT 一旦达成,将建构属于世界级的 BIT 范本。中美、中欧 BIT 谈判的启动,为中国在全球新一轮贸易投资规则的重塑中由被动变为主动提供了机遇,并有可能改变全球区域经济合作的整体格局。近年来,由美国主导的 TPP、TTIP 等区域贸易投资谈判,中国均游离在外,尽管中国试图通过区域全面经济伙伴关系、中日韩自由贸易区的谈判突破重围,但终究无力抗拒地缘政治上被边缘化的境地。因此,中美、中欧 BIT 的相继启动并相互配合,体现了中国重构全球贸易投资规则的新进路,中国必将在新的区域经济合作中发挥引领作用。

（一）中美 BIT 环境条款

中美 BIT 谈判自 2008 年 6 月正式启动以来，因美国对 2004 年 BIT 范本的修订而中断，至美国 2012 年 BIT 范本公布以后，2012 年 5 月中美战略与经济对话重启 BIT 谈判。2013 年 7 月举行的第 5 轮中美战略与经济对话，中方同意以准入前国民待遇和负面清单为基础开展中美 BIT 实质性谈判，2014 年 1 月开始的第 11 轮谈判，双方进入文本的实质性谈判阶段。在第 19 轮谈判中，双方首次交换了负面清单出价，开启负面清单谈判。第 21 轮谈判中，双方交换了各自的负面清单改进出价。[①] 2016 年 3 月在海南博鳌亚洲论坛“中美投资条约”分论坛上，陈德铭表示中美 BIT 谈判应该快到终点了。[②] 然而近几年来中美贸易摩擦不断，可谓剑拔弩张。特朗普政府明确将中国作为战略对手，中美经贸关系一度被推向风口浪尖。无论如何，中美两国在投资领域有极强的市场互补性，中美只有合作才能实现共赢。中美两国可以 BIT 为突破口，推动两国政治互信与经贸关系正常化，避免陷入脱钩境地。

中美 BIT 谈判在排除了准入前国民待遇的障碍之后，在环境条款的编排上也是存在分歧的。笔者试图以中国、美国 BIT 范本以及中加 BIT 为参照，并立足国际投资仲裁实践，预测中美 BIT 在环境条款上的可能设计。

根据商务部的统计数据，2019 年，按新设企业数，美国位居中国主要投资来源地第四位；按实际投入金额，美国位居第六位。截至 2019 年，按累计设立企业数，美国位居主要投资来源地第三位，按照累计实际投资金额，则美国位列第五位。[③] 2019 年，中国对美国直接投资流量为 38.1 亿美元，位居中国对外直接投资流量第五位。到 2019 年年末，中国在美国直接投资存量

① 第 23 轮中美 BIT 谈判在美举行，http://finance.southcn.com/f/2015-11/27/content_137815182.htm，2021 年 3 月 18 日最后访问。

② 参见陈德铭：《中美 BIT 谈判应该快到终点了》，载中商情报网，http://www.askci.com/news/finance/2016/03/23/1440266lrj.shtml，2016 年 7 月 8 日最后访问。

③ 参见商务部：《中国外资统计公报》（2020），第 6、32 页。

为778亿美元，位于中国发达经济体投资存量的第二位。[①] 由此可见，中国和美国的投资关系是双向的，中国并非必然是美国投资者的东道国。换言之，中国和美国既可能作为投资东道国，也可能作为投资者母国而出现。为此，就中国的立场而言，在环境条款的编排上不能只持东道国主义。而就美国的立场而言，基于在NAFTA中频频作为被告，美国也不会只站在保护投资者利益的角度考量环境条款。以此为前提分析中美BIT环境条款的安排将更有建设意义。

就中国而言，最新的BIT范本系指商务部于2010年4月草拟的《中华人民共和国政府和________政府关于促进和保护投资的协定》，[②]环境条款主要体现在第6.3条征收条中。[③] 而综观美国2012年BIT范本，除在环境征收除外条款[④]与中国BIT范本重叠外，其他环境条款对中国而言均系"溢出"条款。那么，以涉环境国际投资仲裁的视角观之，美国2012年BIT范本环境条款的可接受性如何？首先从实质性条款着眼，美国仅在履行要求以例外条款的形式确认了缔约方的环境规制权。如第五章所述，投资条约中仅认可履行要求方面的例外，而缺乏一个适用于所有核心条款的一般例外，会使得缔约方在行使诸如环境规制权方面缺乏必要的依据。同时，投资者亦可通过援引其他核心条款而达到规避履行要求例外条款的效果。对中国而言，在与发达经济体签署的BIT或FTA中已经出现环境一般例外条款，如中国—加拿大BIT、中国—新西兰FTA、中国—澳大利亚FTA等。因此，中美BIT完全可以考虑将包含环境保护的一般例外纳入其间。美国该范本中

---

① 参见商务部、统计局、外汇管理局：《2019年中国对外直接投资统计公报》，第17、23页。

② 中国的2010年BIT范本，参见温先涛：《〈中国投资保护协定范本〉(草案)论稿(一)》，载《国际经济法学刊》2011年第4期；温先涛：《〈中国投资保护协定范本〉(草案)论稿(二)》，载《国际经济法学刊》2012年第1期；温先涛：《〈中国投资保护协定范本〉(草案)论稿(三)》，载《国际经济法学刊》2012年第2期。

③ 在对征收和间接征收的条件、考虑因素进行界定之后，第3款明确规定：缔约一方采取的旨在保护公共健康、安全及环境等在内的正当公共福利的非歧视的管制措施，不构成间接征收，但在个别情况下，例如所采取的措施严重超过维护相应正当公共福利的必要时除外。

④ 美国2012年BIT范本附件B征收第4(b)项规定：除非特殊情形，缔约一方旨在保护合法的公共福利目标如公共健康、安全和环境等的非歧视性管理行为，不构成间接征收。

第二类实质性环境条款体现为环境征收除外条款，如前所述，中国 BIT 范本也涵盖此条，但二者存在差异。首先，中国的征收除外在正文当中，美国 BIT 范本的征收除外位于附件中，这表明美国有随时删改此条的意图。在笔者看来，在认定征收时是否要考虑环境因素，在投资仲裁机构之间历来存在重大分歧，环境征收除外条款可以说为东道国环保目标的正当性提供了有力的依据，应当被认为是矫正仲裁机构过分保护投资者利益的“平衡器”。因此，将其置于正文而与征收或间接征收一并考虑是确当的做法，ECFA 即将环保征收除外放在正文当中的范例。其次，在具体表述上，中国 BIT 范本更加明晰，声明在一般情形下的非歧视性环境措施不构成间接征收，只在所采措施与环保等目标严重不成比例的情况下才构成征收。美国 BIT 范本将“除非特别情形”前置，但环保目标不构成间接征收的理由属于一般还是例外情形不得而知，作为前置条件的“特别情形”究竟有哪些内容也不确知。从已有的围绕 CAFTA 的类似条款争议来看，该条本身的措辞远非明确。因此，中美 BIT 的环境征收除外条款以中国范本为参照是更佳的选择。美国范本中第三类实质性条款体现为环境事务的专家报告条，笔者认为，中国完全可以接受此条。另外，有学者提出需在中美 BIT 中明确投资者应遵守所在缔约方（东道国）的环境法。① 笔者认为，投资条约中的环境条款通常而言是不够全面的，以东道国环境法作为兜底条款，可以防止“无法可依”的状况出现。而作为与实质性条款相呼应的非实质性条款，美国 BIT 范本在序言中即点明保护“健康、安全和环境”，中国范本中的“促进经济健康稳定和可持续发展”则更为概括，建议在中美 BIT 中明确环境保护目标，以资仲裁机构解释环境条款时辅助之用。同时，鉴于美国 BIT 范本中有内容扩充的“投资与环境”条，其间规定了缔约方对于环境的具体规制权。因此，中美 BIT 可在序言中明确缔约方拥有对环境事务的规制权。

综上，笔者设想的中美 BIT 环境条款架构，以环境一般例外、征收除外

---

① See Cai Congyan, *China – US BIT Negotiations and the Future of Investment Treaty Regime*, Journal of International Economic Law 12(2)(2009), p. 506.

(正文)为核心的实体条款,辅以专家报告这一程序性条款,并以东道国环境法为兜底。作为彰显投资条约环保目标的序言,应具体声明保护环境和缔约方环境规制权的重要性。

(二)中欧 BIT 环境条款

2019 年欧盟对华投资新设立企业 2804 家,同比下降 2.9%,实际投入外资金额 73.1 亿美元,同比下降 2.3%。[①] 2011 年后中国对欧盟的投资超过欧盟对中国的投资。[②] 2019 年中国对欧盟直接投资 939.1 亿美元,占在发达经济体投资存量 37.6%,居中国对发达经济体投资之首。[③] 尽管如此,与中国向发展中经济体的投资存量,以及与中欧货物、服务贸易存量相比,中欧之间的双边投资水平还比较低,尚有很大的提升空间。

欧盟目前签署生效的投资条约有 56 个,[④]尚无一个 BIT。也就是说,中欧 BIT 有望成为欧盟签署的第一个 BIT。除爱尔兰外,此前中国与欧盟的其余 26 个国家均签署了 BIT。以环境条款视角观之,中欧 BIT 鲜有先例可供参考,因中国与欧盟国家之间的 26 个 BIT 中除中—德 BIT 在投资待遇列明"公共健康"例外之外,其余 BIT 均不包含环境条款。在笔者看来,鉴于中欧互有投资,欧盟同美国都属于发达经济体,有相当的诉求。中欧 BIT 谈判紧随中美 BIT 谈判,后者对前者必定有较大影响,且中国致力于在投资条约中创设一体化的环境条款。因此,中国不妨以对美 BIT 谈判中的环境规制体系为参照,同欧盟进行谈判。也有学者预测,中欧 BIT 有可能包含类似于中—加 BIT 的环境条款,如环境征收除外条款、环境一般例外条款、不得降低环境标准条款等。[⑤] 如此,中国与几大发达经济体间 BIT 中的环境条款互

---

① 参见商务部:《中国外资统计公报》(2020),第 41 页。

② 参见江清云:《中欧双边投资条约谈判的现状、问题与对策》,载《德国研究》2014 年第 4 期。

③ 参见商务部、统计局、外汇管理局:《2019 年中国对外直接投资统计公报》,第 22、23 页。

④ See EU IIA List, https://investmentpolicy. unctad. org/international - investment - agreements/groupings/28/eu - european - union,2021 年 3 月 18 日最后访问。

⑤ See Wenhua Shan & Lu Wang, *The China - EU BIT and the Emerging "Global BIT 2.0"*, ICSID Review, Vol. 30, No. 1, 2015, p. 263 - 264.

为参照，有利于投资仲裁机构作出一体化解释。

第二节　国际投资仲裁环境问题的解决对中国环境规制的启示

众所周知，涉环境的投资仲裁机构在审理投资争端时，主要适用国际投资条约。尽管《华盛顿公约》以及不少投资条约规定东道国的法律亦可作为适用的法，但国际投资条约无疑处于国际投资仲裁法律渊源的核心地位。从环境规制这个角度来说，投资缔约国的立法、执法、司法体制均处在国际投资条约的评价之下。那么，以涉环境的国际投资仲裁的立场观之，中国在进行环境规制的过程中还存在哪些问题，应当如何应对？对此有必要将中国分为投资东道国和投资者母国两种角色分别论述。立基于此，本书将进一步探讨中国国际投资条约环境规制的建构路径与模式选择。

一、中国作为东道国进行环境规制的启示

目前，以中国作为被告的国际投资仲裁有4起。[①] 其中，Ekran Berhad诉中国案依据《解决投资争端国际中心仲裁规则》第43.1条因程序中止而终结，Ansung Housing案则以支持中国的裁决告终，另外两起案件尚未裁决。可以预见的是，未来以中国为被诉方的案件会越来越多。鉴于中国逐渐认识到环境保护的重要性，将来可能出现涉中国的涉环境投资争端。那么，就中国目前的环境规制体系而言，还存在诸多问题，以下将其分为立法、执法和司法三个层面。

（一）环境立法——投资条约与国内立法应并驾齐驱

就国际投资条约中环境条款对环境规制的效力而言，鉴于涉及实质性

---

① 这4起案件为：Ansung Housing Co. Ltd. 诉中国，涉及中—韩2007年BIT，ARB/14/25；Ekran Berhad诉中国，涉及中国—马来西亚1988年BIT，中国—以色列1995年BIT，ARB/11/15；Hela Schwarz诉中国，涉及中国—德国2003年BIT，ARB/17/19；Macro Trading诉中国，涉及中国—日本1988年BIT，ARB/20/22。

的环境一般例外条款的投资争端尚未出现,围绕环境征收除外条款的争议尚未全部裁定,对该两类条款的评价尚且有待考证,但此时的预判不无意义。在"Al Tamimi 诉阿曼案"中,仲裁机构对于美国—阿曼 FTA 附件 10 - B 4(b)环境征收除外条款的立场非常明确,认为阿曼为保护环境这一公共福利目标而实施的非歧视措施不构成间接征收,且依据该 FTA 第 10.10 条和第 17 章环境章,阿曼拥有实施本国环境法的权力。这一观点无疑为环境征收除外条款在投资条约中的显著地位奠定了基础,并可以视为对强化东道国环境规制权的积极回应。因环境征收除外条款只适用于征收这一事项,如果要与东道国的环境规制权实现无缝对接,则有必要求助于一般例外条款。诚然,目前投资条约中的环境一般例外条款采取与 WTO 几乎相同的措辞,WTO 争端解决机构对第 20 条一贯进行严格解释,而投资仲裁机构对美国—阿根廷 BIT 第 11 条安全例外前后解释不一,这些事实使得学界对投资条约中存在的该类环境一般例外条款的实效持悲观态度,认为当东道国以一般例外为据证明与 BIT 不一致的环境措施的正当性时,其获得仲裁机构的支持是非常困难的。[①] 在笔者看来,在围绕投资条约的环境一般例外条款尚无投资争端的情况下,即预测其难有实效尚无必要。事实上,围绕美国—阿根廷 BIT 第 11 条安全例外条款的 CMS 案、Enron 案、Sempra 案和 LG & E 案,鉴于 Enron 案和 Sempra 案仲裁机构弃第 11 条而适用了《关于国际不法行为的国家责任》(草案)的必需性标准,ICSID 专门委员会已经撤销其裁决。可见,投资仲裁机构并不主张对例外条款设置过高的关联性标准。而将 WTO 争端解决机构对于 GATT 一般例外的"两步测试"法适用于投资仲裁,这种做法是值得质疑的。国际投资法和国际贸易法系两大相对独立的体制,投资条约的该类一般例外当属于真正的例外,且在当下各界广泛呼吁加强政府规制权的背景之下,一般例外条款必然要为环境规制权留有广阔余地。为此,仲裁机构在适用环境一般例外条款时必须进行充分顾及政

---

① See Manjiao Chi, *The "Greenization" of Chinese Bits: An Empirical Study of the Environmental Provisions in Chinese Bits and its Implications for China's Future Bit - Making*, Journal of International Economic Law(2015)18, p. 523.

府此项权力的平衡解释。

对中国而言,是否要追随美国等发达国家的步伐,在投资条约中普遍地加入环境征收除外条款,以及环境一般例外条款,目前学界对之尚持保守的态度。在缔约实践中,环境征收除外条款已经出现在中国—印度、中国—哥伦比亚、中国—乌兹别克斯坦、中国—加拿大、中国—坦桑尼亚 BIT,中日韩三边投资条约,以及中国—新西兰、中国—秘鲁 FTA,内地与香港关于建立更紧密经贸关系的安排当中。环境一般例外条款已经出现在中国—加拿大、中国—坦桑尼亚 BIT,以及中国—新西兰、中国—东盟、中国—哥斯达黎加、中国—澳大利亚 FTA,内地与香港关于建立更紧密经贸关系的安排中。可见,中国包含这两类条款,并无明显的经济体选择偏好。鉴于长期以来中国均以引资大国的身份自居,并对外资许以各种优惠的待遇,使得本国资本遭遇了差别待遇,也使得本国的主权不同程度地受到“侵蚀”。因而,加重中国作为东道国的环境规制权,将让渡的主权收回,应当是今后需要研究的重要命题。为此,本书主张对环境征收除外条款以及环境一般例外条款进行推广。而支持此观点的另一个论据在于,目前国际投资法体制正处于发达国家系规则制定者、发展中国家为规则接受者的格局。[①] 美国、加拿大等将环境征收除外条款、环境一般例外条款并入投资条约,这代表未来的趋势。再者,投资条约中普遍存在最惠国待遇。尽管对于最惠国待遇是否适用于争端解决程序,理论和实务有重大分歧,但最惠国待遇适用于实体权利确是达成共识的。因而,在没有对最惠国待遇的实体适用范围有特别限定的情形下,投资者极有可能利用最惠国待遇条款而进行“条约选购”。尽管第五章对此提出,理论上投资者的诉请未必完全符合最惠国待遇的“相似情形”要件,这些实质性环境条款与最惠国待遇条款之间因适用范围不同而互为渐进关系,但仲裁机构是否会沿着这样的路径分析还不得而知。因而,与其在每个投资条约中就最惠国待遇的具体适用范围进行排外规定,不如加大

① See Wolfgang Alschner & Dmitriy Skougarevskiy, *Mapping the Universe of International Investment Agreements*, Journal of International Economic Law, 2016, 19, p. 562.

环境征收除外条款和一般例外条款的普及力度。

投资条约中加入完备的环境条款，并不必然意味着环境保护水平的提高。换言之，投资条约中的环境条款本身还不足以构造出环境友好型的投资法律体系。在此，东道国国内环境立法发挥着重要的作用。东道国法也有可能被作为准据法而被投资仲裁机构适用，且东道国法至少可以作为案件事实的重要证据被提出。譬如，在证明所采措施是否属于环境措施这个问题上，严格依照东道国环境法的行为有较大可能被认定为环境措施。近几年来，中国制定了一系列环境保护方面的法律法规，这些环境立法范围广泛，且以实体法居多，如《环境保护法》《海洋环境保护法》《大气污染防治法》《水污染防治法》《固体废物污染环境防治法》等，同时也不乏《环境保护违法违纪行为处分暂行规定》等程序法，应该说中国基本形成了以《环境保护法》为基本法，以其他特定领域单行法为支撑的体系。但是，中国目前的环境立法还存在一些问题：其一，立法不够完善，有些重要的环境法律是欠缺的，如电磁污染、震动污染、能量污染以及有毒有害物质污染等立法基本处于缺失状态。[①] 这样，当执法机构进行执法时，则可能遭遇无法可依的尴尬，所采措施也可能被指控属于违反投资条约的行为而非环境措施。其二，《环境保护法》的法律地位不高。2017 年《环境保护法》与其他环境法一样，尚不能成为中国的基本法或基本环境法。农业、森林、海洋、土地等主管部门在实施相应的法律时，极有可能挑战《环境保护法》的具体条款从而使其徒有虚名。[②] 再者，我国的环境立法对司法的供给严重不足，一些立法对法官而言不好用甚至不能用。因此就出现环保法律法规很多，但法官在环境诉讼中无法可依的状态，法官更多适用《民事诉讼法》《行政诉讼法》《刑事诉讼法》等程序法，以及并非专门环境法的《民法通则》（已失效）、《刑法》等作

① 参见黄锡生、王江：《中国环境执法的障碍与破解》，载《重庆大学学报》（社会科学版）2009 年第 1 期。

② See Bo Zhang, Cong Cao, Junzhan Gu and Ting Liu, *A New Environmental Protection Law, Many Old Problems? Challenges to Environmental Governance in China*, Journal of Environmental Law, 2016, 28, p. 331.

为裁决的依据。[1] 因而，目前中国应从加强现有环境法实效性和可行性上下功夫，并就缺失的环境法进行立法补足。此外，为防止国内环境立法与国际义务脱节，应将环境法与中国加入的环境条约相对接，并以环境条约的类型、内容作为国内环境立法的指引。同时，以国际社会公认的标准体系为参照，使之具备坚实的科学基础。因此，中国在与美国、欧盟就环境条款进行BIT 谈判时，不妨以自身已经加入的多边环境条约为基础，确定恰当的承诺水平。[2] 如是，中国在接受美国、欧盟环境要价上会更有底气和底线。

（二）环境执法司法体制有待完善

如第四章所论述的，环境执法、司法须具备合法性，即程序的公正性、透明度以及效率性，才鲜有可能被投资仲裁机构认定为违反公平公正待遇，或者构成征收。正当合法的环境执法、司法行为往往会被界定在政府规制权的范畴。以此反观中国目前的环境执法，环境主管部门、执法部门的纵向、横向权力划分不甚科学合理。中国目前环境治理基本呈现碎片化和重叠化两种格局，环境执法受制于地方政府，[3]执法效率有待提高。中国环境司法，呈现环境纠纷数量多，但进入民事、行政、刑事诉讼的数量少，高裁定、低调解，上诉率和再审率高等现象。[4] 中国环境司法遭遇的特殊困境还在于，环境纠纷既非单纯的民事诉讼，也非单纯行政诉讼。民事纠纷的解决往往以行政诉讼结果为前提，经常出现环保部门的同一行为，由民事审判庭和行政审判庭作出不同认定的情况。[5] 环境案件多重法律关系属性与民、行、刑三

---

① 参见吕忠梅、张忠民、熊晓青：《中国环境司法现状调查——以千份环境裁决文书为样本》，载《法学》2011 年第 4 期。

② 参见梁勇、东艳：《中国应对中美双边投资协定谈判》，载《国际经济评论》2014 年第 4 期。

③ See Bo Zhang, Cong Cao, Junzhan Gu and Ting Liu, *A New Environmental Protection Law, Many Old Problems? Challenges to Environmental Governance in China*, Journal of Environmental Law, 2016, 28, p. 332 – 333.

④ 参见吕忠梅、张忠民、熊晓青：《中国环境司法现状调查——以千份环境裁判文书为样本》，载《法学》2011 年第 4 期。

⑤ 参见吕忠梅：《环境行政司法：问题与对策——以实证分析为视角》，载《法律适用》2014 年第 4 期。

大诉讼分立、裁判规则相异等交织在一起而使得环境问题解决变得错综复杂。[①] 环境行政公益诉讼制度自试点 4 年运作以来,呈现行政机关败诉率高、上诉申诉案件少、起诉行政机关"不作为"案件占大多数、检察机关全面胜诉等特征,[②]暴露了我国环境行政公益诉讼制度的诸多问题。为此,自 2007 年以来,贵州、江苏、云南等地成立了专门的环保法庭,环保法庭在环境侵权救济中发挥了一定作用,贵阳、无锡、昆明等地环保法庭还推动了当地出台相应的司法制度。[③] 专门的环保法庭还有助于防止相同案件由民庭和行政庭同时审判的局面。但因目前中国的环保法庭尚处在试点阶段,环保法庭受案范围还比较有限,其相对于传统的环境司法而言优势或弊端还没有完全显现。

在世界范围内,一些国家已有设立专门环境法院/法庭来审理环境纠纷的经验。据乔治(洛克)·普林与凯瑟琳(凯蒂)·普林[George (Rock) Pring & Catherine (Kitty) Pring]的研究,已有 41 个国家成立了 354 个环境法院/法庭,[④]其中,澳大利亚新南威尔士州的土地和环境法院作为世界上第一个以高等法院设立的专门环境法院,堪称成功典范。[⑤] 另外,瑞典[⑥]、新西兰[⑦]、美国佛蒙特州[⑧]的环境法院在环境纠纷的解决方面发挥着重要作用。

---

① 参见吕忠梅:《新时代中国环境资源司法面临的新机遇新挑战》,载《环境保护》2018 年第 1 期。

② 参见付颖琦、杨朝霞:《我国环境行政公益诉讼的问题和对策——基于 2019 年 127 份典型裁判文书的分析》,载《环境保护》2020 年第 14 期。

③ 参见吕忠梅、张忠民、熊晓青:《中国环境司法现状调查——以千份环境裁决文书为样本》,载《法学》2011 年第 4 期。

④ See George (Rock) Pring & Catherine (Kitty) Pring, *Greening Justice: Creating and Environmental Courts and Tribunals*, Director, The Access Initiative World Resources Institute, 2009, p. 18.

⑤ See Hon Justice Brian J Preston, *Operating an environment court: The experience of the Land and Environment Court of New South Wales*, 25 Environ Environmental and Planning Law Journal, 2008, p. 385, 409.

⑥ See Ulf Bjallas, *Experiences of Sweden's Environmental Courts*, Journal Of Court Innovation, 3 (2010).

⑦ 参见 http://www.nzlii.org/nz/cases/NZEnvC/,2020 年 12 月 29 日最后访问。

⑧ 参见李挚萍:《美国佛蒙特州环境法院的发展及对中国的启示》,载《中国政法大学学报》2010 年第 1 期。

但是,环境法院也面临着诸如正当性受质疑、诉讼成本高昂、专家和专业支持不足等挑战。[①] 基于业绩考评,奥地利和芬兰在考虑取缔环境法院,因其案件少不再有此需求,而牙买加和巴哈马群岛则不再运行环境法院。[②] 即便是在环境司法相对高效的美国,行政执法也被认为是最简易和快捷的途径。[③] 因此,专门环境法院/法庭是否解决环境纠纷的最佳场所,其是否有效地实现了环境正义,还有待理论和实践的考证。

而以国际投资仲裁视角观之,中国环境司法面临的最大问题是如何为环境纠纷提供顺畅的司法解决途径。首先,鉴于传统的法庭和专门的环保法庭并存,需界定二者的管辖范围,以便于当事方寻求救济。其次,就国际投资仲裁而言,投资者往往会控告环保主管部门或执法部门行政行为损害到其利益,因而通常会提起行政诉讼,而此种行政诉讼的提起,源头又会在认为自身利益受到损害的第三方。由此,民事诉讼和行政诉讼交织在一起。中国涉环境的行政诉讼面临的最大难题是如何与民事诉讼协调的问题,即对于环保部门的同一个决定,两个审判庭可能作出不同认定。而民庭的审判进程又依赖于行政庭对环保部门行为的定性,这样会导致案件久拖不决,当事方反复申诉的局面。而这,可能被投资者归入司法不公正的范畴,进而认为违反了投资条约中的公平公正待遇。因此,完善环境司法体制,提高环境司法效率,将有助于避免以上"有违"投资条约公平公正待遇现象的出现。

二、中国作为投资者母国进行环境规制的启示

2014 年,发达经济体经济运行分化加剧,发展中经济体增长放缓,但中国对外直接投资逆势上扬,创下 1231.2 亿美元的历史最高值,同比增长 14.2%,连续 3 年位列世界第三大对外投资国。[④] 2019 年,中国对外直接投

---

① 参见李挚萍:《外国环境司法专门化的经验及挑战》,载《法学杂志》2012 年第 11 期。

② See George (Rock) Pring & Catherine (Kitty) Pring, *Greening Justice: Creating and Environmental Courts and Tribunals*, Director, The Access Initiative World Resources Institute, 2009, p. 106.

③ 参见 Isaac Cheng:《美国环境执法:一个实践者的角度》,载《法律适用》2014 年第 4 期。

④ 参见商务部、统计局、外汇管理局:《2014 年中国对外直接投资统计公报》,第 6 页。

资 1369.1 亿美元，全球排名位列第二。[①] 基于中国经济发展对资源的需求，中国对外投资在很长一段时间内是资源导向型的。2014 年年末，中国对外直接投资的存量规模，采矿业 1237.3 亿美元位列第三，占 14%。[②] 2019 年流向制造业的 202.4 亿美元中，排名靠前的有汽车制造、化学纤维、有色金属冶炼和压延加工业、化学原料和化学制品制造业等。[③] 这些投资产业需要从自然环境中获取资源或能源，或者在进行生产过程中会对环境造成比较明显的污染或者破坏。换言之，环境问题在这类海外投资较在其他海外投资活动中更为突出。

同时，鉴于中国对自然资源的需求，中国的海外投资也相对集中在资源或能源丰富的拉丁美洲、非洲、大洋洲等，发展中经济体是中国的主要海外投资目的地。这些国家或地区生态环境脆弱，国家治理不善，政治风险也很大。[④] 因此，中国的海外投资者面临着巨大的东道国环境规制风险。中国海外投资者在非洲的伐木和石油开采对当地生态系统的破坏已经引起当地政府的注意。[⑤] 在柬埔寨，当地政府曾因环境问题收回了中国投资者的森林采伐权。在纳米比亚，由于当地和国际环境组织的抗议，一家中国公司的鱼翅烘干项目没有得到政府批准。[⑥]

对于这些环境规制风险，中国政府可以通过颁布法律法规对海外投资者进行直接规制，以及通过与海外投资地所在国签署投资条约进行间接规制。对于前者，基于国际法上的属人管辖主义，母国规制不存在法律上的障碍。中国政府为此也颁布了一系列规范性文件，譬如，2014 年商务部发布的《境外投资管理办法》，其明确境外投资者应承担社会责任。2013 年商务部、环保部联合发布《对外投资合作环境保护指南》，引导企业积极履行环境保

① 参见商务部、统计局、外汇管理局：《2019 年中国对外直接投资统计公报》，第 7 页。

② 参见商务部、统计局、外汇管理局：《2014 年中国对外直接投资统计公报》，第 22 页。

③ 参见商务部、统计局、外汇管理局：《2019 年中国对外直接投资统计公报》，第 13 ~ 14 页。

④ 参见张英达、葛顺奇：《跨国经营的政治风险：结构、趋势与对策》，载《国际经济合作》2011 年第 11 期。

⑤ See Ian Taylor, *China's Environmental Footprint in Africa*, https://www.chinadialogue.net/article/741 - China - s - environmental - footprint - in - Africa.

⑥ 参见韩秀丽：《中国海外投资中的环境保护问题》，载《国际问题研究》2013 年第 5 期。

护社会责任。总体上这些办法和指南都很原则,可操作性不强,主要属于软法的范畴。对于间接规制方式,中国应争取与主要的海外投资国签署包含环境条款的投资条约。投资条约中的环境条款是一把"双刃剑",在赋予东道国环境规制权的同时,对东道国环境措施行使的方式、对投资造成的影响、程序的正当性等都有要求。换言之,东道国的此项环境规制权有相应的权利边界。鉴于中国主要的海外投资地系发展中国家,为防止这些国家将环境保护作为投资壁垒,这类环境条款应设置"安全阀",对东道国援引环境条款课以相应的标准,如环境一般例外的必需性标准。同时,中国与这些主要海外投资国间应签署包含投资者—国家投资仲裁条款的投资条约,因这些国家的环境司法体制远非完善,如投资者仅被赋予当地救济,则很有可能受到不公正的待遇。事实上,中国在与这些国家投资条约的签署上还面临着一系列问题,譬如中国仅与非洲 54 个国家中的 16 个存在 BIT。中国在玻利维亚、厄瓜多尔、南非、阿根廷等地有重要投资,而这些国家因遭遇一系列的投资仲裁败诉而纷纷宣布退出《ICSID 公约》或将取消双边投资条约。[①]这意味着中国的投资者将来在遭遇这些投资东道国的环境规制措施时不得诉诸 ICSID。因此,中国作为投资者母国,在对海外投资者进行环境规制过程中最需要解决的是通过投资条约中的投资者—国家间的投资仲裁机制来考量投资东道国的各种环境措施。如是,海外投资者在进行投资前、投资中以及发生投资争端时都会有明确的预期。已有的涉环境国际投资仲裁对中国作为投资者母国的启示还在于,应为海外投资者的环境规制风险提供一整套预警机制。具体而言,要将海外投资地的环境规制体系对投资者作出明确指引,范围涵盖海外投资国家或地区的环境法律法规,环境执法和司法体制,以及该国或地区加入的环境条约。如此,海外投资者在进行投资之前,即能预知投资目的地的环境"红线",以免触发。目前而言,商务部编制的《对外投资合作国别(地区)指南》涵盖广泛的海外投资地,其中有关于海外投资地的环境法律法规的介绍,且逐年更新,但总体上还比较简略。鉴于

① 参见韩秀丽:《中国海外投资中的环境保护问题》,载《国际问题研究》2013 年第 5 期。

中国海外投资者面临着严峻的环境规制风险,中国政府应从如何赢得一场投资仲裁的立场,对海外投资者进行更加细致和深入的指引。

第三节 中国国际投资条约环境规制的建构路径与模式选择

中国与其吸引外资的主要来源地,以及与对外投资的主要目的地,绝大部分签署了投资条约,且有相当投资条约中包含环境条款。中外投资条约中环境条款呈现总体数量少、质量低、分布不均的特点。涉环境国际投资仲裁对中国作为东道国的启示在于,中国应当强化投资条约中保障环境规制的条款,并进一步完善国内环境立法、执法、司法。涉环境国际投资仲裁对中国作为投资者母国的启示在于,中国应当通过投资条约中的环境条款加强对海外投资者的保护。那么,总体的结论应当为,无论是作为东道国,还是作为投资者母国,中国都应当强化投资条约中的环境规制。目前,中外投资条约中环境条款的现状显然不能满足该种需求,且与国际投资法世界潮流的转向,以及中美 BIT、中欧 BIT 谈判的重要背景也不相匹配。

在确定了这一总体基调之后,在笔者看来,中国在国际投资法中的地位朝着接近发达国家的方向发展。以 OECD 和联合国贸发会为先锋,其极力倡导发展可持续的对外投资,目前已然形成全球合力。中国极有可能活跃在可持续发展的最前沿,并追随其他主要资本输出国,明显的表征是中国在签署的有关投资条约中要求缔约方所采环境措施应遵循基本的水准。[①] 因此,中国投资条约环境条款的架构应当得到富于逻辑的强化。那么,在环境规制追求的价值、建构的路径与模式的选择上,亟须解决的四大问题在于:其一,中国国际投资条约环境规制究竟应选取怎样的价值目标为依归?其二,中国是否要区分发达国家与发展中国家两个范本?其三,以实质性环境

① See Karl P. Sauvant & Michael D. Nolan, *China's Outward Foreign Direct Investment and International Investment Law*, *Journal of International Economic Law*, 18(2015), p. 934.

条款为主还是以非实质性环境条款为主？其四，中国如何建构富于自身特色的环境规制模式？

一、中国国际投资条约环境规制应选取怎样的价值目标

中国在国际投资与国际环境法体制中均有着举足轻重的地位，中国在国际投资条约环境规制上究竟选取国家主义抑或国际主义的价值目标，会决定中国在两大体系中的站位。

习近平总书记在十八大、十九大、联合国大会等国内、国际重要场合明确提出“人类命运共同体”理论与理念，其已经成为中国的重要外资理念。人类命运共同体理念一经提出，立即获得国际社会的普遍认同与赞许，已然成为全球治理的重要理论依据。[①] 人类命运共同体虽然空前关注人类的生存与发展，但人类命运共同体的成员仍然为国家，国际法的“国家本位”特征不会出现根本性改变，其安危与共的意识会引导国际法向“国际社会本位”的方向发展。“人类命运共同体”的理念只有转化为国际法律制度才能更易于实现其价值。[②] 人类命运共同体同时也是国际法治共同体，其为人类命运共同体、利益共同体、责任共同体的建设提供国际法治支持。[③] 气候变化、生物多样性等国际环境条约体现了“人类命运共同体”意识。[④]

“人类命运共同体”的提出是全球治理的中式方案与中国贡献，然而其着眼全球，以人为本，体现了深重的人文关怀与世界主义的治理架构，绝非狭隘的国家主义或民族主义。环境保护、可持续发展是“人类命运共同体”理论的应有之义，在国际投资条约中进行环境规制应贯穿、贯彻人类命运共同体理念，并通过投资条约中的环境条款而具体化。在国际投资仲裁中裁决涉环境因素投资争端亦应实践人类命运共同体理念，辨识出伪装的环境

---

① 参见黄进：《习近平全球治理与国际法治思想研究》，载《中国法学》2017 年第 5 期。

② 参见车丕照：《“人类命运共同体”理念的国际法学思考》，载《吉林大学社会科学学报》2018 年第 6 期。

③ 参见李赞：《建设人类命运共同体的国际法原理与路径》，载《国际法研究》2016 年第 6 期。

④ 参见黄德明、卢卫彬：《国际法语境下的“人类命运共同体意识”》，载《上海行政学院学报》2015 年第 6 期。

措施与真正的环境规制，对环境条款进行符合国际法规则与逻辑的解释，使得投资仲裁的事实认定与法律适用处处闪耀着人类命运共同体的理性光辉。

人类命运共同体系中国率先提出，迄今已经深入国际法治的内核，体现了中国负责任大国的担当。为此，中国的国际投资条约在进行环境规制时理应以人类命运共同体作为价值目标与依归，使其具有深刻的法理与厚重的人文关怀。中国在签署新的 BIT 或 FTA 时应以人类命运共同体作为维度来确定其环境条款的适当形式与内容，且该类环境条款应当具有连续性与逻辑自洽性。中国境内的投资仲裁机构在对涉环境投资争端裁决时，应始终秉持人类命运共同体理念进行事实认定与法律适用。投资仲裁庭对投资条约中的投资条款应进行环境并入解释，对投资条约中的环境条款进行分别解释时，应对东道国的环境规制行为进行客观分析与充分考量。

二、是否区分两类国家，实行两个范本

认为中国（或者任何一个国家）所有的 BIT（或投资条约）是整齐划一的，这一看法是不正确的。探索任何条约约文的真谛，审视各条约约文在遣词造句、定义等上的细微差别永远是很有必要的。[①] 换言之，苛求中国签署的诸多 BIT 和 FTA 完全一体化，这是不现实的。那么，是否要反其道而行之，即区分发达经济体与发展中经济体，抑或作为东道国与投资者母国，而实行两个不同甚至截然不同的范本呢？以下将作简要阐述。

就环境规制这一点而言，一方面需界定中国对来自发达经济体资本的管理权，另一方面又要针对我国资本走出去的现状和趋势，致力于加强对海外投资的保护。前者要求以东道国的利益为出发点，强调并强化环境规制权，因而具有一定的“防御性”；后者则以投资者利益为出发点，强调政府限权，因而具有一定的“进攻性”。如是，在同一个投资条约中兼顾该两种相互

① 参见单文华、[美]诺拉·伽拉赫：《和谐世界理念和中国 BIT 范本建设——一个“和谐 BIT 范本”建议案》，陈虹睿、王朝恩译，载《国际经济法学刊》2010 年第 1 期。

排斥的利益似乎难以求全，但是就此认为中国应达成针对发达经济体与发展中经济体的两套环境规制体系，笔者认为既无必要，也不可行。

首先，一个国家采取两种不同的投资条约范本，这种做法在世界范围内尚无先例。目前各国公布的 BIT 范本均为单一的，没有哪个国家采取多元范本体系的进路。如是，则有违国际法中的非歧视原则和最惠国待遇。理论上，促使一国不因条约的签署国不同而对其投资条约语言作不必要的改变，这有着合法的政策考量。对于资本输入国而言，一致的条约标准便于其遵守投资条约义务；对资本输出国而言，在不同的投资东道国中创设一种公平竞争的投资保护环境是有益处的。[①] 事实上，如若在某一投资条约中采取明显的"防御性"进路，即对投资者权利进行限制，投资者可援引最惠国待遇而将之"击溃"，除非对最惠国待遇的适用范围进行限定。中国在国际投资法中的地位日渐接近发达经济体，而相较于发展中经济体，发达经济体在自身投资条约体系的建构上更趋一致，[②]其在不同投资条约中使用相当的措辞，期许通过一致的国家实践而促成习惯国际法的生成。[③] 换言之，在同一时期其往往适用同一投资条约范本，尽管不同时期其投资条约及范本存在差异。因而本书不主张中国在同一时期对不同国家签署风格和取向完全不同的投资条约。

其次，一国在投资条约中的地位不可能一成不变。当一国与另一国在签署投资条约时，两国对各自的东道国或投资者母国地位可能会有一种预设，认为更大可能成为东道国的缔约方会侧重加强环境规制权，而更大可能成为投资者母国的缔约方，则会更加关注投资者的权利。该种立场对若干年前的中国是适用的，但对目前的中国则未必可行。如前所述，中国在 2014 年已经实现资本输入和资本输出的基本持平，中国已然具备东道国与投资

---

① See Wolfgang Alschner & Dmitriy Skougarevskiy, *Mapping the Universe of International Investment Agreements*, Journal of International Economic Law, 2016, 19, p. 566.

② See Wolfgang Alschner & Dmitriy Skougarevskiy, *Mapping the Universe of International Investment Agreements*, Journal of International Economic Law, 2016, 19, p. 562.

③ See Kenneth J. Vandevelde, *U. S. International Investment Agreements (2009)*, OUP: Oxford, p. 109 – 110.

母国的混合身份。尽管相对于特定国家或地区，中国也许更有可能成为东道国或者投资者母国，但这些都仅仅是一种可能，存在极大的不确定性。在此方面，美国的境遇可资借鉴。众所周知，美国向来以资本输出大国自居，因而在与加拿大、墨西哥达成的 NAFTA 中并不太注重东道国的政府规制权。然而，令美国始料未及的是，其因采取的环境措施而频频被墨西哥、加拿大投资者告到投资仲裁机构。正是基于此，美国在 2004 年、2012 年 BIT 范本以及 FTA 投资章中，增设了标志性的环境征收除外条款以及其他条款。笔者认为，中国在国际投资法中的地位日渐接近发达经济体，因而一味强调“防御”或“进攻”，都是不足取的。

最后，投资条约中的环境条款是一把“双刃剑”。以法律规范的功能界分，投资条约中的环境条款属于授权性或免责性条款。然而，该种授权或免责并不纯粹，即环境规制权的授予，或者因“涉环境因素”而免责，须以东道国的行为满足不存在任意的、无端的歧视且不造成对国际投资变相限制等条件。换言之，东道国在行使环境条款所赋权利的同时，也应履行其所附加的义务。否则，非但不得援引环境条款，还会造成因违反投资条约而对投资者进行补偿的后果。相对于中国而言，如若主张加大投资条约中环境条款尤其实质性环境条款的普及面，可能使海外投资目的地的权力之门大开，但与此同时，也对投资目的地政府行使环境规制权的依据、方式、目的等提出更为苛刻的要求。换言之，只有规范而非任意地行使环境规制权，才有可能得以豁免。这对于中国的海外投资者而言并非完全不利，海外投资者可以通过环境条款来评价、衡量投资所在地政府的措施是否达到环境规制行为的要素，进而为自身的行为辩护。

三、是以实质性环境条款为主，还是以非实质性环境条款为主

早期的国际投资条约将保护投资作为重要甚至唯一的目标，因而其仅包含纯粹的投资规则。随着国际投资与其他领域的相互渗透，国际投资条约将环境保护等也作为价值目标，并逐步在序言等增设非实质性环境条款。应当说，这是国际投资法跨越的重要阶段，目前绝大部分投资条约尚处于此

种阶段。阿根廷因经济危机而采取的金融措施使其遭致的国际投资仲裁接踵而至,包括美国等发达国家也曾因自身规制措施而遭遇诉累,国际社会开始反思投资条约中"遗失"的主权的回归,考虑增设实质性的政府规制条款。表现在环境保护方面,则出现了环境征收除外条款和一般例外条款。这应当是国际投资法实现又一质变的标志。自2012年《世界投资报告》确立"面向新一代投资政策"这一主题以来,包括环境保护在内的"可持续发展"成为该种新一代投资政策的重要内涵,①此后历年的《世界投资报告》揭示,世界各国国际投资条约均寻求在可持续发展与增强规制权方面有所突破。由此可见,在投资条约中增设实质性的环境条款,代表着未来的趋势。问题在于,目前中国是否已经具备普遍涵盖实质性环境条款的条件,现阶段即在投资条约中规定以上实质性环境条款是否过于激进或超前了?

在这里同样地将中国作为东道国与投资者母国分而论之。就中国作为东道国这一角色而言,中国对"留权在手"并不陌生,实质性环境条款即将东道国的此种权力显性化。那么,对于长期以来受到超国民待遇的外资而言,是否会感到异样甚或因此而撤资呢?笔者认为,此种顾虑纯属多余。事实上,早在若干年前施行的《企业所得税法》,中国已然取消了外资企业在税收方面的优惠。而更重要的是,相较于那些"动荡不安"的发展中国家而言,中国无疑是非常理想的投资场所。② 大量来中国投资的投资者主要为发达经济体,其本国所采环境标准是很高的,因此不会对中国投资条约中的环境规制权感到意外。与此同时,中国应当进一步完善本国的环境立法、执法、司法体制,使之更加周全、公正、高效,做到环境执法有法可依,环境司法顺畅而公平。

就中国作为投资者母国这一角色而言,赋予投资目的地政府明确的环境规制权,是否会对中国的海外投资造成障碍并使之望而却步呢?有学者

---

① See UNCTAD, World Investment Report 2012, Chapter Ⅳ.

② 2019年按吸引外资金额计,中国居全球第2位。[参见商务部:《中国外资统计公报》(2020年),第1页。]面对新冠肺炎疫情的严峻考验与国内外复杂环境,中国宏观经济形势平稳。[参见商务部:《中国对外贸易形势报告——中国宏观经济形势》附件二(2020年秋季)]。中国为外资在中国进行投资有宏观与区域的投资指南。(参见商务部:《中国投资指南》。)

认为，应当防止投资条约中的环境规则成为一些国家设置环境壁垒和投资保护主义的一种手段。因此主张，一方面要将环境保护作为一项法律义务，另一方面宜将其限定在软法的阶段，在将投资者的环境保护义务上升为具有强制约束力的义务时应当谨慎。① 如前所述，中国主要的海外投资地分布于发展中国家，且较为集中在能源开发、矿产开采等领域。也就是说，中国的诸多海外投资地不太注重保护环境，但中国海外投资者投资的却是高污染行业。这不意味着中国海外投资者可以任意破坏当地环境。笔者认为，正是因为这些投资目的地环境保护方面的法律法规不健全，执法司法体制有缺陷，其政府采取任意环境措施的可能性更大。为此，与其抱着侥幸的心理认为投资地政府不会采取环境措施，不如先行在投资条约中将其权力及其行使条件明确化。这一方面彰显了中国"发展大国"负责任的姿态，另一方面也为投资地政府行使环境规制权提供了依据。而对于发达的投资地，即便不在投资条约中明确环境标准或环境规制，发达经济体亦会提出相应要求。中国主动在投资条约中嵌入环境条款，则自投资伊始，中国投资者即被打上环境友好的标签，不仅不会受到发达经济体的排斥，反而会受到更多的尊重和保护。

四、建构富于中国特色的环境规制模式

在厘清了无须区分两类国家而实行两种范本，以及应当以实质性环境条款为主的两个问题之后，中国应致力于构建适于自身并富于特色的环境规制模式。

在此应当把握的原则有：其一，应当寻求在投资者与东道国之间权利义务的平衡。涉环境国际投资仲裁的实践表明，过分倚重投资者或东道国的裁决都是不受欢迎的，投资仲裁机构比较保险的裁决方式是尽量对投资条约进行"平衡解释"。因此，在环境条款的设计方面，注重平衡投资者的权利与东道国环境规制权，将更有利于仲裁机构作出兼顾二者利益的裁决。其

---

① 参见韩秀丽：《中国海外投资中的环境保护问题》，载《国际问题研究》2013 年第 5 期。

二,注重东道国与投资者母国之间权利义务的平衡。向投资者母国施加义务,要求其采取措施,鼓励其海外投资者以一种对社会负责任的方式进行投资。

鉴于中国资本输入国与资本输出国的双重身份,以及一度甚嚣尘上的“中国环境威胁论”,中国投资条约环境规制模式宜如此进行:

在投资条约正文而非附件中规定实质性的环境征收除外条款、环境一般例外条款。对相同缔约方的BIT与FTA的关系明确界定,防止适用依据发生混乱。

在中国的投资条约中加入与环境条款相关的企业社会责任条款。在投资条约中加入企业社会责任条款并不多见,近年来投资条约范本和投资条约有将企业社会责任纳入投资条约的做法,以此确保公司涉及环境和社会实践的行为受到投资条约的约束,成为投资条约现代化的表现之一。早在2005年的国际可持续发展研究院的《可持续发展国际投资条约范本》即将投资者的环保义务予以细化。2007年挪威投资条约范本草案对跨国公司的社会责任进行了专门规定。2011年欧洲议会呼吁欧盟未来缔结的自由贸易协定投资章中包含公司社会责任条款。[①] 加拿大近期的BIT中已经包含社会责任条款,如2014年加拿大—塞尔维亚BIT第16条有专门的“企业社会责任”条:任何缔约方应鼓励在其领土内营业或受其管辖的企业自愿将国际公认的企业社会责任标准,以及内部政策,诸如为缔约方所赞成或支持的原则性声明等,融入企业的行为当中。这些原则通常涉及劳工、环境、人权、社区关系和反腐败。2014年与塞内加尔BIT进一步明确,这类企业应被鼓励进行这样的投资,该类投资的影响将有助于社会问题和保护环境的解决。2013年与贝宁湾、2014年与尼日利亚BIT也有专门的“企业社会责任”条。2014年加拿大与象牙海岸、2014年与喀麦隆、2014年与马里BIT则将健康、安全、环境与企业社会责任标准一并进行规定。

---

① 参见韩秀丽:《中国海外投资的环境保护问题研究——国际投资法视角》,法律出版社2013年版,第182~183页。

企业社会责任条款对于东道国的环境规制至少有如下益处：加重投资者的社会责任；平衡投资者与东道国的权利；将投资条约与东道国法律相衔接。[①] 笔者认为，企业社会责任有着丰富的内涵，环境保护是其应有之义。在投资条约中加入企业社会责任条款，将改变传统投资条约片面强调投资者权利的格局，与现代投资条约注重加强政府规制权一脉相承。同时，尽管东道国法律通常构成投资条约的“兜底”条款，但东道国政府执行东道国环境法等，却可能被指责违反投资条约，即二者会发生冲突。东道国措施若仅以东道国环境法作为行为的依据，易受到伪装的环境保护或绿色投资壁垒的质疑。同时，在国家责任层面，东道国在投资条约项下的国际法义务，显然优于国内法义务。在投资条约中加入企业社会责任条款，因投资者承担社会责任，投资条约和东道国法律从对立走向统一，投资条约和包含环境法在内的东道国法律法规构成一个整体，共同对投资者进行规制。目前 BIT 中的企业社会责任条款还属于软法范畴，硬法化应是其将来的发展方向。中国投资条约应当将其纳入，可以考虑先以敦促语言、软法形式出现，这类条款至少可作为具有硬法性质的其他规则的上下文而将环境因素解释进去。值得一提的是，中国—加拿大 BIT 并没有包含企业社会责任条款。但是，在商务部 2015 年公布的《外国投资法（草案征求意见稿）》第 4 条（遵守国内法）中，提到外国投资者、外国投资企业应承担社会责任。商务部 2014 年发布的《境外投资管理办法》第 20 条要求境外企业履行社会责任，做好环境等工作。在具体行业方面，有《中国对外矿业投资社会责任指引》《中国对外承包工程行业社会责任指引》《中国企业境外森林可持续经营利用指南》等，其就中国对外矿业企业、中国对外承包工程企业以及赴境外从事森林开采等企业的环境保护社会责任有较为明确、可操作性较强的规定。可见，中国已经开始从企业社会责任角度对投资者进行环境规制，但目前还处在概括提及、敦促鼓励的阶段，这类非实质性条款还有较大的升格为硬性义务的

① See Manjiao Chi, *The "Greenization" of Chinese Bits: An Empirical Study of the Environmental Provisions in Chinese Bits and its Implications for China's Future Bit - Making*, Journal of International Economic Law(2015)18, p. 538.

空间。

在中国投资条约中同样不可偏废的是在序言中加入保护环境和加强政府规制权等措辞。因为将环保等非投资的目标置于序言或目标条款中，增加了仲裁员解释实质条款采取一种更为平衡观点的可能。如果政府规制权明确置于序言或目标条款，作为征收条款解释的指引，其也会使得治安权规则更容易被援引。①

第四节　中国国际投资条约环境规制对气候变化的应对

2014 年，中国二氧化碳排放量为 97.6 亿吨，占全球排放量的 27%，已超过美国和欧盟总排放量（97 亿吨），为全球二氧化碳排放量最大的国家。②我国虽然采取了相应措施进行减排，但二氧化碳排放量仍处于缓慢上升中，而美国、欧盟已进入下降“通道”，预计未来排放量差距仍将继续扩大。中国气候变化应对举措在全球居于举足轻重的地位，在气候变化治理体系中我国虽然是一个发展中国家，在《京都议定书》中并无义务强制减排。但是鉴于中国经济的高速发展，中国的这一定位引发美国等发达国家的强烈不满。因此，未来积极减排是中国通向可持续发展的必由之路，中国也一直行进在减排的征程之上。与此同时，中国作为引资大国，在减排过程中无疑会触碰到外国投资者的利益。因此，中国国际投资条约环境规制应当针对气候变化问题及早谋划。

事实上，伴随环境公益诉讼的兴盛，关涉气候变化的“弃风弃光”公益诉讼已经在中国国内被提起。早在 2017 年，民间环保组织北京市朝阳区自然之友环境研究所因被告国家电网甘肃省分公司未按照可再生能源法的规定对甘肃省范围内的风力发电和太阳能光伏发电进行全额收购，由此替代使

① See Howard Mann, *Investment Agreements and the Regulatory State: Can Exceptions Clauses Create a Safe Haven for Governments?* Issues in International Investment Law Background Papers for the Developing Country Investment Negotiators' Forum Singapore, October 1 - 2, 2007, p. 7.

② 参见海通证券研究所：《国际背景：中国成为全球第一碳排放国》，载碳排放交易网，http://www.tanpaifang.com/tanguwen/2020/0216/68234.html，2020 年 2 月 16 日最后访问。

用传统燃煤发电导致二氧化碳、二氧化硫和氮氧化物等污染物排放增加，导致生态环境损害，而要求被告承担环境侵权责任。2018 年，自然之友以国家电网宁夏分公司为被告再次提起诉讼，认为宁夏电网公司作为国家电网公司的子公司承担着建设、经营、发展宁夏电网的任务，应当全额收购其电网覆盖范围内可再生能源并网发电项目上网电量，但其并未做到，反而以燃煤发电来替代。[①] 该两案属于准气候变化国内诉讼，该类国内诉讼完全可能转化为国际投资仲裁。

一、中国在国际投资条约中增加气候变化内容

如上所述，中国 BIT 与 FTA 中环境条款总体数量不多，以非实质性条款为主，且在地区、代别等方面分布不均。中国在今后签署或重签 BIT 或 FTA 时应当加大实质性环境条款的比重。与此同时，鉴于中国在气候变化体系中的特殊地位，中国应当在相应的环境条款中特别提及气候变化，将 UNFCCC、《京都议定书》、《巴黎协定》等纳入其间。中国在投资条约中引入气候变化条款，至少有以下考量：其一，正视国际投资对气候变化的影响，为可能兴盛的国内气候变化诉讼升级为国际投资仲裁提供相应法律依据。如前所述，国际投资与气候变化之间有着无可争辩的联系，国际投资在很多情形下会对气候变化产生负面影响甚至会严重恶化气候。因此，在国际投资条约中加入气候变化条款，相当于明确界定了东道国对气候变化的规制权。其二，彰显中国在气候变化治理上的积极立场。中国已然成为碳排放量最大的国家，美国等西方国家对中国在《京都议定书》中非强制减排的发展中国家地位有很大争议，最不发达国家或小岛屿国家甚至也对中国的身份表示质疑。实际上，中国一直致力于积极减排并已经有一定成效。在国际投资条约中设置明确的气候变化条款，不仅表明中国参与气候变化并进行实实在在减排的决心，而且也为中国减排设定了相应的权利与义务。

---

① 参见陈微：《气候变化诉讼比较研究——基于两起“弃风弃光”环境公益诉讼案展开的分析》，载《法律适用》2020 年第 8 期。

鉴于中国切实减排的立场，中国国际投资条约应当增加气候变化相关内容。其一，可以参照欧盟近期 FTA 的相应规定，采用类似于"一般例外"条款序言部分的措辞，给予东道国气候变化规制权以较大裁量权。这样的条款在明确中国与相应缔约方对共同加入的 UNFCCC、《京都议定书》、《巴黎协定》项下气候变化义务的前提下，指出投资条约项下的规定不意味着阻止缔约方实施气候变化条约义务，只要这样的措施不以在缔约方间构成武断或不合理的歧视的方式实施，或者不对贸易或投资造成变相的限制。从操作层面而言，作如此规定是有益处的。这样的规定较一般的"一般例外"条款援引门槛更低，基本无"必需性测试"要求，这类条款有些类似环境"冲突条款"，即在缔约方遵守气候变化与投资条约义务发生冲突结果时，应优先适用气候变化条约，只要不构成上述的武断或不合理的歧视，或者不对贸易或投资造成变相的限制。另外，欧盟作为气候变化的引领者，率先在 FTA 中以此种形式将气候变化及其国际条约纳入，中国可以择优借鉴。这将为下一步中国与欧盟之间的投资条约或 FTA 谈判创设基本共通点。其二，可以通过在征收除外条款中增加气候变化措辞，使其适用于与气候变化相关的措施，从而将气候变化规制权延伸至征收。中国现有的 6 个 BIT 和 3 个 FTA 已经存在环境征收除外条款，中国在重签或签署投资条约时，可以考虑将气候变化作为征收除外的一种环境事宜。以第二起 Vattenfall 公司起诉德国案为例，德国因计划于 2022 年以前退出核能发电，新的核能法规定了每一个核电站的运营寿命，其直接导致瑞典公司 Vattenfall 投资和经营的德国核电站关闭。[①] 该案是一起关于气候变化的征收案件，德国新的核能法规将剥夺 Vattenfall 公司在德国境内的投资。而此案提起的依据 ECT 并无关于环境尤其气候变化方面的实质性条款，更无征收除外条款。因此东道国德国要证明其颁布的新的核能法规的正当性存在较大难度。以东道国对碳排放权的规制为例，当东道国采取撤销投资者碳排放权的措施时，则也可能被投

① 参见 Vattenfall v. Germany, Decision on the Achmea Issue, ARB/12/12，该案尚未作出裁决，故尚无确定结果。

资者诉请征收补偿。为此,国际投资条约中有必要设置气候变化征收除外条款。如若中国国际投资条约中有此类条款,则一方面凸显中国对气候变化问题的特殊关注,另一方面也将实现征收除外适用范围的制度创新。

二、中国与关键碳排放国以 FTA 等经贸协定为载体规制气候变化

气候变化领域最为重要的三个国际条约为:UNFCCC、《京都议定书》与《巴黎协定》,这三个气候变化协定均采取多边主义的路径。其中,《京都议定书》作为贯彻“共同但有区别责任”最为严厉的条约,对列入附件 B 的国家要求其作出强制减排的承诺,而未列入附件 B 的国家则无须强制减排。《多哈修正案》作为《京都议定书》2012 年以后第二承诺期的减排安排,仅有 66 个国家接受,远低于生效所要求的 144 个国家数量。[①] 日本和俄罗斯相继退出《多哈修正案》,加拿大则于 2012 年退出《京都议定书》。[②] 至此,《京都议定书》第二承诺期实际上落空,《京都议定书》处于失效状态。在中国、欧盟等国的积极推动下,《巴黎协定》的生效重燃各国减排的热情,但美国的退出使得发达国家向发展中国家的资金援助缺口进一步拉大,履约前景更为渺茫,[③]极有可能使得本来存在差距的 21 世纪 2℃减排目标更加难以实现,[④]气候变化治理前景扑朔迷离。

中国历来在气候变化治理上有担当有作为。尽管国际社会对中国有很高的期待,希望中国填补美国退出的领导者角色,然而以中国目前的经济实力与影响力,尚无承担过度减排责任的能力,其与欧盟 G2 能否替代美欧 G2

---

① 参见张肖阳:《后〈巴黎协定〉时代气候正义基本共识的达成》,载《中国人民大学学报》2018 年第 6 期。

② 加拿大于 2011 年 12 月 15 日宣布退出《京都议定书》,该退出于 2012 年 12 月 15 日对其生效。UN. Kyoto Protocol to the United Nations Framework Convention on Climate Change, https://treaties. un. org/Pages/ViewDetails. aspx? src = TREATY&mtdsg_no = XXVII - 7 - a&chapter = 27&clang = _en#2,2020 年 5 月 16 日最后访问。

③ See Peter M. Haas. Parxit, *the United States and the World*, Chinese Journal of Population, Resources and Environment, 2017 (3), http://dx. doi. org/10. 1080/10042857. 2017.

④ See Sanderson B, *Knutti R. Delays in US mitigation could rule out Paris targets*, Nature Climate Change, 2017, 7: 92 - 94.

构建全新的全球气候治理领导模式，还存在诸多不确定因素。① 因此，中国比较务实的做法是，依托 FTA 等经贸协定与利益相近的新兴经济体结成联盟。在气候变化议题上，发展中国家的“七十七国集团”是重要的一支力量，然而“七十七国集团”涵盖的发展中国家类型过于多元化，既包含像中国这样的新兴经济体，也包括最不发达国家，还有小岛屿国家。因此，中国要在气候变化问题上发挥更大的作用，应当着眼更小的集团与更加一致的目标。中国、巴西、印度、南非“金砖国家”在经济发展、气候变化上有高度一致的认识和利益，在历次气候大会上数次表达意愿。因此中国可以主动与其他三国进行沟通，可以考虑通过 FTA 等经贸协定组成稳固的“基础四国”。此外，中欧之间在国际投资、气候变化方面有广泛的共识，二者在气候变化的积极立场，有望在未来构建相对稳固的中欧联盟。中欧可以在谈判 BIT 时表达构建中—欧气候变化联盟的愿景。中欧如能在气候变化问题上达成实质性一致意见，则能成为制衡美国的重要力量。美国会出于考虑中国、欧盟对其在贸易、投资等方面施加的压力而在气候变化问题上进行妥协、退让。中—美之间贸易摩擦不断，但在经贸领域有广泛的利益存在，中美 BIT 谈判过程中可以就气候变化进一步交换意见。由此，以中国为协调者的“基础四国”—欧盟—美国联盟，有望在渐进的基础上，以 FTA 等经贸协定为重要载体而达成。这些关键碳排放国之间通过 FTA 等经贸协定一并解决气候变化议题，能在国际社会起到良好的示范效应。以这些关键碳排放国为轴心的其他 FTA 必然纷纷仿效，且能“名正言顺”地将气候变化问题纳入。如是，先前历经坎坷的气候变化多边主义在诸多具有实质性共同内核的 FTA 的集聚下，能形成一股强大的力量，能推进气候变化治理的又一轮高阶发展，促使全新的多边主义高效运转。

涉环境国际投资仲裁为中国在国际投资领域进行环境规制敲响了警钟。中国签署的投资条约中包含的环境条款数量不多，质量偏低，且在代

---

①　参见张海滨等：《美国退出〈巴黎协定〉的原因、影响及中国的对策》，载《气候变化研究进展》2017 年第 5 期。

别、地区和经济体间分布很不均衡，这些均表明中国还没有充分认识到在投资条约中进行环境规制的重要性。以涉环境国际投资仲裁为指引，现有的以环境征收除外条款为依据的投资仲裁案件，Al Tamimi 诉阿曼案仲裁机构的立场明显偏向维护东道国的环境规制权。尽管围绕环境一般例外条款的争端尚未出现，但 ICSID 仲裁委员会对涉及阿根廷的两个仲裁裁决的撤销表明，包括安全例外在内的例外条款不宜采取过高的关联性要求。这些无疑有利于实现包括中国在内的东道国希冀通过环境条款减小投资者对其主权进行“侵蚀”的愿景。本书主张对已经存在于中国投资条约中的环境征收除外条款和一般例外条款予以推广，以为仲裁机构进行环境分别解释提供直接的法律依据。同时，鉴于中国资本输入国和资本输出国的双重身份，中国要充分认识到自身在进行环境规制方面的短板。作为投资东道国，除中国投资条约中环境条款缺失或不均衡的不足之外，中国环境立法还远非完善，中国的环境执法体系有诸多漏洞，中国环境司法还处在转型和变革当中，这些事实均可能成为投资者将中国推上被告席的理由。因此，在未有以中国为被告的涉环境投资争端出现之前，中国极有必要跟进、钻研以往涉环境投资仲裁裁决，从完善投资条约、自身环境规制体系开始，力求做足功课，变被动为主动。作为投资者母国，针对中国海外投资者面临的环境规制风险，中国政府应争取签署包含环境条款和投资者—国家间投资争端解决条款的投资条约，同时为海外投资者提供一整套明确细致的环境规制风险预案，就投资地的环境立法、执法、司法及其加入的环境条约提供指引，为投资前、投资中和争端发生时投资者所应采取的措施“保驾护航”。

而在中国国际投资条约环境规制的建构路径上，中国无须区分发达经济体与发展中经济体两种国家而实行两种投资条约范本。中国无论是作为东道国还是投资者母国，投资条约中的实质性环境条款均不会贬损中国及其投资者的利益。在环境规制的具体模式上，中国在保留环境征收除外条款和一般例外条款之外，应当增加企业社会责任条款，以实现企业责任、东道国法、投资条约的一体化，并寻求恰当的机会将其升格为硬法。对于序言中的环境保护目标等，在中国的投资条约中仍应予以保留，这给投资仲裁机构进行平衡解释提供了可能。中国国际投资条约环境规制的建构路径与具体模式,均应贯穿人类命运共同体理念。人类命运共同体理念以中国深厚文化为基础,以对国际社会负责任有担当为底色,中国国际投资条约环境条款在序言部分应将人类命运共同体理念予以明确昭示,从而为投资仲裁确立鲜明的可持续发展立场提供依据。以该类极富理性的规范为标准,真正实现理性对实践的指引,实践对理性的回归,在国际投资仲裁中的环境问题上做到实践与理性的相互印证、相得益彰。

参 考 文 献

一、中文文献(按作者姓氏拼音排序)

(一)中文著作、译著

1. [意]安东尼奥·卡塞斯:《国际法》,蔡从燕等译,法律出版社 2009 年版。
2. [美]保罗·布莱斯特等编著:《宪法决策的过程:案例与材料》(第 4 版·上册),张千帆、范亚峰、孙雯译,中国政法大学出版社 2002 年版。
3. [德]伯恩·魏德士:《法理学》,丁晓春、吴越译,法律出版社 2013 年版。
4. 蔡从燕、李尊然:《国际投资法上的间接征收问题》,法律出版社 2015 年版。
5. 陈安主编:《国际投资法的新发展与中国双边投资条约的新实践》,复旦大学出版社 2007 年版。
6. 高圣平主编:《中华人民共和国侵权责任法立法争点、立法例及经典案例》,北京大学出版社 2010 年版。
7. 韩良:《国际温室气体排放权交易法律问题研究》,中国法制出版社 2009 年版。
8. 韩秀丽:《中国海外投资的环境保护问题研究——国际投资法视角》,法律出版社 2013 年版。
9. 季桥龙:《民事举证责任概念研究》,中国政法大学出版社 2011 年版。
10. 金瑞林主编:《环境法学》(第 3 版),北京大学出版社 2013 年版。
11. [美]杰克·戈德史密斯、[美]埃里克·波斯纳:《国际法的局限性》,龚宇译,法律出版社 2010 年版。
12. [德]卡尔·拉伦茨:《法学方法论》,陈爱娥译,商务印书馆 2003 年版。
13. [英]劳特派特修订:《奥本海国际法》(上卷 第 2 分册),石蒂、陈健译,商务印书馆 1972 年版。
14. 刘俊:《区域贸易安排的法学进路:GATT/WTO 框架下区域贸易一体化的法理学及其实证研究》,中信出版社 2004 年版。

15. [德]鲁道夫·多尔查、[奥]克里斯托弗·朔伊尔编:《国际投资法原则》,祁欢、施进译,中国政法大学出版社 2014 年版。
16. [美]米尔健·R. 达马斯卡:《漂移的证据法》,李学军等译,中国政法大学出版社 2003 年版。
17. [英]帕特莎·波尼、[英]埃伦·波义尔:《国际法与环境》(第 2 版),那力、王彦志、王小刚译,高等教育出版社 2007 年版。
18. 乔慧娟:《私人与国家间投资争端仲裁的法律适用问题研究》,法律出版社 2014 年版。
19. [英]切斯特·布朗:《国际裁决的共同法》,韩秀丽等译,法律出版社 2015 年版。
20. [尼泊尔]苏里亚·P. 苏贝迪:《国际投资法:政策与原则的协调》(第 2 版),张磊译,法律出版社 2015 年版。
21. 孙笑侠:《法的现象与观念》,山东人民出版社 2001 年版。
22. 田平安主编:《民事诉讼法原理》,厦门大学出版社 2015 年版。
23. [法]亚历山大·基斯:《国际环境法》,张若思编译,法律出版社 2000 年版。
24. [英]伊恩·布朗利:《国际公法原理》,曾令良、余敏友等译,法律出版社 2007 年版。
25. [比]约斯特·鲍威林:《国际公法规则之冲突:WTO 法与其他国际法规则如何联系》,周忠海等译,法律出版社 2005 年版。
26. 王铁崖主编:《国际法》,法律出版社 1995 年版。
27. 王曦编著:《国际环境法》,法律出版社 1998 年版。
28. 王曦编著:《国际环境法》(第 2 版),法律出版社 2005 年版。
29. 王曦主编:《国际环境法与比较环境法评论》(第 1 卷),法律出版社 2002 年版。
30. 吴岚:《国际投资法视域下的东道国公共利益规则》,中国法制出版社 2014 年版。
31. 王学棉:《证明标准研究——以民事诉讼为中心》,人民法院出版社 2007 年版。
32. [英]约瑟夫·拉兹:《实践理性与规范》,朱学平译,中国法制出版社 2011 年版。
33. 张宏乐:《国际投资协定中的最惠国条款研究》,经济科学出版社 2016 年版。
34. 张卫平:《诉讼构架与程式:民事诉讼的法理分析》,清华大学出版社 2000 年版。
35. 赵维田:《最惠国与多边贸易体制》,中国社会科学出版社 1996 年版。
36. 赵相林、覃华平主编:《国际环境污染案件法律问题研究》,中国政法大学出版社 2016 年版。
37. 郑斌:《国际法院与法庭适用的一般法律原则》,韩秀丽、蔡从燕译,法律出版社 2012 年版。

38. 中国环境报社编译：《迈向21世纪——联合国环境与发展大会文献汇编》，中国环境科学出版社1992年版。
39. 朱家贤：《环境金融法研究》，法律出版社2009年版。
40. 朱建庚：《风险预防原则与海洋环境保护》，人民法院出版社2006年版。

（二）中文论文

41. 边永民、刘琳：《欧盟将航空业纳入碳排放权交易制度中的国际法问题》，载《国际商务》（对外经济贸易大学学报）2013年第4期。
42. 蔡从燕：《效果标准与目的标准之争：间接征收认定的新发展》，载《西南政法大学学报》2006年第6期。
43. 蔡从燕：《国际投资仲裁的商事化与"去商事化"》，载《现代法学》2011年第1期。
44. 曹晴：《浅析间接征收与非补偿性政府管制措施的界限》，载《环球法律评论》2008年第6期。
45. 陈红彦：《自由贸易协定：提升我国全球气候治理制度性话语权的新路径》，载《法学》2020年第2期。
46. 付颖琦、杨朝霞：《我国环境行政公益诉讼的问题和对策——基于2019年127份典型裁判文书的分析》，载《环境保护》2020年第14期。
47. 高晓露、周振新：《论风险预防原则的国际法律地位》，载《江西社会科学》2012年第4期。
48. 韩冰：《冲突与趋同：中美双边投资协定范本比较、分析与对策》，载《中国对外投资报告》，2014年7月。
49. 韩秀丽：《从国际投资争端解决机构的裁决看东道国的环境规制措施》，载《江西社会科学》2010年第6期。
50. 韩秀丽：《中国海外投资中的环境保护问题》，载《国际问题研究》2013年第5期。
51. 何家弘：《论推定规则适用中的证明责任和证明标准》，载《中外法学》2008年第6期。
52. 何力：《中国海外资源投资的法律问题及对策》，载《上海财经大学学报》2010年第1期。
53. 何志鹏、孙璐：《国际软法何以可能：一个以环境为视角的展开》，载《当代法学》2012年第1期。
54. 黄文旭：《域外气候变化公益诉讼的发展动态》，载《人民法院报》2019年12月20日，第 8 版。

55. 黄锡生、王江:《中国环境执法的障碍与破解》,载《重庆大学学报》(社会科学版)2009 年第 1 期。

56. 胡晓红:《论美国投资条约中的环境规则及其对我国的启示》,载《法商研究》2013 年第 2 期。

57. 艾萨克·程(Isaac Cheng):《美国环境执法:一个实践者的角度》,载《法律适用》2014 年第 4 期。

58. 江清云:《中欧双边投资协定谈判的现状、问题与应对》,载《德国研究》2014 年第 4 期。

59. 李浩:《事实真伪不明处置办法之比较》,载《法商研究》2005 年第 3 期。

60. 梁丹妮:《投资保护与环境保护利益平衡机制初探——以〈中国—新西兰自由贸易协定〉为起点》,载《求索》2009 年第 10 期。

61. 梁勇、东艳:《中国应对中美双边投资协定谈判》,载《国际经济评论》2014 年第 4 期。

62. 李威:《从〈京都议定书〉到〈巴黎协定〉:气候国际法的改革与发展》,载《上海对外经贸大学学报》2016 年第 5 期。

63. 李伟芳:《航空业纳入欧盟碳排放交易体系之合法性分析》,载《政治与法律》2012 年第 10 期。

64. 李挚萍:《美国佛蒙特州环境法院的发展及对中国的启示》,载《中国政法大学学报》2010 年第 1 期。

65. 李挚萍:《外国环境司法专门化的经验及挑战》,载《法学杂志》2012 年第 11 期。

66. 李尊然:《管制性征收与国际投资法的新发展》,载《武大国际法评论》2007 年第 1 期。

67. 廖诗评:《国际法中的特别法优先原则》,载《法学研究》2010 年第 2 期。

68. 廖诗评:《条约解释方法在解决条约冲突中的作用》,载《外交评论》2008 年第 5 期。

69. 刘笋:《国际投资与环境保护的法律冲突与协调——以晚近区域性投资条约及相关案例为研究对象》,载《现代法学》2006 年第 6 期。

70. 刘正:《中国国际投资协定的环境条款评析与完善思考》,载《法学杂志》2011 年第 12 期。

71. 吕忠梅、张忠民、熊晓青:《中国环境司法现状调查——以千份环境裁决文书为样本》,载《法学》2011 年第 4 期。

72. 吕忠梅:《环境行政司法:问题与对策——以实证分析为视角》,载《法律适用》2014 年第4期。

73. 吕忠梅:《新时代中国环境资源司法面临的新机遇新挑战》,载《环境保护》2018年第1期。

74. 孟根巴根:《探析环境风险预防原则在我国的适用》,载《求是学刊》2012年第2期。

75. 彭峰、邵诗洋:《欧盟碳排放交易制度:最新动向及对中国之镜鉴》,载《中国地质大学学报》(社会科学版)2012年第5期。

76. 彭岳:《国际投资中的间接征收及其认定》,载《复旦学报》(社会科学版)2009年第2期。

77. 彭岳:《双边投资保护协定中"非排除措施"条款研究》,载《河北法学》2011年第11期。

78. 单文华、[美]诺拉・伽拉赫:《和谐世界理念和中国BIT范本建设——一个"和谐BIT范本"建议案》,陈虹睿、王朝恩译,载《国际经济法学刊》2010年第1期。

79. 尚杰:《国际软法问题研究》,吉林大学2015年博士学位论文。

80. 沈丹阳、李光辉、李伟:《区域经济一体化第三次浪潮与构筑"泛亚洲经济共同体"》,载《国际经济合作》2004年第6期。

81. 唐青阳:《规则的解释与解释的规则——WTO规则的法解释研究》,西南政法大学2005年博士学位论文。

82. 王衡、惠坤:《国际投资法之公平公正待遇》,载《法学》2013年第6期。

83. 王慧:《论碳排放权的法律性质》,载《求是学刊》2016年第6期。

84. 王艳冰:《国际投资规则中的环境法律问题研究》,华东政法大学2009年博士学位论文。

85. 王艳冰:《国际投资法应对气候变化之合法性分析》,载《学术界》2012年第2期。

86. 温先涛:《〈中国投资保护协定范本〉(草案)论稿(一)》,载《国际经济法学刊》2011年第4期。

87. 温先涛:《〈中国投资保护协定范本〉(草案)论稿(二)》,载《国际经济法学刊》2012年第1期。

88. 温先涛:《〈中国投资保护协定范本〉(草案)论稿(三)》,载《国际经济法学刊》2012年第2期。

89. 肖冰、陈瑶:《〈跨太平洋伙伴关系协议(TPP)〉挑战WTO现象透视》,载《南京大学学报》(哲学・人文科学・社会科学版)2012年第5期。

90. 谢来辉:《巴黎气候大会的成功与国际气候政治新秩序》,载《国外理论动态》2017 年第 7 期。
91. 徐冬根、常紫星:《从国际法视角看欧盟航空排放单边征税措施的违法性》,载《上海财经大学学报》2013 年第 6 期。
92. 徐崇利:《利益平衡与对外资间接征收的认定及补偿》,载《环球法律评论》2008 年第 9 期。
93. 徐崇利:《〈巴黎协定〉制度变迁的性质与中国的推动作用》,载《法制与社会发展》2018 年第 6 期。
94. 亚历山大·基斯:《论国际环境法的发展》,载王曦主编:《国际环境法与比较环境法评论》,上海交通大学出版社 2008 年版。
95. 余劲松:《国际投资条约仲裁中投资者与东道国权益保护平衡问题研究》,载《中国法学》2011 年第 2 期。
96. 屈志凤:《西方国家碳排放权交易体系及借鉴》,载《财会通讯》2014 年第 6 期。
97. 曾令良、陈卫东:《从欧共体看 21 世纪区域一体化对多边贸易体制的影响》,载《武汉大学学报》(人文社会科学版)2000 年第 3 期。
98. 张光:《论东道国的环境措施与间接征收——基于若干国际投资仲裁案例的研究》,载《法学论坛》2016 年第 4 期。
99. 张美红:《欧盟航空碳税合法性审视与中国应对》,载《国际商务》(对外经济贸易大学学报)2013 年第 3 期。
100. 张薇:《论国际投资协定中的环境规则及其演进——兼评析中国国际投资协定的变化及立法》,载《国际商务研究》2010 年第 1 期。
101. 张勇:《奥巴马政府的亚太地区"少边主义"外交浅析》,载《美国研究》2012 年第 2 期。
102. 张忠利:《应对气候变化诉讼中国家注意义务的司法认定——以"Urgenda Foundation 诉荷兰"案为例》,载《法律适用》2019 年第 18 期。
103. 张泽平:《航空碳排放及其交易的国际法规制——从"欧盟航空碳排放案"说起》,载《环球法律评论》2013 年第 1 期。
104. 张梓太、沈灏:《全球因应气候变化的司法诉讼研究——以美国为例》,载《江苏社会科学》2015 年第 1 期。
105. 赵骏:《"皇冠上明珠"的黯然失色 WTO 争端解决机制利用率减少的原因探究》,

载《中外法学》2013 年第 6 期。

106. 周洪钧:《〈京都议定书〉生效周年述论》,载《法学》2006 年第 3 期。

107. 朱明新:《最惠国待遇条款适用投资争端解决程序的表象与实质——基于条约解释的视角》,载《法商研究》2015 年第 3 期。

108. 朱鹏飞:《国际环境争端解决机制研究——国际公法的视角》,华东政法大学 2009 年博士学位论文。

109. 朱雅妮:《"一带一路"对外投资中的环境附属协定模式——以中国—东盟自由贸易区为例》,载《江西社会科学》2015 年第 10 期。

110. 竺彩华、李诺:《全球投资政策发展趋势与构建一带一路投资合作条约网络》,载《国际贸易》2016 年第 9 期。

二、英文文献(著作在先,论文在后,并按作者英文名排序)

1. Anthony Aust, *Modern Treaty Law and Practice*, Cambridge University Press,2000.

2. Asa Romson, *Environmental Policy Space and International Investment Law*, Acta Universitatis Stockholmiensis, Stockholm,2012.

3. Bryan A. Garner, *Black's Law Dictionary*, 7th ed. , St. Paul, Minn. : West Press,1999.

4. Council of Europe, *Manual on Human Rights and the Environment*, Second edition, Council of Europe Publishing, 2012.

5. Gary E. Marchant & Kenneth L. Mossman, *Arbitrary and Capricious: the Precautionary Principle in the European Union Courts*, International Policy Press, 2005.

6. J. Crawford, *The International Law Commission's Articles on State Responsibility*, Cambridge University Press, 2002.

7. Jorge E. Viñuales,*The Environment breaks into Investment Disputes*, in M. Bungenberg, J. Griebel, S. Hobe,A. , Reinisch, eds, International Investment Law, C. H. Beck/Hart/Nomos, 2012.

8. Jorge E. Viñuales, *Foreign Investment and the Environment in International Law*, Cambridge University Press, 2012.

9. Jorge E. Viñuales,*Foreign Investment and the Environment in International Law: the Current State of Play*, in Kate Miles ed. , Research Handbook on Environment and Investment Law, Cheltenham: Edward Elgar, 2016.

10. Kenneth J. Vandevelde, *U. S. International Investment Agreements*, Oxford University Press, 2009.

11. Margherita Colangelo, *Creating Property Rights: Law and Regulation of Secondary Trading in the European Union*, Martinus Nijhoff Publishers, 2012.

12. Philippe Sands, *Principle of International Law*, Cambridge University Press, 2003.

13. Shawkat Alam, Sumudu Atapattu, Carmen Gonzalez and Jona Razzaque eds, *International Environmental Law and the Global South*, Cambridge, University Press, 2015.

14. Stephan W. Schill, *The Multilateralization of International Investment Law*, Cambridge University Press, 2009.

15. Norah Gallagher & Wenhua Shan, *Chinese Investment Treaties: Policies and Practice*, Oxford University Press, 2008.

16. Richard Stewart, *Environmental Regulatory Decision Making Under Uncertainty*, in Timothy Swanson, ed., An Introduction to the Law and Economics of Environmental Policy: Issues in Institutional Design, Elsevier, 2002.

17. Scott D. Deatherage, *Carbon Trading Law and Practice*, Oxford University Press, 2011.

18. Trevor Houser, *Copenhagen, the Accord, and the Way Forward*, Policy Brief PB10 - 5, Peterson Institute for International Economics, 2010.

19. William C. G. Burns & Hari M. Osofsky, *Adjudicating Climate Change, State, National and International approaches*, Cambridge University Press, 2009.

20. Ahmad Ali Ghouri, *Investment Treaty Arbitration and the Development of International Investment Law as a "Collective Value System": A Synopsis of a New Synthesis*, The Journal of World Investment & Trade 10, 2009.

21. Alessandra Asteriti, *Waiting for the Environmentalists: Environmental Language in Investment Treaties*, http://ssrn.com/abstract=2028405.

22. Andreas Fischer - Lescano & Gunther Teubner, *Regime - collisions: The vain search for legal unity in the fragmentation of global law*, Michigan Journal of International Law, Vol. 25, (summer) 2004.

23. Andrea Saldarriaga, *Investment Awards and the Rules of Interpretation of the Vienna Convention: Making Room for Improvement*, ICSID Review, Vol. 28: 1 (2013).

24. Andrew Newcombe, The Modern Law Review, Vol. 71:1(2008).

25. Andrew Newcombe, *The Use of General Exceptions in IIAs: Increasing Legitimacy or Uncertainty*, in A. De Mestral and C. Le'vesque, eds, Improving International Investment Agreements, Routledge, 2012.

26. Anne van Aaken, *Fragmentation of International Law: The Case of International Investment Protection*, University of St. Gallen Law School Law and Economics Research Paper Series, Working Paper (No. 1, 2008), http://ssrn.com/abstract=1097529.

27. August Reinisch, *Will the EU's Proposal Concerning an Investment Court System for CETA and TTIP Lead to Enforceable Awards? —The Limits of Modifying the ICSID Convention and theNature of Investment Arbitration*, Journal of International Economic Law, (2016).

28. A. Postiglione, *Instruments for the Resolution of Environmental Disputes at the Global Level*, in Towards the World Governing of The Environment 34(1996).

29. Benedikt Pirker, *Seeing the Forest without the Trees – The Doubtful Case for Proportionality Analysis in International Investment Arbitration*, Society of International Economic Law/Cambridge University Press Essay Prize, 2011.

30. Bo Zhang, Cong Cao, Junzhan Gu and Ting Liu, *A New Environmental Protection Law, Many Old Problems? Challenges to Environmental Governance in China*, Journal of Environmental Law, (2016).

31. Bradly J. Condon, *Treaty Structure and Public Interest Regulation in International Economic Law*, Journal of International Economic Law, (2014).

32. Cai Congyan, *China – US BIT Negotiations and the Future of Investment Treaty Regime*, Journal of International Economic Law 12(2), (2009).

33. Caroline Henckels, *Protecting Regulatory Autonomy through Greater Precision in Investment Treaties: The TPP, CETA, and TTIP*, Journal of International Economic Law, (2016).

34. Caroline Henckels, *Indirect Expropriation and the Right to Regulate: Revisiting proportionality analysis and the Standard of Review in Investor – State Arbitration*, Journal of International Economic Law 15(1), (2012).

35. Catherine A. Cooper, *the Management of International Environmental Disputes in the*

Context of Canada – United States Relations: A Survey and Evaluation of Techniques and Mechanisms, The Canadian Yearbook of International Law 24, (1986).

36. Christina L. Beharry & Melinda E. Kuritzky, *Going Green: Managing the Environment through International Investment Arbitration*, the American University International Law Review 30, (2015).
37. Daniel S. Meyers, *In Defense of the International Treaty Arbitration System*, http://works.bepress.com/daniel_meyers/2.
38. David A Gantz, *Potential Conflicts between Investors Rights and Environmental Regulation under NAFTA's Chapter* 11, 133 George Washington International Law Review, (2001).
39. David Collins, *Environmental Impact Statements and Public Participation in International Investment Law*, *Manchester Journal of International Economic Law*, Vol. 7:2 (2010).
40. D. H. Cole. *Clearing The Air: Four Propositions About Property Rights and Environmental Protection*, Duke Environmental Law & Policy Forum, (1999).
41. Dorsey, *Regulatory Expropriation Under NAFTA Chapter* 11: *Some Lessons From the European Court of Human Rights*, Columbia Journal of Transnational Law, Vol. 42, 2003 – 2004.
42. E. W. Vierdag, *The Time of the "Conclusion" of a Multilateral Treaty: Article* 30 *of the Vienna Convention on the Law of Treaties and Related Provisions*, BYBIL Vol. 59 (1988).
43. George (Rock) Pring & Catherine (Kitty) Pring, *Greening Justice: Creating and Environmental Courts and Tribunals*, *Director*, The Access Initiative World Resources Institute, 2009.
44. Gus van Harten, *International Treaty Arbitration and Public Law*, Oxford Monographs in International Law, 2006.
45. Helen Mountfield, *Regulatory Expropriations in Europe: The Approach of The European Court of Human Rights*, N. Y U. Environmental Law Journal, Vol. 11 (2002).
46. Henry I. Miller & Gregory Conko, *The Science of Biotechnology Meets the Politics of Global Regulation*, Issues In Science and Technology, 2000 fall.
47. Hon Justice Brian J Preston, *Operating an environment court: The experience of the Land and Environment Court of New South Wales*, 25 Environ Environmental and Planning

Law Journal,(2008).

48. Howard Mann, *NAFTA and the Environment: Lessons for the Future*, Tulane Environmental Law Journal, Vol. 13(2000).

49. Howard Mann, *Assessing the Impact of NAFTA on Environmental Law and Management Process*, First North American Symposium on Understanding the Linkages Between Trade and Environment 26 (October 2000).

50. Howard Mann, *Investment Agreements and the Regulatory State: Can Exceptions Clauses Create a Safe Haven for Governments?* Issues in International Investment Law, Background Papers for the Developing Country Investment Negotiators' Forum, Singapore, October 1 – 2, 2007.

51. Jan Klabbers, *Redundancy of Soft Law*, 65 Nordic Journal of International Law, 1996.

52. Jeffery P. Commission, *Precedent in Investment Treaty Arbitration A Citation Analysis of a Developing Jurisprudence*, Journal of International Arbitration 24(2),(2007).

53. Jeswald W. Salacuse, *The Emerging Global Regime for Investment*, 51 Harvard International Law Journal, (2010).

54. Jie Huang, *Challenges and Solutions for the China – US BIT Negotiations: Insights from the Recent Development of FTZs in China*, Journal of International Economic Law, 18, (2015).

55. J. Martin Wagner, *International Investment, Expropriation and Environmental Protection*, Golden Gate University Law Review, Vol. 29(1999).

56. John Wickham, *Toward a Green Multilateral Investment Framework: NAFTA and the Search for Models*, the Georgetown International Environmental Law Review, Vol. 12, 1999 – 2000.

57. Joost Pauwelyn, *Evidence, Proof and Persuasion in WTO Dispute Settlement: Who Bear the Burden?* Journal of International Economic Law 1,(1998).

58. Joost Pauwelyn, *Adding Sweeteners to Softwood Lumber: the WTO – NAFTA "Spaghetti Bowl" is Cooking*, Journal of International Economic Law 9(1), (2006).

59. Jorge E. Viñuales and Magnus Jesko Langer, *Managing Conflicts between Environmental and Investment Norms in International Law*, http://ssrn.com/abstract=1683465.

60. Jorge E. Viñuales, *The Contribution of the International Court Of Justice to the Develop-*

ment of International Environmental Law: A Contemporary Assessment, Fordham International Law Journal Nineteenth Annual Philip D. Reed Memorial Issue, December, 2008.

61. Jose' E. Alvarez and Tegan Brink, *Revisiting the Necessity Defense: Continental Casualty v. Argentina*, in Karl P. Sauvant, ed., Yearbook on International Investment Law and Policy 2010 – 2011, Oxford University Press, 2011.
62. Karl P. Sauvant & Michael D. Nolan, *China's Outward Foreign Direct Investment and International Investment Law*, Journal of International Economic Law, (2015).
63. Kathryn Gordon, Joachim Pohl, *Environmental Concerns in International Investment Agreements: A Survey*, OECD Working Papers on International Investment, (No. 1, 2011), http://www.oecd.org/investment/workingpapersoninternationalinvestment.htm.
64. Katia Fach Gómez, *Rethinking the Role of Amicus Curiae in International Investment Arbitration: How to Draw the Line Favorably for the Public Interest*, Fordham International Law Journal, Vol. 35 (2012).
65. Lawrence A. Kogan, *The Extra – WTO Precautionary Principle: One European "Fashion" Export the United States Can Do Without*, Temple Political & Civil Rights Law Review, Vol. 17(2008).
66. Lawrence L. Herman, *Settlement of International Trade Disputes – Challenges to Sovereignty: A Canadian Perspective*, Canada – U. S. Law Journal, (1998).
67. Louis B. sohn & R. R. Baxter, *Responsibility of States for Injuries to the Economic Interests of Aliens*, the American Journal of International Law, Vol. 55(1961).
68. L Yves Fortier, CC, QC and Stephen L Drymer, *Indirect Expropriation in the Law of International Investment: I Know It When I See It, or Caveat Investor*, 13 Asia Pac. L. Rev. 79 (2005).
69. Madison Condon, *The Integration of Environmental Law Into International Investment Treaties and Trade Agreements: Negotiation Process and the Legalization of Commitments*, Virginia Environmental Law Journal, Vol. 33(2015).
70. Manjiao Chi, *The "Greenization" of Chinese Bits: An Empirical Study of the Environmental Provisions in Chinese Bits and its Implications for China's Future Bit – Making*,

Journal of International Economic Law, (2015).

71. Martins Paparinskis, *MFN Clauses and International Dispute Settlement: Moving Beyond Maffezini and Plama?* ICSID Review—Foreign Investment Law, Vol. 26:2 (2011).

72. Markus Wagner, *Regulatory Space in International Trade Law and International Investment Law*, 36 University of Pennsylvania Journal of International Law 1, 2015.

73. Max Gutbrod & Steffen Hindelang, *Externalization of Effective Legal Protection against Indirect Expropriation*, Journal of World Investment & Trade, Vol. 7:1(2006).

74. Michael Waibel, *International Investment Law and Treaty Interpretation*, http://ssrn.com/abstract = 1930725.

75. Moshe Hirsch, *Interactions between Investment and Non – Investment Obligations in International Investment Law*, Submitted to the ILA Committee on International Law on Foreign Investment – 31 March 2006, www. ssrn. com/abstractid =947430.

76. Nicholas DiMascio & Joost Pauwelyn, *Nondiscrimination in Trade and Investment Treaties: Worlds Apart or Two Sides of the Same Coin?* The American Journal of International Law, Vol. 102(2008).

77. Noah M. Sachs, *Rescuing the Strong Precautionary Principle from Its Critics*, University of Illinois Law Review, Vol. 2011, No. 4, 2011.

78. Noah Rubins, *The Evolution of Investment Arbitration in the U. S. FTAs with Singapore and Chile*, 1 Transnational Dispute Management, 3 (2004).

79. Ole Kristian Fauchald, *The Legal Reasoning of ICSID Tribunals – An Empirical Analysis*, The European Journal of International Law Vol. 19:2(2008).

80. Omar E. Garcia – Bolivar, *The Teleology of International Investment Law: The Role of Purpose in the Interpretation of International Investment Agreements*, Journal of World Investment & Trade, Vol. 6(2005).

81. Philippe Sands, *International Environmental Litigation and Its Future*, University of Richmond Law Review, Vol. 32(1999).

82. Pierre – Marie Dupuy, *Soft Law and the International Law of the Environment*, Michigan Journal of International Law, Vol. 12(1991).

83. Prosper Weil, *Towards Relative Normativity in International Law*, the American Journal of International Law, Vol. 77(1983).

84. Rafael Leal – Arcas, *Climate Change Mitigation from the Bottom – Up: Using Preferential Trade Agreements to Promote Climate Change Mitigation*, CCLR 1/2013.

85. Robert W. Hahn & Cass R. Sunstein, *the Precautionary Principle as a Basis for Decision Making*, Economists' Voice, Vol. 2:2(2005).

86. Rudolf Dolzer, *Indirect Expropriation of Alien Property*, 1 ICSID Rev. 41(1986).

87. Rudolf Dolzer, *Indiret Expropriations : New Development?* New York University Environmental Law Journal, Vol. 11(2002).

88. Salvatore Bimonte, *Model of Growth and Environmental Quality*, A New Evidence of the Environmental Kuznets Curve, April 2001, www. ssrn. com.

89. Stephan W. Schill, *International Investment Law and Comparative Public Law: Ways out of the Legitimacy Crisis?* Draft paper presented at the Investment Law Forum at New York University, 11 April 2011.

90. Stone Sweet & Mathews, *Proportionality Balancing and Global Constitutionalism*, 47 Columbia Journal of Transnational Law (2008).

91. Stone Sweet, *Investor – State Arbitration: Proportionality's New Frontier*, 4 Law & Ethics of Human Rights (2010) 46.

92. Stone Sweet & Grisel, *Transnational Investment Arbitration: From Delegation to Constitutionalization?*, in P. – M. Dupuy, F. Francioni and E. – U. Petersmann, eds., Human Rights in International Investment Law and Arbitration (2009) 118.

93. Susan D. Frank, *the Legitimacy Crisis in Investment Treaty Arbitration: Privatizing Public International Law through Inconsistent Decisions*, Fordham Law Review, Vol. 73 (2005).

94. Susan D. Franck, *The Nature and Enforcement of Investor Rights under Investment Treaties: Do Investment Treaties Have a Bright Future*, University of California, Davis Journal of international law & Policy, Vol. 12(2005).

95. Suzanne A. Spears, *Quest for Policy Space in New – Generation International Investment Agreements*, Journal of International Economic Law 13(4), 2010.

96. Taishi Sugiyama & Jonathan Sinton, *Orchestra of Treaties: A Future Climate Regime Scenario with Multiple Treaties among Like – minded Countries*, 5 International Environmental Agreements(2005).

97. Tim Stephens, *Multiple International Courts and the "Fragmentation" of International Environmental Law*, the University of Sydney Sydney Law School Legal Studies Research Paper (No. 07/14, 2007), http://papers. ssrn. com/sol3/papers. cfm? abstract_id = 969569.

98. Ulf Bjallas, *Experiences of Sweden's Environmental Courts*, Journal of Court Innovation,3,2010.

99. Walker v. *Minister for Planning*[*2007*]*NSWLEC 741*, http//www. lawlink. nsw. gov. au/ lecjudgments/2007nswlec. nsf/c45212a2bef99be4ca256736001f37bd/03dbc0a7b81845ef ca2573a60020290d? OpenDocument.

100. Wenhua Shan, *From "North – South Divide" to "Private – Public Debate": Revival of the Calvo Doctrine and the Changing Landscape in International Investment Law*, Northwestern Journal of International Law and Business, Symposium on International Energy Law Article, Spring 2007.

101. Wenhua Shan & Lu Wang, *The China – EU BIT and the Emerging "Global BIT 2. 0"*, ICSID Review, Vol. 30:1(2015).

102. William W. Burke – White & Andreas Von Staden, *Investment Protection in Extraordinary Times: The Interpretation and Application of Non – Precluded Measures Provisions in Bilateral Investment Treaties*, Virginia Journal of International Law. Vol. 48 (2008).

103. William W. Burke – White, *The Argentine Financial Crisis: State Liability under BITs and the Legitimacy of the ICSID System*, 3 Asian Journal of WTO and International Health Law and Policy 199 (2008).

104. Wolfgang Alschner & Dmitriy Skougarevskiy, *Mapping the Universe of International Investment Agreements*, Journal of International Economic Law, 2016, 19.

105. Wolfgang Alschner & Dmitriy Skougarevskiy, *The New Gold Standard? Empirically Situating the Trans – Pacific Partnership in the Investment Treaty Universe*, the Journal of World Investment & Trade, 2016, 17.

106. Wolfgang Alschner, *The Impact of Investment Arbitration on Investment Treaty Design: Myth Versus Reality*, http://ssrn. com/abstract = 2781525.

三、国际组织、政府文件与出版物

1. 国际法委员会:《国际法不成体系问题:国际法多样化和扩展引起的困难》,A /CN. 4/L. 682,2006。

2. 国际法委员会:《国际法不成体系问题:国际法多样化和扩展引起的困难》(结论),A/CN. 4/L. 682,2006。

3. 杰拉尔德. 菲茨莫里斯伯爵关于条约问题的第三次报告,U. N. doc. A /CN. 4 /115, YBILC 1958, Vol 2,Art19。

4. 商务部:《2013 年中国外商投资报告》。

5. 商务部:《中国外资统计公报》(2020 年)。

6. 商务部:《对外投资合作国别(地区)指南——坦桑尼亚》(2015 年版)。

7. 商务部:《对外投资合作国别(地区)指南——坦桑尼亚》(2019 年版)。

8. 商务部:《中国对外贸易形势报告——中国宏观经济形势》(2020 年秋季)。

9. 商务部:《中国投资指南》。

10. 商务部、统计局、外汇管理局:《2014 年中国对外直接投资统计公报》。

11. 商务部、统计局、外汇管理局:《2019 年中国对外直接投资统计公报》。

12.《联合国气候变化框架公约》缔约方会议:《联合国气候变化框架公约京都议定书全体委员会提出的决议草案增编》,FCCC/CP/1997/L. 7/Add. 1,10 December,1997。

13. ICSID Discussion Paper, *Possible Improvement of the Framework for ICSID Arbitration*, 22 October 2004.

14. International Law Commission, *Draft Articles on the Responsibility of States for Internationally Wrongful Acts with Commentaries*, art. 24 (14), U. N. Doc. A/56/10 (2001).

15. *OECD Draft Convention on the Protection of Foreign Property*(12 October 1967), The International Lawyer Vol. 2:2 (1968).

16. *Report of the Subcommittee on Investment of the Advisory Committee on International Economic Policy Regarding the Model Bilateral Investment Treaty: Annex*, (September 30, 2009) http://www. state. gov/e/eb/rls/othr/2009/131118. htm#1.

17. *Restatement (Third) of Foreign Relations of the United States*, Section 712, Comment (g).

18. UNCTAD, *World Investment Report*(2009 - 2020).

19. UNCTAD, *World Investment Report*: *Towards a New Generation of Investment Policies*, 2012.

20. UNCTAD, *World Investment Report*: *Reforming International Investment Governance*, 2015.

21. UNCTAD, *World Investment Report*, 2016.

22. UNCTAD, *Recent Development in International Investment Agreement* (*2008 – June 2009*) UNCTAD/WEB/DIAE/IA/2009/8.

23. UNCTAD, *Environment*(UNCTAD/ITE/IIT/23, 2001).

24. UNCTAD, *Expropriation*(UNCTAD/DIAE/IA/2011/7, 2011).

25. UNCTAD, *Fair and Equitable Treatment*(UNCTAD/DIAE/IA/2011/5, 2012).

26. UNCTAD, *Scope and Definition*: *A Sequel*, *UNCTAD Series on Issues in International Investment Agreements II*, UNCTAD/DIAE/IA/2010/2.

27. WTO, *World Trade Report 2011*.

28. UNEP, *Lessons from A Decade of Emissions Gap Assessments*, 2019.

29. UNEP, *Emissions Gap Report*, 2019.

四、网络资料

1. http://italaw.com
2. http://icsid.worldbank.org
3. http://unctad.org
4. http://www.oecd.org
5. http://www.naftalaw.org
6. http://www.state.gov
7. http://www.wto.org
8. http://www.icj-cij.org
9. http://iea.uoregon.edu
10. http://papers.ssrn.com
11. http://jiel.oxfordjournals.org
12. http://www.fdi.gov.cn
13. http://fta.mofcom.gov.cn

后　记

本书是我在博士论文的基础上修改而成的。攻读博士学位真正开启了我的学术研究之旅。在此，要特别感谢我的学术引路人——导师肖冰教授。读博期间与写论文阶段，我真切感受到导师的严格与严谨。毕业之后，但凡我在学术上有一点点进步，都不禁感慨当年导师的良苦用心。正是因为导师的高标准与严要求，才成就了现在这个更好的自己。如今，我对导师关于做人、做事、做学术的谆谆教导还铭记在心，时刻激励自己阔步前行。

党的十九大报告对生态环境文明的论断构成史上“最严”环境法治观，这标志着我国在追求人民美好生活的征程上更加注重内涵、质量与可持续发展。伴随全球国际投资活动的频繁与投资金额的增长，其对东道国环境的影响日益凸显。从国际投资法治的视角，投资者的权利与东道国的环境规制权力之间恒定处于对抗甚或焦灼状态，如何框定各自权利/权力的边界显得尤为必要。国际投资仲裁作为投资者与国家间投资争端解决的重要形式，频繁“介入”环境问题并已然形成一定的逻辑架构。对此，本书从国际投资仲裁处理环境问题的实践着手，在现有投资条约的规则体系之下，进一步追寻国际投资仲裁中环境法治的理性与张力。与此同时，鉴于中国在国际投资与国际环境法治中极为特殊的地位，中国投资条约在环境规制的建构路径与具体模式上必须作出理性选择。

本书是我在读博期间就国际投资法与国际环境法两大体制的交叉问题所作的探索。事实上，环境问题本身极其宽泛，现代投资条约已然将其细化到气候变化、生物多样性等具体的环境问题。因此，今后此方面的精细研究非常有必要。我将沿着这样的进路继续探究，希望得到更多学界同仁的指导、支持与帮助。

赵玉意
2020 年 12 月 31 日
于桂林

图书在版编目(CIP)数据

实践与理性：国际投资仲裁中的环境问题研究 / 赵玉意著. -- 北京：法律出版社, 2021
ISBN 978-7-5197-5504-1

Ⅰ. ①实… Ⅱ. ①赵… Ⅲ. ①国际投资法学—研究 Ⅳ. ①D996.4

中国版本图书馆 CIP 数据核字(2021)第 058971 号

实践与理性:国际投资仲裁中的环境问题研究
SHIJIAN YU LIXING:GUOJI TOUZI ZHONGCAI ZHONGDE HUANJING WENTI YANJIU

赵玉意 著

策划编辑 李 群
责任编辑 张红蕊
装帧设计 贾丹丹

出版 法律出版社
总发行 中国法律图书有限公司
经销 新华书店
印刷 北京虎彩文化传播有限公司
责任校对 董 昱
责任印制 张建伟

编辑统筹 法规出版分社
开本 710 毫米×1000 毫米 1/16
印张 18.5
字数 270 千
版本 2021 年 5 月第 1 版
印次 2021 年 5 月第 1 次印刷

法律出版社/北京市丰台区莲花池西里 7 号(100073)
网址/www.lawpress.com.cn
投稿邮箱/info@lawpress.com.cn
举报维权邮箱/jbwq@lawpress.com.cn
销售热线/400-660-8393
咨询电话/010-63939796

中国法律图书有限公司/北京市丰台区莲花池西里 7 号(100073)
全国各地中法图分、子公司销售电话:
统一销售客服/400-660-8393/6393
第一法律书店/010-83938432/8433 西安分公司/029-85330678 重庆分公司/023-67453036
上海分公司/021-62071639/1636 深圳分公司/0755-83072995

书号:ISBN 978-7-5197-5504-1 定价:68.00 元